石黒一憲／アメリカ・ビジネス法研究グループ企画監修

アメリカ・ビジネス法シリーズ　13

アメリカ民事訴訟手続

（第四版）

メアリー・K・ケイン著

石田裕敏訳

木　鐸　社

監修者前書

毎年，優秀な日本の若者達が，アメリカのロー・スクールへと旅立つ。日本の大学院はバイパスされるわけで，一大学教授としては若干複雑な思いもないではないが，それはここでは措く。

日本のトップ企業の法務部門や渉外弁護士事務所で国際法務の最前線に立ちつつ，実際にアメリカのロー・スクールで最新のアメリカ法の動向を明確に掴みとって来たばかりの，フレッシュな若者達が，ここに一つのチームを組んだ。有名なウェスト社のNutshell Seriesを次々と翻訳してゆこうという一大プロジェクトを，彼等は打ち立てたのである。

アメリカ法を日本人の視角から把握する前に，それ自体として正確に理解したい，という彼等の欲求は，実際の留学経験からもたらされたものである。また，ナットシェル・シリーズは，多様な法領域をカヴァーし，アメリカ法入門のための書物として，実に数多い人々が利用して来たものである（かつて私もその一人であった)。今般，その邦訳が彼等の手によって次々となされ，木鐸社から順次刊行されてゆくことになったのは，私にとっても大きな喜びである。

留学帰りの優秀な人材が，個人的なつきあいのレヴェルを越えて，アメリカ法のより良き理解のために立ち上がったことは，重要な意味を有する。彼等の団結の輪は，本シリーズの広汎な読者層を必ずや巻き込み，困難な状況に陥りがちな日米関係の基礎固めのために，大きく貢献するであろう。

1992年1月7日

東京大学法学部教授
石 黒 一 憲

アメリカ・ビジネス法研究グループからのメッセージ

ここに「アメリカ・ビジネス法研究グループ」なる名称のもとに「企画監修」を行うグループとは，実は甚だ曖昧なる実体をもった一群の人々であって，個々人はさして曖昧な身元というわけではないが，グループとしては茫漠たる出自のものだ。友愛的団体というほどに友情や愛によって結ばれているわけでもなく，強いて言えばある種の共通の野心によって結ばれた，少壮法実務家の集団と言えば言えよう。その野心が何かといえば，構えた物言いをすれば，既存アカデミズムへの焦立ち，といったことに求められるかもしれない。例えばアメリカ法ならアメリカ法の実務的な解説書として、われわれ実務家は「アメリカ法律学全集」といったものがあれば有難いと思う。それが日本の学者の手になるものならなおさら好都合だ。しかし現実にはそんなものは存在しないし，翻訳にも滅多にお目にかからない。確かに学者にとっては正確性が生命だから，おいそれと解説書など書けない，ということは判る。しかしそれならせめて，翻訳くらいしてくれてもいいじゃないかと思う。しかし，それも少ないのが現状なのだ。そこで我々は，「一人一殺」ならぬ「一人一冊」で，ナットシェルという格好の「アメリカ法律学全集」の翻訳にとりかかったわけである。この気宇なる志に免じて，誤謬については寛容の精神をもって指摘して頂ければ幸いだ。

本シリーズは，この誤謬の排除のために，ある翻訳者の翻訳はグループ内の別の者がチェックする体制をしいて，逐次刊行される。本シリーズの企画は，三菱商事法務部稲田仁士氏と小生とによりなされ，版元のウェスト出版社との交渉等もこの二人により行われた。同氏抜きには本企画は存在しえなかった。また，東京大学法学部石黒一憲教授にも極めて初期からそのお手を煩わし，企画に協力して頂き，大変感謝している。

1991年10月　　　　アメリカ・ビジネス法研究グループ

代表　内藤　篤

原著者序

この版は，以前の版と同じ体裁とアプローチに従っている。1991年に第3版が出版されて以来，立法，規則制定，判例において非常に重要な展開がいくつか見られた。それらの展開に照らして，この本に最新情報を盛り込むために主要な改訂を行った。

合衆国議会は，連邦管轄権に関する法律をいくつか改正した。もっとも特筆すべきは，補充管轄権に関する法律が採用され，それが付帯的管轄権と係属的管轄権に置き換わったことと，移管管轄権に変更があったことである。これらの立法は，裁判所の意見が分かれてきた争点にはっきり決着をつけているが，同時に，解決する必要のある新しい解釈上の問題を提起している。

規則制定の第一線では，合衆国最高裁判所が，ここ５年の間に連邦民事訴訟規則にいくつかの修正を行った。これらの修正の結果，始審令状についてまったく新しい規定が設けられ，訴答その他の書類に対する弁護士の署名要件に重大な変更がなされ，また開示プロセスの一部として新しい義務的開示制度が採用された。したがって，これらの変更は，民事訴訟手続の教科課程の現状を真剣に評価することを求めており，この版は，少なくとも，これらの新しい規定の下で提示される争点の概論となるように書き換えたものである。

最後に，第３版についても言えることであるが，最新情報を盛り込むことに加えて，私はいくつかの話題についてより明瞭な説明を提供できるように若干の修正を試みた。それらの変更によって，この本が学生（研究者）の読者にとってより有用なものとなることを希望する。

この本の全般的目的は，依然として重要であるが，限られたものである。

すなわち，木ではなく森を見せることである。少ない頁数の中で，掘り下げた解説を実現しうる術はない。もっと詳細に知る必要がある読者は，ホーンブック（Hornbook）の同一テーマに関するする共著，J.Friedenthal, M.Kane & Miller, *Civil Procedure*（2d. ed. 1993）を参照のこと。

1996年 1 月

メアリー・K・ケイン

カリフォルニア州サンフランシスコ

目 次

アメリカ民事訴訟手続

第1章　はじめに

§1－1　一般的背景

1年生の基礎的な民事訴訟手続（civil procedure）の教科課程は，判決（judgment）にたどり着き利用可能な上訴（appeal）がすべてつくされるまでの全手続を通じて，弁護士（lawyer）がどのようにして適切な裁判所を選び，ケースを組み立て提示するか，を教えることをめざしている。また，判決が将来の訴訟（litigation）に与える影響も探求されることがある。したがって，この本の主たる焦点は，訴訟遂行者（litigator）としての弁護士に利用可能な方法や手段におかれている。これを学ぶには，民事裁判所の働きとプロセスを規律している様々な規則（rule）や法律（議会制定法 :statute）はもとより，司法が発展させてきた原理（doctrine）をも検討することを要する。時として，理論上もしくは憲法上の問題が生じるであろうし，また時として，慎重かつ厳密な規則解釈がかかわる争点が何よりも重要になるであろう。全体を通じて，民事手続の規則や原理の発展の基礎にある目的——当事者（party）が争い（dispute）を解決できる正当で，効率的で，経済的な手段を提供すること——を心に留めておくことが大切である。この目的がいつも果たされるとは限らないであろうし，実際，既存の手続の中には，弁護士（attorney）がこの目的を阻むために使ってきたものがある。しかし，裁判所が規律規則（governing rule）を適用し解釈する方法の基調として，民事上の争いを解決するプロセスにおいて正当性と効率性と経済性を達成したいという要請がある。

法的権利（legal right）の正当性が立証される手続を学ぶさい，英米の司法システムが対審（adversary）モデルにもとづいていることに留意することも大切である。裁判官（judge）のすることは，当事者によって提示されたとおりに争われている問題について裁定（rule）し，当事者が制裁（sanction）を然るべく要請している時は，その制裁を適用することにつきる。弁護士は，訴訟（action）の輪郭を形づくる。提起されていない争点（issue），出されていない異議（objection），疑義の唱えられていない論点は，ごくわずかな例外を除いて放棄される（waived）。ケースは，当事者の要求に応じることによってのみ前進する。最近の裁判官には，担当する訴訟を指揮するにあたり，以前よりいくぶん積極的な役割を果たす傾向が見られるが，それでも各ケースの最終責任が訴訟当事者（litigant）と弁護士にかかっているのが実情であることに変わりはない。

最後に，民事手続の基礎的な教科課程では通例教えられず，この本でも議論しないが，訴訟の組み立てにとって非常に重要な側面があることに留意すべきである。すなわち，もっとも勝算のある，あるいは依頼人の必要にもっとも即したものとして，特定の救済手段（remedy）をどのように選択するかということである。この検討にかかわるのは，差止め命令による救済（injunctive relief）と損害賠償（damages）のいずれを求めることができるか，あるいは何らかの形の原状回復による救済（restitutionary relief）がもっとも適切であろうか，などのような事項である。歴史的には，どのタイプの救済を伴っているかという問題は，どの裁判所に訴訟（suit）が提起される（filed）べきかということをも決定づけた。特定のタイプの救済を施すため，あるいは特定のタイプの争いを審理する（hear）ために別個の裁判所，すなわち，コモンロー（law），エクィティ（equity），教会（ecclesiastical）裁判所が創設されていたためである。現代の裁判所システムは，そのように設計されていない。そうではなく，いずれの民事裁判所にも，適切な救済手段であればどのようなものでも施す権限がある。したがって，救済手段の組み立ての問題は，ケースを準備するさいの必須のステップであるが，裁判所選択のさいに特に関与性をもたず，救済手段を学ぶ教科課程に委ねられている。D.Dobbsの“*Remedies*”（2d. ed. 1993）は，この問題を手際よく扱っている。

§１－２　裁判所システムの現在の構造

合衆国には，52の別個の裁判所システムがある。各州およびコロンビア地区は，十全に発達した独立の裁判所システムを独自にもっており，それとは別個に連邦の裁判所システムがある。連邦裁判所（federal court）は，州裁判所（state court）よりも上位にあるのではない。連邦裁判所は，合衆国憲法第３条２節によって，特定の連邦利益（federal interest）にかかわる事項を取り扱う権限を与えられた独立，等位のシステムである。２つの裁判所システムが並行して存在するために，しばしば州と連邦のシステムの関係に関する問題が提起され，連邦制（federalism）に関する重要な争点が提示される（後述§９－２～§９－５を参照）。合衆国最高裁判所（連邦最高裁判所：United States Supreme Court）は，９人の裁判官（justice）によって構成されているが，これらすべてのシステムに対する最終的かつ支配的な発言者として審理にあたる。

ネブラスカ州などの２，３の州は，２審制であるが，ほとんどの州および連邦裁判所は，３審モデルにもとづいている。このことが意味するのは，どの訴訟当事者にとっても，事実審裁判所（trial court）で自らのケースを提示する機会があり，さらにもし敗訴すれば２つのレベルの上訴があり，事実審理（trial）で敗訴した訴訟当事者もそこで最終的に勝訴するかもしれない，ということである。例えば，連邦システムでは，事実審裁判所は合衆国地方裁判所（United States District Court）であり，すべての州に少なくとも１つはある。多くの比較的大きな州は，人口や地理，係属ケース数（caseload）によって，２つか３つ，場合によっては４つの裁判地区（judicial district）に分けられている。合衆国には91の地区があり，各地区には１人，より一般的には２人かそれより多くの裁判官がいる。地裁での不利な判決（adverse judgment）の後，訴訟当事者は，その地裁が所在する巡回区（circuit）にある合衆国控訴裁判所（United Sates Court of Appeals）に上訴できる。連邦システムには，11まで番号のついた中間上訴裁判所（intermediate appellate court）があり，それぞれが３個から10個までの州や準州（territory）を包括している。加えて，コロンビア地区控訴裁判所があり，その地区の連邦地裁からの控訴を審理する。また，連邦巡回区（Federal Circuit）のための控訴裁があり，請求裁判所（Claim Court）などの種々の専門的な連邦の裁判機関（tribunal）からの控訴を受ける。各控訴裁には，４人またはそれより多くの裁判官がいて，３人の合議体（panel）で地裁判決および行政機関（administrative agency）のある種の決定に対する審理にあたる。控訴裁で敗訴した訴訟当事者は，ケースによっては合衆国最高裁の審査（review）を受けることができる。同様に州裁判所においても，ケースは，事実審裁判所，州の控訴裁判所（appellate court）を経て，州最高裁へと進行しうる。連邦憲法上の問題が絡んでいれば，州最高裁の判決が合衆国最高裁によって審査されることがある。1988年以降，民事ケースに対する合衆国最高裁による審査は，裁量に委ねられており（discretionary），最上級審裁判所（highest court）への民事の権利上訴（appeal as of right）は，ほとんどすべて廃止された。

３審制（three-tiered system）は，最上級審裁判所が果たす役割に応じて様々である。採用されているアプローチは，最上級審裁判所が何をすべきであるかに関する理念の相違を反映している。例えば，カリフォルニア州では，極刑（capital punishment）が科せられてきた刑事事件のみが，州最高裁への権利上訴が可能である。同様に連邦裁判所では，ごく限られた少数の状況を除き，合衆国最高裁への上訴は，サーシオレイライ令状（writ of certiorari）によってなされ，裁量に委ねられている。最高裁は，何が注意を払うに値するもっとも重要な問題であるかを独自に決定し，それほど重大であるとは思われない争点を提起している判決の審査を拒む。このように最高裁は，アドホック（ad hoc）に下級裁判所（lower court）による法の施行（administration）を監督する。スペクトルのもう一方の端，例えばニューヨーク州では，州の最上級審裁判所への上訴は，非常に多くのケースで権利として認められている。このアプローチは，ケースが正しく判決されることを確保するというニューヨーク州最上級審裁判所の機能を重視している。この問題に関して司法システム間に大きな隔たりがあることを認識して，上訴裁判所による審査に関する特定の規則を確定するために，訴訟が提起されているシステムの法律を注意深くチェックすることが必要である。

第2章　適切な裁判所の選択

A　事物管轄権

1　概説

§2－1　規律原則

どこで提訴するかを決定する時にまず取り組まなければならない問題は，伴っている争訟（controversy）のタイプに判決するに必須の権能や能力をもっているのはどの裁判所であるかということである。この要件は，通例，裁判所が事物管轄権（subject-matter jurisdiction）をもっているかどうかという点から議論される。事物管轄権の問題は，特定のタイプのケースに対して管轄権（jurisdiction）を認めている連邦や州の法律を参照することによって確定される。

州裁判所に関しては，州内に異なる裁判所を創設している法律が，各裁判所の事物管轄権の範囲を設定するのが典型的である。州の事物管轄権の制限は，主に州裁判所の司法業務の流れを規制する手段として存在する。検認手続（probate proceeding）や刑事事項などのケースのような一部の事例において，管轄権は，伴っている手続のタイプに応じて配分される。訴額の制限（amount restriction）もまた裁判所の範囲を画する役割を果たすことがある。例えば，1万ドル未満の金額を伴う事項は，市裁判所（Municipal Court）に割り振ることができるし，それ以上の金額を伴う事項は，上位裁判所（Superior Court）によって審理されるであろう。これらの制限を適用するにあたり，ほとんど問題は生じない。問題は，原告（plaintiff）

が州裁判所で訴訟を起すことができるかどうかではなく，既存の州裁判所のうちどれがそのケースを審理する権限をもっているかである。

連邦の事物管轄権が絡んでいる時は，アプローチが異なる。連邦裁判所は，**一般的**管轄権（*general* jurisdiction）をもつ裁判所である。つまり，すべての連邦地裁は，同等の管轄権能をもった事実審裁判所として扱われ，どの裁判機関がどのようなケースを裁けるかということに関して，地裁間の区分がない。連邦地裁は，どの法領域にもとづいた訴訟でも大抵受理できる。この原則（principle）に対する1つの例外は，租税裁判所（Tax Court），請求裁判所，破産裁判所（Bankruptcy Court）などのような，特定の事項を取り扱う専門的な連邦裁判所の存在である。しかし，これらのケースにおいてさえ，原告は専門の連邦裁判所か連邦地裁のいずれに提訴するかについて選択権をもつことができる。

合衆国憲法第3条2節が，連邦の管轄権をその条項（clause）に特定的に列挙された事項のみに限定しているために，連邦裁判所の事物管轄権を定義するさいに問題が生じる。他のすべての争訟は，州裁判所の判決に委ねられている。さらに第3条は，どのような連邦下級裁判所を創設するかを決定する仕事を合衆国議会（連邦議会：Congress）に委ねている。合衆国議会は，司法権条項（judicial power clause）に従い授権立法（enabling legislation）を制定するさいに，合衆国憲法下で認められた管轄権すべてを連邦裁判所に与える義務はなく，事例によってはそうすることを差し控えてきた。結果として，連邦裁判所に提訴したいと考える原告は，事物管轄をえるためにどの連邦裁判所に提訴すべきかという争点に直面することはない。どの連邦裁判所であれ，ともかくその争訟を受理できるかどうかが争点である。

原告が連邦のフォーラム（forum）の方が好ましいと考える数多くの理由があるであろう。事実審理で従うべき手続を規律する適用可能な規則が，州の規則よりも緩やか（liberal）であるかもしれない。連邦裁判所が，直近の州裁判所より便利な場所にあるかもしれない。しばしば連邦の裁判官は，対応する州の裁判官より多くの専門知識をもっていると見なされる。

さらに連邦の裁判官は，選挙で選ばれるのではなく終身官として任命される（appointed for life）から，外部の圧力を受けることがより少ないかもしれない。どのような理由があるにせよ，連邦の事物管轄権は厳しく制限されている。連邦裁判所をフォーラムとして使うために，原告は，連邦裁判所が特定の争訟に対して州と**競合**（*concurrent*）管轄権を与えられてきたかどうかを確定しなければならない。この検討は，法律はもとより憲法にもかかわる複雑な問題を提示することがあり，しばしばそれが訴訟の対象となってきた。

話を連邦の事物管轄権の検討に戻す前に，**原**（*original*）管轄権と**上訴**（*appellate*）管轄権を区別しなければならない。原管轄権をもつ裁判所は，第１審（first instance）の裁判所，つまりケースの事実審理を受けに行く場所である。上訴管轄権をもつ裁判所は，審査裁判所（reviewing court）として機能し，下級裁判所の命令（order）や判決からの上訴によってのみ，この裁判所にケースがもたらされる。したがって，事物管轄権について検討するには，裁判所が特定の争訟を審理する権能を与えられてきたか，のみならず，その裁判所が事実審であるか上訴の裁判機関であるかも常に考慮しなければならない。

管轄について定める法律が，特定のタイプの争訟について特定の裁判所に**排他的**（*exclusive*）管轄権を与え，その裁判所のみが適切なフォーラムとなる事例が２，３ある。例えば，連邦裁判所は，特許（patent）と著作権（copyright）にもとづく訴訟（28 U. S. C. A. § 1338），および破産に関するすべての手続（28 U. S. C. A. § 1334）に対して排他的管轄権を与えられてきた。それらの事項に関する訴訟は，州裁判所では起せない。反対に，検認と離婚（divorce）に関する訴訟は，州裁判所の排他的管轄権の範囲内にあり，ほとんどの事例で，それらのケースを専門的に扱うために創設された特定の州裁判所においてのみ然るべく提起できる。興味深いことに，州の検認裁判所と家庭裁判所（family court）の排他的管轄権は，法律にその起源をもたない。それは，州と連邦の裁判所が認知しつづけてきた歴史的な権限区分であるが，法律や憲法上の問題として，そうすることは要求されてこなかったのである。

次に，主たるタイプの連邦の一般的管轄権とその制約について簡単な紹介を行う。より詳細な解説に関心のある読者は，J.Friedenthal, M.Kane & Miller, *Civil Procedure* §§ 2.1-2.14（2d. ed. 1993）か，C. Wright, *Federal Courts* 100-255（5th ed. 1994）を参照のこと。

2　連邦管轄権

§２－２　連邦問題による管轄権

合衆国憲法は，ケースが連邦法（federal law）の「下で生じる」（arises under）時はいつでも連邦裁判所の管轄権が及ぶと規定している。多くの連邦の法律は，その中で列挙されている権利義務の違反に対して訴える権利を創出しており（例えば，連邦の反トラスト（antitrust）法や証券（securities）法など），同時にそれらの事項を審理する管轄権を連邦裁判所に明示的に（explicitly）認めている。このように，**特殊な連邦問題による管轄権**（*special federal question jurisdiction*）が創設されている。また合衆国議会は，28 U. S. C. A. § 1331 において，連邦裁判所が合衆国の憲法，法律，または条約の下で生じるどの民事訴訟に対しても管轄権を及ぼしうると規定してきた。この**一般的な連邦問題による管轄権**（*general federal question jurisdiction*）を援用するさいの主要な問題は，「下で生じる」という法律の要件をいかに適用するかを確定することであった。至極単純な言い方をすると，連邦法によって創出された権利や免除（immunity）は，単に副次的な（collateral）争点にすぎない，あるいは抗弁（defense）として導入されたにすぎないというのではなく，原告の訴訟原因（cause of action）の基本的要素でなければならない（Gully v. First Nat. Bank in Meridian（1936））。

原告ではなく被告（defendant）が連邦法上の争点を導入する場合，そのケースは連邦法の「下で生じる」ことにはならない。この考え方は，Louisville & Nashville R. Co. v. Mottley（S. Ct. 1908）において合衆国最高裁によって確立された。合衆国憲法には，この解釈を命じるいかなる文言もない。実際，最高裁は，憲法の文言をずっと緩やかに解釈し，連邦問題がケースの「もともとの構成要素」(original ingredient) であるかぎり，たとえそれが訴訟で争うべき争点を提起していなくても，憲法上の要件は充足しうると判示 (hold) してきた (Osborn v. Bank of the United States (S. Ct. 1824))。にもかかわらず，最高裁は，数々の機会において「充分に訴答された訴状」(well-pleaded complaint) の規則を固守し，それが§1331の中で「下で生じる」という文言を用いた合衆国議会の意図の妥当な解釈であるとしてきた。

原告の請求の原因 (statement of claim) が，適切に訴答されていれば，連邦法にもとづいていることが示される場合のみ，§1331の下で連邦裁判所の管轄権を援用できる。救済請求の要素のうち，何が適切かつ必要であるかに重きがおかれる。原告が不用意に抗弁を予期した場合，管轄権が被告の反対請求 (counterclaim) にもとづいている場合，管轄権は適切でない。充分に訴答された訴状の規則は，批判されてきた。厳格な訴答 (pleading) がもはや連邦の手続の一部ではないのに (後述§3－4参照)，この規則によれば訴答のテクニカルな規則によって管轄権が左右されるからである。しかし，それは，今だに§1331の連邦問題ケースにおける規律原則である。さらにこの規則は，宣言的判決 (declaratory judgment) を求める訴訟にまで拡張され，その種の訴訟では，宣言的救済が利用できなかったとすれば訴訟がいかに訴答されたかを検討することが求められてきた。実践上の問題としてこのことが意味するのは，宣言的判決による救済手段が存在しないとすれば起されたはずの強制訴訟や損害賠償訴訟 (coercive or damage action) が，充分に訴答された訴状の規則を充足していた場合のみ，連邦問題による管轄権が存在するということである (Skelly Oil Co. v. Phillips Petroleum Co. (S. Ct. 1950))。

§2－3　州籍相違管轄権

合衆国憲法第3条2節は，異なる州の市民を伴うケースに対して管轄権を付与している。これに加えて，管轄を授権する法律 (enabling statute) が，州の市民と外国の市民 (外国人：alien) との間の訴訟に対して州籍相違管轄権（diversity jurisdiction）を付与している（28 U. S. C. A. § 1332(a)(2), (3)）。しかしその法律は，すべての州籍相違管轄権を訴額が５万ドル［訳者注：1996年の法律（28 U. S. C. A. § 1332(a)）改正によって，７万５千ドルに引上げられた。以下では，該当箇所を「７万５千ドル」に改める］（後述§２－４参照）を超える争いに限定している。２人の外国人間の訴訟や，当事者の１人が合衆国の市民であるが州籍（state citizenship）をもたない時には，連邦の管轄権は付与されない。これらのケースでは，州裁判所が唯一利用可能なフォーラムである。連邦の州籍相違管轄権の援用に対するさらなる制約として，合衆国最高裁が，Strawbridge v. Curtiss（S. Ct. 1806）においてこの法律について行った解釈がある。最高裁は，完全な州籍相違（complete diversity）がなければならないと裁定した。すなわち，多数当事者間の訴訟（multi-party suit）では，いずれの原告もどの被告とも州籍が同じであってはならない。

州籍は，当事者の本居（domicile）にもとづいて確定され，これは単なる居所（residence）と対比される。ある人がある州に主たる生活拠点（establishment）を維持していれば，そこにその人の本居があると見られる。本居とするには，州内に居所が物理的に存在することにプラスして，その居所を自己の現在の住まいとする意図を要する。本居が争われている当事者が，そこに永続的に居住する意図をもっていることは要しない。軍人（serviceman），囚人，学生などは，自らの意志によらないで，または一時的にある州に居住しているにすぎないとしても本居を定めることができる。鍵となるのは，当分の間そこで主たる生活拠点を維持する意図があるかどうかである。本居がいったん定まると，それは新たな本居がえられるまで，そしてえられないかぎり継続する。

企業体（business entity）を伴う訴訟に州籍相違の要件を適用することには，いくつかの問題がある。法人（corporation）の場合，州籍相違に関する法律によって，その法人が法人格を取得した（incorporated）場所と主たる営業地（principal place of business）を維持している場所の両方で州籍が付与される（28 U. S. C. A. § 1332(c)(1)）。この条項は，多くの事例で州籍相違管轄権の利用機会を減らす。法人は２つの州の市民と見なされるからである。この法律の規準（criteria）を適用するさいの大きな難点は，何が主たる営業地を構成するかを決定することにある。ほとんどの裁判所は，法人の生産やサーヴィスの主要な活動が行われている現場（site）に着目するが，少なくとも法人業務がいくつかの州に分かれている場合に，法人の本社（headquarter）の所在地に着目する裁判所もある。労働組合（labor union）などの法人格のない団体（association）に関しては，法律上の特別な指針はない。しがたって州籍相違に関する法律は，その団体の構成員すべての州籍を検討することを求めていると解釈されてきた。構成員の１人でも相手方（opponent）と同じ州に本居をもっていれば，完全な州籍相違はない（United Steelworkers of America, AFL - CIO v. R. H. Bouligny, Inc. (S. Ct. 1965)）。

州籍相違が存在するかどうかは，訴訟が開始された時点で確定される。訴訟原因が発生した時点，あるいは後に訴訟手続が進行している間の当事者の州籍は決定を左右しない。したがって，原告は州籍相違を創り出すために出訴直前に本居を変えることができる。一部のケースにおいて，原告が州外の代表者（representative）を選任したり，被告と州籍の異なる当事者に請求権を譲渡（assign）したりすることによって，州籍相違が人為的に創り出されてきた。これらの戦術は，馴れ合い管轄を禁じる連邦の法律（federal anticollusive jurisdiction statute)，28 U. S. C. A. § 1359，に違反するという根拠で妥当性が問われてきた。州籍相違を創り出すための請求権の譲渡は，合衆国最高裁によって無効とされた（Kramer v. Caribbean Mills, Inc.（S. Ct. 1969）参照）。しかし，ほとんどの下級裁判所は，§ 1359 の違反があったかどうかを確定するために，代表者任命の背後の動機を考慮することに消極的であった。このため合衆国議会は，1988年にこの問題に対処し，州籍相違に関する法律を改正し，遺産（estate)，未成年者（infant)，無能力者（incompetent）の法律上の代表者の州籍は，代表されている故人（decedent)，未成年者，無能力者と同じと見なされるという規定を設けた（28 U. S. C. A. § 1332(c)(2)）。この結果，もはや州籍相違に関する法律に適合させるために州外の代表者を選任するインセンティヴはなくなった。

州籍相違管轄権は，ここ数年激しい攻撃にさらされてきた。歴史的に州籍相違管轄権の前提となっていたのは，どのようなものであれ地元のフォーラムに存在するかもしれない潜在的な偏見から州外の居住者を守るために，連邦裁判所への参入を許容することであった。州籍相違管轄権を正当化する現代的理由が1つでも存在するかどうかについて重大な疑義があり，歴史的な理由づけは，もはや関与事項として妥当ではないことについて，ほとんどの論者（commentator）と裁判所の意見が一致している。連邦の法律や請求権が新たに創出されるにつれて連邦裁判所が扱うケースの数が絶えず増加しており，合衆国議会において，州籍相違管轄権を廃止ないし大幅に削減すべしという提案がいくつかなされてきたことは驚くに値しない。

§2－4　訴額

連邦裁判所へのアクセス（access）を制限する手段として，合衆国議会は古くから管轄権に関する法律のいくつかに訴額（amount of controversy）の要件を含めてきた。1980年に連邦問題のケースについて訴額の要件が全廃されるまでは，一般的な連邦問題による管轄権，または州籍相違の下で起される訴訟について，利息と訴訟費用（cost）を除いて訴額が1万ドルを超えることが要求されていた。1988年にこの額が5万ドルに引上げられた［訳者注：さらに1996年に7万5千ドルに引上げられた］。今日この前提条件は，（規模の点で）比較的重大な州籍相違ケースのみが連邦裁判所に達することを確保する作用をもち，それによって連邦裁判所が扱うケースの数を抑制する。さらに，連邦裁判所では訴訟コストが割高になることがあり，この条件はこのコスト高から少額の訴訟当事者を守る。

おそらく訴額の要件が単に裁判のやりくり（judicial housekeeping）のための方策にすぎず，憲法上の障壁ではないために，この要件が充たされているかどうかを確認するテストは，かなり緩やかである。原告が請求する金額が誠実に（in good faith）合算され，7万5千ドルを超える額の賠償は明らかにえられないと法的確実性をもって言えなければ，この要件は充たされる。通例，差止め命令による救済を求める訴訟では，救済が拒否された場合に原告に生じるコスト，換言すれば，被告の干渉から守ろうとしている権利の価値，を調べることによって訴額が定められる。しかし，一部の裁判所は，差止め命令の求めに応じる場合に被告が費やすことになる金額の点からこの要件を検証してきた。最低額を伴わないことを示す責任は被告の側にある。伴う額が必要条件の額に満たないことが，事実審理の進行中，あるいは判決の登録（entry）のさいに明らかになった場合に，その時点で事物管轄権の欠如を理由にケースを却下する（dismiss）必要はない。その代わりに，裁判所は，法律の規定によって原告の支払うべき訴訟費用を算定できる（28 U. S. C. A. § 1332(b)）。実際には，この措置が使われるのは稀であり，通例，原告が明らかに悪意で（in bad faith）行動した時のみに適用される。

訴額要件を適用するさいの最大の難点は，複数の当事者（multiple parties）と複数の請求（multiple claims）が絡むケースで生じてきた。管轄権を及ぼすに足る請求とそうでない請求がある時，または個々の請求のどれにも必要条件の金額が伴っていないが，主張されている請求すべての合計額が７万５千ドルを超える時，いかに訴額を算定するかが問題である。この争点は，合算（aggregation）が適切であるかどうかという点から議論されるのがもっとも一般的である。他方，裁判所がすでに管轄権を及ぼすに足る請求を前にしている時に，許容される最低額に満たないものを求める請求を審理できるかどうかという問題は，裁判所が，管轄権を及ぼす額に満たない請求に対して，補充管轄権を行使すべきかどうかという点から分析できる（後述§２－５参照）。

請求の合算を規律する一般規則は，以下のとおりである。Ａ，Ｂの２当事者間の単純な訴訟では，ＡはＢに対してもっているすべての請求を，相互に関係するものもしないものも合わせることができ，合算が許容される。Ａのみの請求の合算を伴う時，それらの請求がすべて認容されれば，管轄権を及ぼす最低額を超える賠償がえられる可能性が少なくとも存在する。

しかし，Aは適用可能な訴額要件を充たすために，Bによってなされたどの反対請求も自己の請求と合算することは許されない。この状況で合算を許容すれば，当事者が間接的に事物管轄権に同意することを容認することになるが，それは許されない。さらに両方の請求が有効であれば，請求と反対請求は互いに相殺しあって，7万5千ドルを超える賠償がえられる可能性がなくなるであろう。

複数当事者間の訴訟（multiple party litigation）において，2人の原告（AとB）がCを訴える，あるいは1人の原告Aが2人の被告（CとD）を訴え，どの1つの請求も必要な訴額条件を充たしていない場合，原告A，Bの両方が，あるいは被告C，Dの両方が，係争物（subject matter of the action）に対して，「それぞれの利益」（several interest）や「分離され区別可能な」（separate and distinct）利益ではなく，「合同かつ共通の利益」（joint and common interest）をもっている場合のみ，一般に裁判所は管轄権を支持してきた。このテストは，クラス・アクション（class action）にも適用されてきた。構成員が訴訟に対して合同かつ共通の利益を有していないのであれば，構成員各々が管轄権のための最低額を超える請求を有していなければならない（Zahn v. International Paper Co.（S. Ct. 1973）; Snyder v. Harris （S. Ct. 1969））。

何が合同かつ共通の利益を構成するかは，長年の間，裁判所と論者の頭を悩ませてきており，正確な輪郭づけができない。次のように言えば充分である。つまり，様々な利益が1つに扱われなければならないと法が基本的に定めてきた小さな部類のケースにおいてのみ，この要件が充足される。例えば，夫婦共有財産制（community property）を採る州では，夫婦は家に対して合同の利益を有していると見なされる。同様にパートナー（partner）は，パートナーシップ（partnership）の資産に対して合同の利益を有する。しかし，当事者が同じ救済を望んでいる，あるいは同じ請求に対抗しているという点で利益が結びついているからと言って，合同かつ共通の利益があることにはならない。未成年の子供（minor child）への侵害（injury）に対する損害賠償と子供のために支出した医療費の補償（reimbursement）を親が求める場合，連邦裁判所の管轄がえられるように２つの請求を合算することはできない。人身侵害（personal injury）に対する請求権は子供に属しており，医療費の請求権は親への損害を表している。親と子供の関係それだけでは，訴訟に対する合同かつ共通の利益を創り出さない。結果として，この要件が充たされているかどうかを確定するために，過去の先例に照らしながら慎重に各ケースの事実を分析することが必要である。

§２－５　補充管轄権

1990年に合衆国議会は，訴訟において裁判所の原管轄権の範囲内にある請求と同じケースないし争訟の一部となっている関連請求すべてに対して，「補充管轄権」（supplementary jurisdiction）と称されるものを認める法律を制定した（28 U. S. C. A. § 1367(a)）。それ以前に裁判所は，２つの形態の法律によらない事物管轄権を発展させていた。付帯的管轄権（ancillary jurisdiction）と係属的管轄権（pending jurisdiction）である。この法律は，それらを法典化したものである。したがって，これら２つの形態の管轄権を概観すれば，補充管轄権の現在の範囲を理解するために必要な背景がえられる。

付帯的，係属的管轄権が発展したのは，複数請求訴訟において，すべての争いを連邦裁判所で審理できるようにし，それによって訴訟の重複を避けるために裁判所がそれらを用いたことによる。両方のタイプの管轄権に要したのは，事物管轄権が及ぶ法律上の基礎の１つに関する基準（standard）を充たしている請求が，少なくとも１つその訴訟に存在することである。それが存在したなら，本来なら管轄権を及ぼすに足りない請求であっても，それが事実の集まりの同じコア（same core of aggregate fact）から生じた場合，換言すれば，両方の請求が機能事実（operative fact）の共通の中核（common nucleus）から，あるいは同じ取引や発生事項（same transaction or occurrence）から生じた場合，その請求に対して管轄権を認めることができた。連邦民事訴訟規則（Federal Rules of Civil Procedure）［訳者注：以下では，原則として「連邦規則」と略記する］における請求併合

(claim joinder) と当事者併合 (party joinder) に関する規定 (後述§§ 3－11～3－20参照) が緩やかであるために，これらの管轄権の基礎は頻繁に援用された。

付帯的管轄権と係属的管轄権の両方の主張を規律するテストは，基本的には同じであったが，厳密に言うと，それらの用語は異なるタイプの状況に適用された。歴史的には，係属的管轄権が援用されたのは，すでに連邦問題に関する請求を提示している当事者が州法上の請求を主張できるかという問題が提起された時であった。付帯的管轄権が付随したのは，それだけでは管轄権を及ぼすに足りないが，管轄権を及ぼすのが適当な請求に付着し密接に関係する請求に対して連邦裁判所が管轄権を保持したその他すべての状況であった。

この管轄権能の主張は，合衆国憲法第3条2節の下で合憲 (constitutional) と見なされた。単に裁判所は，複数請求の状況において，何が「ケースまたは争訟」を構成するかを定義しているにすぎなかったからである。連邦裁判所の管轄権の付帯的，係属的請求への拡張を支持する理論的根拠 (rationale) は，主に司法経済 (訴訟経済：judicial economy) であった――これと異なる規則であれば，原告は，連邦裁判所に1つと州裁判所に1つ，2つの訴訟を提起することを要したであろう。さらに係属的管轄が利用できることで，連邦裁判所が，すべての請求を併合できる州裁判所に対する実効的代替物となった。

付帯的，係属的管轄権が主張できるかどうかを見きわめる基準を提示した合衆国最高裁のリーディング・ケースは，United Mine Workers of America v. Gibbs (S. Ct. 1966) である。最高裁は，2つの部分からなる分析を示したが，それは今日でも依然として支配的効力をもっている。

最初に問われるべきことは，請求がこのタイプの管轄権を主張するための基準を充たしているかどうかである。つまり，管轄権を及ぼすに足る請求とそうでない請求に共通する機能事実の中核があるかどうかである。例証すると，連邦の反トラストに関する請求と州の不正競争 (unfair competition) に関する請求を主張する訴訟は，通常この基準を充たす。不正競争を示すために証明しなければならない事実の多くは，同時に，連邦法違反となる価格協定（price-fixing）や独占（monopoly）を実証するさいに助けとなる。他方，口頭による名誉毀損（slander）の請求は，人身侵害の請求とは異なる事実の証明を要する。これは，被告が原告を自動車ではねた直後に原告の名誉を口頭で毀損したとされる場合にも，つまり請求を生じさせた出来事が一連の出来事の一部であった場合にも妥当する。

いったん裁判所がケース全体に判決する権能が自らにあると確定すれば，次に裁判所は２番目の問題について決定しなければならない。すなわち，本来なら管轄を及ぼすに足りない請求を取り上げることが，司法経済を育み，当事者にとって公平であるかどうかである。したがって，付帯的，係属的管轄権の現実の主張は，裁量によるものであった。裁判所は，この裁量にかかる争点について決定するさいに幅広い要因を計算に入れることができ，ケース全体を通じて自らの裁量の行使を吟味できた。例えば，それ自体で事物管轄権の要件を充たす請求が，訴訟の早い段階で却下された場合，付帯的，係属的請求も却下して，それらの争点は当事者が州裁判所で争うにまかせることが司法経済にかなうであろう。同様に，出された付帯的請求や係属的請求が，とりわけ難しい，あるいは新奇な州法上の争点を提示する場合，州裁判所がその問題について裁定できるように管轄が拒まれることがあった。新たに加わった請求や当事者の存在が，陪審の混乱を招き，他の方法ではそれを抑制しえないような場合にも，管轄が拒絶されることがあった。係属的，付帯的管轄権が認められないどの場合においても，新たに加わった請求のみが却下され，連邦裁判所は，すでに取り上げた，管轄権を及ぼすのが適当な請求について引きつづき判決した。

新たに加わった請求のみならず新たに加わった当事者が絡んでいる状況をも取り込むように係属的，付帯的管轄権を拡張することは，裁判所にゆゆしい困難をもたらした。もともと付帯的管轄権に含まれていたのは，権利訴訟参加人（intervenor of right）（後述§３－18参照）による請求の導入と，被告による第３者被告（third-party defendant）（後述§３－16参照）の引入れであった。またいくつかの下級連邦裁判所は，当事者併合を伴う状況も含むように係属的管轄権の概念を拡張し，係属的当事者の管轄権（pendent-party jurisdiction）と呼ばれるものを発展させた。このアプローチの下で，原告は管轄を及ぼすに足る請求を一方の被告に主張し，それと関係しているが管轄を及ぼすに足りない請求を他方に主張して，2人の被告を訴えることができた。単独の被告に対する訴訟において，2人ないし3人以上の原告が併合される場合も，これと同様の結果が起りえた。

合衆国最高裁は，Aldinger v. Howard（S. Ct. 1976）で初めて係属的当事者の管轄権の有効性を問題にした。このケースで最高裁は，請求が共通の取引から生じたという認定に加えて，次の考察が必要であると述べた。すなわち，適切な請求に対して管轄権を付与している法律の中に，追加当事者への管轄権拡張を合衆国議会が是認しないことを示唆するものがあるかどうかである。最高裁は，後のケースでこの基準を使い，州籍相違ケースの原告に，州籍相違でない第3者被告に対する請求を主張することを認めるように付帯的管轄権の概念を用いようとすることを無効とし，この企てが州籍相違に関する法律の完全州籍相違の要件に違反すると認定した（Owen Equipment & Erection Co. v. Kroger（S. Ct. 1978））。最高裁は，このケースを反対請求，交差請求（cross-claim），引込み請求（impleader）を主張するために付帯的管轄権を使うことを許容した他のケースと区別したが，その根拠は，それらのケースでは，追加請求が，主たる請求に論理的に依存しており，提訴すべきフォーラムを選ばなかった被告によって主張されているということであった。1989年に最高裁は，Finley v. United States（S. Ct. 1989）において，係属的当事者の管轄権についてさらにずっと狭い見解を示唆し，係属的当事者の管轄権の拡張は合憲かもしれないが，法律による授権がなければ，それを創出する権能は裁判所にないと判示した。合衆国議会は，これに応えて1990年に補充管轄権に関する法律を制定した。

補充管轄権が利用可能かどうかは，Gibbs 判決の基準によって規律される。つまり，管轄権を及ぼすに足りない請求が，それに足る請求と機能事実の共通の中核を共有し，同じケースないし争訟を構成しているかどうかである。この管轄権は，主たる請求に対する管轄権が州籍相違のみを基礎としていないかぎり，追加的に当事者が併合された場合でも援用できる(28 U. S. C. A. § 1367(b))。従来の係属的管轄権と同様に，この新しい法律の下での管轄権は裁量によって行使され，裁判所は州の利益を尊重してその行使を拒める（28 U. S. C. A. § 1367(c))。したがって，Gibbs 判決を解釈，適用した以前の判例法（case law）は，この法律の下でも依然として関連性をもっている。

州籍相違訴訟の扱いにおいて，この法律は，いくつかの重要な管轄権の変更と同時に曖昧さももたらした(28 U. S. C. A. § 1367(b) 参照)。第1に，訴訟参加人（intervenor）は，たとえその請求が主たる訴訟と密接に結びついているとしても，もはや付帯的と見なされない。訴訟参加人の請求，または訴訟参加人に対する原告の請求が単独で州籍相違に関する法律を充足していなければ，彼らは訴訟参加できない。補充管轄が禁じられているからである。第2に，今やこの法律の文言から次のことが明らかである。つまり，州籍相違でない第3者被告は，直接原告に対して請求を主張するために補充管轄権を援用できるが，原告はそれに応じて反対請求を主張するために，この法律を援用することができない。最後に，この法律は訴額の要件に関して何ら規定をおいていないから，下級連邦裁判所の中には，管轄権を及ぼす最低額を充たしていない請求に対してこの法律の援用を許容し，管轄権を支持したものがある。他の裁判所はこれに同意せず，そのような結果は従前の法（前述§2－4参照）に反することになり，その法を更改する（overrule）ことを議会は意図していないと認定した。

§2－6　移管管轄権

競合管轄権が連邦と州の裁判所におかれている時，原告はどちらに提訴するかを選ぶことができる。原告が州裁判所を選択すれば，被告は，その地区の連邦裁判所に訴訟を移すことができる場合がある。そのためには被告は，その目的で作られた特別な連邦の法律の範囲にそのケースが入ることを示せなければならない(28 U. S. C. A. § 1441)。1つの請求をめぐる2当事者間の訴訟では，移管（removal）に3つの前提条件がある。第1に，移管が適切であるのは，原告が連邦裁判所で訴訟を始めることを選択していたとすれば，連邦裁判所が管轄権をもっていた場合に限られる（28 U. S. C. A. § 1441(a)）。連邦裁判所では裁判籍（venue）が不適切であったはずであるという事実があっても，移管は排除されない。管轄権に関する欠陥のみが障害となる。充分に訴答された訴状の規則（前述§２－２参照）に照らしてこのことが意味するのは，移管が被告の答弁（answer）中の連邦問題にもとづいたり，連邦法上の反対請求が主張されているという事実にもとづいたりすることはできない，ということである。原告の訴状が，連邦裁判所の管轄権の基礎を提示していなければならない。したがって，複数請求（multiclaim）あるいは複数当事者の訴訟において，移管管轄権が適切であるのは，連邦管轄権の独立の基礎がない州法上の請求について，原告が補充管轄権（前述§２－５参照）を利用しえた場合に限られる。第２に，被告のみが移管できる（28 U. S. C. A. § 1441(a)）。被告が反対請求を介在させ，それによって原告が「防御側当事者」（defending party）となったとしても，原告は移管できない（Shamrock Oil & Gas Corp. v. Sheets（S. Ct. 1941））。第３に，州籍相違にもとづくケースでは，非居住（nonresident）の被告のみが移管できる（28 U. S. C. A. § 1441(b)）。

また移管に関する法律には，特別の規定が含まれており，連邦問題に関する特定のケースが，本来なら移管されないような複数の当事者や請求を伴っている場合でも，移管が認められる（28 U. S. C. A. § 1441(c)）。この規定の目的は，単に移管できない請求や当事者をいくらか含めることによって，原告が被告の選択を阻止できないようにすることと，被告による連邦裁判所の選択を実現可能にすることである。一般的な連邦問題による管轄権の下で提起できたはずの請求が存在し，その請求が他の移管できない請求から「分離され独立している」（separate and independent）ことを被告が示せれば，移管は許される。しかし，いったん訴訟が移管されても，連邦裁判所は，裁量を行使して，「州法が優越する事項」（matters in which State law predominates）を州裁判所に差戻す（remand）ことができる。したがって，州法上の事項が，連邦法上の請求および別個の州法上の請求に内在する場合，裁判所はこの規定の下で裁量を行使し，ケース全体を州裁判所に差戻すことができる。これは，補充管轄権の下での裁判所の裁量による決定と対照的であり，補充管轄権では，管轄権を及ぼすに足りない請求のみを却下するにとどまる（前述§２－５参照）。

当事者が要請したとは言え，連邦裁判所が州裁判所からケースを取り去る状況を提示するので，移管管轄権は連邦制に関する深刻な問題を生じさせる。この事実は，移管手続それ自体が強調している。州裁判所の訴訟の被告は，連邦裁判所に移管の申請（removal petition）を提出する（28 U. S. C. A. § 1446(a) 参照）。同時に申請の写しが州裁判所に提出され，書面による告知（notice）が他方当事者になされる。連邦の移管に関する法律に規定されているように，「州裁判所は，ケースが差戻されないかぎり，そして差戻されるまで，いかなる手続も進めてはならない。」(28 U. S. C. A. § 1446(d))。原告が移管に異議を申立てたい場合，連邦裁判所に差戻しの申立（motion）を提出しなければならない。連邦管轄権を援用する機会を被告に与えたいという要請は，移管が連邦と州の裁判所の関係に与える潜在的な波及効果に対する懸念を凌ぐと見なされている。にもかかわらず，何らかの州法上の請求が単に § 1441 が機能したという理由でもたらされた場合に，その請求を差戻すかどうかを決定するにあたって，連邦裁判所は，連邦制の概念に影響されて，通常の連邦管轄権の基準を充たしている請求と明白ないし密接不可分に絡み合っていない請求を州裁判所に戻すことがある。

B　裁判籍

§２－７　規律一般原則

裁判籍（venue）は，法律上の要件であり，特定の裁判所システム内における司法業務の流れを規制し，当事者が争いを裁判にかける便利なフォーラム（convenient forum）を特定することをめざしたものである。連邦の裁判所システムでは，裁判籍に関する規定によって，事物管轄権と人的管轄権（personal jurisdiction）の要件が充たされていることを前提として，訴訟を提起できる所与の州の中に，1つないし複数の地区（district）が設けられている。州の裁判所システムでは，裁判籍に関する法律が，訴訟を提起する適切な郡（county）に言及しているのが通例である。州と連邦の裁判所のどちらで訴訟を提起できるかということ（前述§§ 2－1～2－4）と，どの州で被告に対する人的管轄権がえられるか（後述§§ 2－10～2－20）ということがいったん確定すると，それらの司法システム内においてどの裁判所がフォーラムとして許されるかをさらに特定するために，裁判籍に関する適用可能な法律を調べなければならない。

裁判籍に関する法律のタイプは様々であるが，それらの特徴をいくらか論じておくことは有用であろう。地域性のない訴訟原因（transitory cause of action）について，裁判籍を被告の居所におく規定がよく利用される（Cal. Civ. Proc. Code § 395(a) 参照）。一部の州では，法人の居所は，法律によってその法人の主たる営業地に定められてきた（Cal. Civ. Proc. Code § 395.5 参照）。一般的な連邦裁判籍に関する法律が1988年に改正された結果，連邦裁判所における法人を被告とする訴訟において裁判籍を認定する基準は，法人に対して管轄権を主張するテストと同一とされてきた。被告法人は，訴訟が開始される時点に人的管轄権に服しているどの地区にも居住していると見なされる（28 U. S. C. A. § 1391(c) 参照）。より特定的な裁判籍規定は，提起されている訴訟の種類（例えば，不法行為（tort），契約（contract）など）に結びついていることがあり，特定の出来事（例えば，契約の履行（performance），不法行為による侵害など）の場所を提訴のために便利な場所として特定していることがある。連邦システムでは，一般的な裁判籍に関する法律が1992年に改正され，現在次のように規定している。州籍相違にもとづく訴訟では，裁判籍は，被告の居住するどの地区でも適切である，または，「請求を生じさせた出来事または不作為（omission）の実質的部分が起ったか，係争物である財産の実質的部分が所在する」地区において適切である。複数の被告のケースでは，裁判籍は，訴訟を起すことができる地区が他にない場合，訴訟が開始される時点で被告が1人でも人的管轄権に服している地区において適切である(28 U. S. C. A. § 1391(a))。連邦問題に関する訴訟では，この最後の規定は拡大され，他の方法によって訴訟を起すことができる地区が他にない場合，被告を１人でも見出せるいずれの地区にも裁判籍をおくことができると規定している（28 U. S. C. A. § 1391(b)(3))。適切な裁判籍が複数あるケースでは，原告はどこで提訴するかを選ぶことができる。

裁判籍が適切かどうかは，訴訟の冒頭に確定される。第３当事者の請求や訴訟参加による請求などの追加請求が出された場合，それらの請求には裁判籍の要件が適用されないのが通例である。この状況において，裁判所は，放棄（waiver）あるいは付帯的裁判籍（ancillary venue）の概念を援用するのが一般的である。原告に対して反対請求が主張されている場合，原告は，提訴することによってそのフォーラムの便宜性に同意したと言われる。追加請求の裁判籍に対するこれらのアプローチが依拠しているのは，フォーラムが訴訟の冒頭に便利なものとして定められたならば，それは当事者とその請求すべてにとって便利であることに変わりはない，という健全な前提である。したがって，事物管轄権や人的管轄権とは異なり，訴訟に請求が追加されるたびに裁判籍の適切さを検証する必要はない。

留意すべきは，選ばれたフォーラムが法律上の裁判籍の要件を充たしているからと言って，そのフォーラムが必然的に特定の争いにとってもっとも便利であることが保証されるわけではないということである。したがって，後に論じるように，裁判籍に関する法律を遵守して訴訟が提起されたとしても，その訴訟が後に却下されたり，もっと便利な場所に移送（transfer）されたりすることがある（後述§２－30参照)。

§２－８　地域的訴訟の原則

裁判籍に関する法律の中でよくなされている区別は，地域的（local）訴訟と地域性のない（transitory）訴訟の違いである。地域的訴訟は，不動産（real property）の所有，占有（possession），侵害を伴う訴訟である。地域性のない訴訟は，その他の訴訟すべてを包含する。歴史的には，ケースの事実に精通している陪審をえたいという要請のために，地域的訴訟は土地が所在する郡でのみ起すことができた。地域性のない訴訟には，そのような制限はなかった。

地域的訴訟の原則は，州内の裁判所の業務を規制するという点で，裁判籍の規則と見なすことができる。州境を超えて適用される時，この原則はその意義を増す。所与の州境の内側にある不動産に対する州の主権（sovereignty）概念と絡み合っているからである。合衆国最高裁は，地域的訴訟の原則にもとづいて，次のように判示した。すなわち，土地が所在する郡または地区の裁判所は，その土地の権原（title）に影響する他州の裁判所の判決（judgment or decree）に対して，たとえその判決がなされる時点に当事者がフォーラム裁判所の人的管轄権の範囲に入っていたとしても，十全な信頼と信用（full faith and credit）を与えることを拒否できる（Fall v. Eastin（S. Ct. 1909））。これは，地域的訴訟の原則を憲法上の重大性をもつものまで高めるように見えるが，それは連邦制において変則的な結果である。地域的訴訟の原則が，管轄権が関知すべき事項として根拠をもつと考えるか，あるいは単に裁判籍に関する特殊な制約と考えるか，いずれが適切であるかは，すぐれて学問的な関心事である。現代の州判決はすべて，それを要しない場合でも十全な信頼と信用が与えられると裁定してきており，したがって現代では，この原則から意義のある問題は生じない。

C　人的管轄

§２－９　はじめに

人的管轄権（personal jurisdiction）の原理が扱う問題は，当事者の権利義務を定義ないし宣言し，かつ拘束力をもつ強制可能な判決を行う権能が裁判所にあるかどうかという問題である。原告に関して言うと，救済を求める行為それ自体が常に管轄権に対する服従（submission）を構成し，原告に不利益な判決を正当化すると考えられてきた。被告として指名された人が，裁判所が所在する州に居住し，かつ現にそこにいる時，問題が提起されたことはほとんどなかった。各州は，その境界内のすべての物と人に対して主権にもとづく支配権をもっているから，管轄権能が存在すると推定される。これらのケースでは，適切な手続的要件を遵守して充分な告知を行った上で管轄権がえられたかどうかが問題となる。

歴史的には，領域に関するこれらの原則を適用するさいの真に困難な唯一の問題は，法人にかかわるものであった。法人は，法的な機構にすぎず触れることのできる（tangible）実体をもたず，したがって在処（situs）が視覚できないからである。当初この問題は，法人は，法人格を取得した法が適用されている裁判所の管轄権に常に服すると定めることによって解決された。後に裁判所は，この考え方に，法人が特定の州で訴えられることに明示的（expressly）ないし黙示的に（impliedly）「同意した」（consent）場合にも，その訴訟に服するという規則を付け加えた（後述§2−15参照）。この同意理論は，すぐに虚構の域に達し，裁判所は，法人と自然人（natural person）を同等に扱おうとする別の観念を付け加えた。人が物理的に存在するだけで充分であると見なされたため，州内の営業活動が広範囲かつ継続的に行われ，活動と存在が等価であると見られた場合，法人は「存在」（present）し，したがって，特定の州の人的管轄権が及ぶ範囲内にあると宣言された。この「存在」アプローチでは，ある個人の離脱などのような法人活動の停止によって，拘束力のある強制可能な判決を行う州の権能が消滅した。裁判所の権能に対するこの制限は，被告が州内の以前の活動を基礎に訴えられている場合にも妥当した。

したがって，裁判所が州内に見出せない被告に対して人的管轄権を主張できるか，どのような場合にそれを主張できるか，という争点に，管轄権をめぐる主要な問題と展開が集中してきたことはおそらく意外なことではないであろう。この問題に答えるには，通常2つのステップを要する。第1に，自己のケースと類似する状況下で，フォーラム州の境界外にいる人に対する人的管轄権の主張を認めている法律を見つけなければならない（後述§§2−10〜2−12参照）。第2に，扱っているケースに対してその法律を適用することが，憲法上の基準を充たしていると結論できなければならない（後述§§2－16～2－20参照）。訴訟の全被告1人1人について，これら両方のステップが充足しているだけでなく，後に併合されるかもしれない追加当事者についても充足していなければならない。

人的管轄権の域外的（extraterritorial）主張に適用される州の法律と憲法上の基準は，いくつかの紆余曲折を経て発展してきた。とりわけ1977年に始まる一連の判決の中で，合衆国最高裁は，人的管轄権の主張すべてに適用可能な憲法上の基準に対して，いくつかの重要な改良を加えた。したがって，この分野の手続を徹底して学ぶには，最高裁の判決の分析，採択されてきた数々の法律の綿密な調査，およびそれらの展開を適用し解釈してきた下級裁判所の判決の吟味，を要する。人的管轄権に関する現代の法が発展してきた歴史的前提を簡潔に概観した後，本書では，主な焦点を現代の管轄権理論におくことにする。

最後に，自己のケースを法律の範囲内に適合させその法律を用いることが合衆国憲法に矛盾しないことを確認することに加え，さらに手続的デュープロセス（procedural due process）が関知すべき事項として，どのような判決によってもその権利が影響される人が，充分な告知と言い分を聞いてもらう機会（opportunity to be heard）を与えられることが要求される（後述§2－21および§6－4参照）。これが意味するのは，管轄権を主張するために使われる方法が，これらの要件に合致するように設計されていなければならないということである。そうでなければ，いかなる判決がなされても無効となる。

本書では，これら適切な人的管轄権をえるための各要素に関する議論は，必然的にやや簡潔にならざるをえない。これらの事項をもっと徹底して扱っているものを望む読者は，J.Friedenthal, M.Kane & Miller, *Civil Procedure*, Ch. 3（2d. ed. 1993）を参照すべきである。

1　管轄権能の法律上の源泉

a　州裁判所

§２－10　法律のタイプ

ある州がその州の境界外にいる非居住の被告に対して，管轄権を主張できるかどうかを確定するために参照できる法律には，２つのタイプがある。１つ目のタイプ（一般にロングアーム法（long-arm statute）と呼ばれる）は，州裁判所に対して，その法律中に設けられた条件を充たす被告に域外管轄権を行使することを特定して認める。もう１つの方法として，被告が州内に財産を所有していれば，訴訟の冒頭にその財産の仮差押え（attachment）にもとづいて管轄権を主張することが可能な場合がある。この状況で必要なのは，被告の財産の差押え（seizure）を認めている仮差押え法が州にあるかどうかを確定することである。扱っているケースをカバーするロングアーム法や仮差押え法が存在しなければ，州外の被告に対して人的管轄権を主張することはできない。

州のロングアーム法は，多種多様であるが，簡単な説明が参考になるであろう。ロングアーム法間の差異を主に特徴づけるのは，設けられた詳細な要件やカテゴリーの量である。スペクトルの一方の端に，被告が州との間に必要な最小限の接触（minimum contact）をもっており，管轄権が合衆国の憲法や法律に反することにならない場合はいつでも，管轄権の主張を許す法律がある(例えば，R.I.Gen.L. § 9-5-33, Cal. Civ. Proc. Code § 410.10参照)。これらの曖昧な法律上の基準は，裁判所が最大限可能なかぎり管轄権を拡張することを許容する。これらの法律はまた，増加する旅行と変化するビジネス取引の時代においても簡単に適用される。これらの法律は，新しい異なった状況に援用でき，他の目的で含められた定義やカテゴリーにケースを適合させる必要がまったくないからである。しかし，この流動性には死角がある。管轄権の問題がすべて憲法上の問題となり，どのような場合に管轄権が支持されるかという予後診断は，基準の曖昧さのためにいっそう困難である。

スペクトルの他方の端には，域外管轄権を主張できるような非居住者側の活動の種類を非常に詳細にわたって列挙している法律がいくつかある。例えば，50州すべてに非居住の自動車運行者（nonresident motorist）に関する法律があり，州内に乗り入れてそこで事故を引起した非居住者に対して管轄権を主張できると定めている。この他にロングアーム管轄権がよく主張される行為は，州内でのビジネスの取引，州内に物品やサーヴィスを供給する契約の締結，州内で不法行為を犯すこと，被告が州内で他のビジネス活動を行っている場合に州内における侵害の原因となる不法行為を州外で犯すこと，および州内における不動産の所有・使用または占有である（例えば，N. Y . C. P. L. R. 302(a) と Uniform Interstate & Int'l Pro. Act § 1.03 参照)。他に，提起されている訴訟の種類（契約，不法行為など）に焦点をあて，それらのタイプの訴訟におけるロングアーム管轄権の主張を正当化するような被告側の行為を定めている州もある（例えば，N. C. Gen. Stat. § 1-75-4 参照)。これらのより特定的な法律に列挙されているカテゴリーのどれにも訴訟が適合しなければ，ロングアーム管轄権は主張できない。

州の仮差押え法は，適切な仮差押えを遂行するのに必要な手続的要件に応じて様々である。さらに，それらの要件は，充分な告知と言い分を聞いてもらう機会を確保するために合衆国最高裁が発展させてきた憲法上の基準を充たさなければならない（後述§６－４参照)。またほとんどの州が，仮差押え法の利用機会を制限し，被告が債権者から詐取する（defraud）意図をもって，財産を譲渡し，隠匿し，処分し，または州内から移した，あるいはそうしようとしている場合のような特定の定められた状況に限定してきた（例えば，N. Y. -McKinney's CPLR 6201 参照)。したがって，仮差押えによって管轄権を主張できるかどうか，またどのように主張できるかを確定するために，地元の法を慎重に調べることが重要である。

b　連邦裁判所

§２－11　規律一般規則

合衆国議会は，連邦裁判所による人的管轄権の主張について規律する法律を制定しうるけれども，２，３の例外を除いて（後述§２－12参照）そうしてこなかった。ロングアーム管轄権の行使は連邦規則第４条に定められた状況に限定されており，連邦裁判所は，単に連邦コモンロー（連邦判例法：federal common law）の事項として管轄権を拡張することはできない（Omni Capital Int'l v. Rudolf Wolff & Co.（S. Ct. 1987））。

連邦規則第４条(k)は，連邦裁判所による始審令状の送達（訴状送達：service of process）の領域的限界を定めている。ロングアーム管轄権を特定して認める連邦の立法がないので，連邦裁判所が，その所在する州の境界外にいる被告に対して管轄権を行使できるのは，次の３つの状況のいずれかの場合である。

第１に，連邦裁判所が，その所在する州に存在する州外送達を規律する法律や規則を参照できる場合である。連邦裁判所は，非居住の被告に対して管轄権をえるために，州のロングアーム法，または非居住者が所有する財産の仮差押えを認めている州の法律をどれでも利用できる。したがって，州外の被告に対して拘束力ある強制可能な判決を行う連邦裁判所の能力は，往々にしてそれが所在する州の州裁判所と同じである。

第２に，連邦規則第４条(k)(1)(B)は，訴訟に追加された特定の当事者について，連邦裁判所の建物から100マイル以内に始審令状を送達することを認めている。多くの事例で，連邦裁判所が設置されている場所から半径100マイルはまだ州内であるので，この100マイル膨張規定は，域外には作用しない。しかし，この規定を適用した結果，適用可能な州のロングアーム法がまったくないにもかかわらず，ロングアーム管轄権がえられるケースもある。

連邦裁判所が，その所在する州の外にいる当事者に対して管轄権を行使できる３つ目の状況は，1993年に連邦規則第４条に追加されたものである。訴訟の基礎となる請求が連邦法の下で生じ，その他の点についても被告がどの州の一般的管轄権にも服すことがない場合，連邦裁判所の管轄権が付随する（連邦規則第４条(k)(2)）。この状況が生じるのは，例えば，被告が外国の出身であり，被告の行為が州に存在するどのロングアーム規定の範囲にも適合しないような場合である。

§２－12　特殊規定

連邦のロングアーム規定が少し存在するが，それらは連邦法上の特定の訴訟原因を創設する法律の一部となっている。例えば，反トラスト法や連邦証券法の下で起される訴訟には，連邦裁判所の管轄権に対する地理的境界がない（15 U. S. C. A. §§ 4 & 78aa）。同様に，連邦の競合権利者確定訴訟（interpleader action）において，係争物保持者（stakeholder）の限られた資金に対して競合する請求がなされ，その係争物保持者がその資金をどのように分配すべきかについて裁定を求めている場合，連邦の法律は，全国規模の（nationwide）始審令状の送達を認め，連邦裁判所の人的管轄権に対するいかなる制限も排除している（28 U. S. C. A. § 2361）（後述§ 8 − 7 参照）。これらの規定の数は少ないが，連邦法にもとづく訴訟において特別なロングアーム規定が利用できるかどうかを確定するために，自己の請求がもとづく法律をチェックするのが賢明である。

2　人的管轄権を主張するための基準

a　伝統的基礎

§ 2 − 13　主権：領域性の理論

人的管轄権の原理は，そもそも主権概念に依拠していた。各州は，その境界内のすべての人に対して排他的な権能をもっていたから，それらの人に対して起されたいかなる訴訟においても拘束力ある判決を行うことができた。通例この管轄権は，**対人的**（*in personam*）と呼ばれた。対人管轄権は，訴訟が開始された時点に個々の被告が州内に存在することを前提とした。被告の存在が，短期滞在者の場合のように一時的であるか，あるいはそれより永続的であるかは問題でなかった。他方，対人管轄権は，州境の外側にいる人に対しては認められなかった。それを認めれば，他州の主権を侵害することになるからであった。有効な対人判決は，合衆国憲法第 4 条 1 節の下で，すべての姉妹州（sister states）で十全な信頼と信用を受ける資格があった。

また州は，その境界内のすべての財産に対して主権権能をもっていたから，州裁判所は，被告がどこにいるかにかかわらず，州内の財産の所有権（ownership）ないし権原（title）に関して，有効かつ強制可能な判決を行うことができると判示された。この形態の人的管轄権には，**対物的**（*in rem*）という用語があてられた。州には財産に対する排他的支配権があるので，そのような訴訟でなされたいかなる判決も，「世界を拘束する」（bind the world）ことになり，他州はそれに十全な信頼と信用を与えることを要した。

主権概念は，先の説明から伺われるほどには制限されていなかった。例えば，対人管轄権は，被告の本居や，さらに被告の合衆国市民権（national citizenship）にもとづくものであっても支持された（Milliken v. Meyer（S. Ct. 1940）; Blackmer v. United States（S. Ct. 1932））。主権は，市民が管轄内に物理的に居ない時でも，その市民に特定の債務や義務（obligations and duties）を命じることができることがその理由とされた。同様に，居住原告ともはや居住者でなくなった被告との間の婚姻上の地位（marital status）に絡んだケースでも管轄権が維持された。それは，州が本居の法的地位に対する主権権能をもっており，必然的に，居住原告の地位について拘束力ある判決（decree）を行うことができなければならないという考えにもとづいた。最後に，州内に財産を所有する非居住者は，その財産から生じる訴訟原因について州の対人管轄権の範囲に入ると見なされた。財産を安全な状態で維持することを怠ったことが原因となった侵害について，非居住の家主（landlord）を訴えることができた。州は財産に対して主権にもとづく支配権をもっているので，州内で財産を所有する特権（privilege）を欲するどの家主に対しても，強制可能な判決を行うことが許容された。

人的管轄権に適用されるかぎり，主権にかかわる法のもっとも重要な拡張は，**準対物**（*quasi in rem*）管轄権の発展とともに生じた。準対物管轄権に関するケースでは，財産に関係するかもしれないし関係しないかもしれない人的権利（personal right）を裁くために，被告に到達する手段として州内の財産が使われた。したがって，土地譲渡契約の特定履行（specific performance）を求める訴訟などにおいて，原告は，財産に対する既存の請求を確保するために準対物管轄権を援用することがあった。このように使われる場合，準対物管轄権は対物管轄権と異なるが，財産が救済手段にとってのみ重要であり，基礎にある救済に対する実体的権利（これは契約を前提とする）にかかわらないというのがその主な理由であった。他の方法として，準対物管轄権は，争点となっている人的権利が財産にまったく無関係である場合に使うことができた。このように使われる場合，この形態の管轄権は，時として仮差押え管轄権（attachment jurisdiction）と呼ばれた。

いずれの形態の準対物管轄権を主張する場合も，州は訴訟の開始の時に，財産の仮差押えや差押えを行うことによって主権権能を主張した。それから裁判所は，財産は被告の体現（manifestation）であるというフィクションを利用して，審理を求められた人的請求を裁いた。防御する（defend）ために出廷した被告は，その裁判所の対人管轄権に服し，原告が本案（merits）について勝訴した暁には，請求額全額に対する拘束力ある判決がなされた。被告が応訴（appear）せず欠席（default）になった場合，判決は仮差押えされた財産の価値に限定された。フィクションと一貫させると，それが州の管轄権能の限界であったからである。その金額を超えて十全な信頼と信用が判決に与えられることはなかった。さらに救済をえるためには，原告はまったく新しい訴訟を始めなければならなかった。

訴訟の開始時に財産の仮差押えを行うことは，この形態の管轄権にとって決定的に重要であった。それは，州の権能の主張に実体を与え，訴訟の間に財産が移されたり売却されたりすることを防ぐことによって，原告が受けるどんな判決も確実に強制可能なものとした（Pennoyer v. Neff（S. Ct. 1877））。最後に，仮差押えは，被告に訴訟手続を告知する手段としても役立った。

準対物管轄権の原理の起源は，不動産を伴うケースにあり，それらのケースでは，州の主権は歴史に深く根ざしていた。しかし，準対物管轄権は，しだいに拡張され，動産（movable property），無形財産，さらに未確定債務にまで適用された。次節で論じるように，これら後の展開は大論争を引起した。

§２－14　無形財産と未確定債務

フォーラム州内に無形財産（intangible）と未確定債務（contingent obligation）が存在することにもとづいて準対物管轄権を主張することは，それらの在処をどのように特定するかという問題を提起した。例えば，銀行預金（bank deposit）は，被告が取引している銀行に所在すると見なされた。一般的に株式は，どこであれ記名株券（stock certificate）が所在する所に存在すると見なされた。もっとも論争の的となった準対物管轄権の適用の１つは，Harris v. Balk（S. Ct. 1905）における合衆国最高裁の裁定であった。最高裁は，金銭債務（debt）は債務者（debtor）とともにあると判示した。債務者とともに金銭債務の場所を特定することによって，次の場合，債権者Ａが非居住の債務者Ｂに対して仮差押え管轄権をえることができた。すなわち，第３者ＣがＢに金銭債務を負っており，ＣがＡの州に入りそこで始審令状を送達された場合である。もしＣがＢに債務を負っている事実を争ったなら，ＡはＢに対して準対物管轄権をえることができなかった。ＢとＣの間に金銭債務が存在すると宣言する判決を可能にするには，Ｂに対する対人管轄権が必要とされた（New York Life Ins. Co. v. Dunlevy（S. Ct. 1916））。その問題が決定されるまで，裁判所が準対物管轄権の基礎にできる財産は州内になかった。もしＣが債務の存在を認めたとすれば，Ｃに対する州内の始審令状の送達によって，裁判所は，Ｂの財産としての金銭債権が主権の及ぶ範囲内にあるというフィクションを援用することを許され，したがって，その財産に対して強制可能な判決を，ＡのＢに対する無関係の請求にもとづいて行うことができた。この理由づけの下では，Ｂは，彼の放浪債務者（peripatetic debtor）がどこを彷徨っても，仮差押え管轄権に服した。差押えを受けた債務者は，２度の支払いの強制を免れるために非居住の債務者に訴訟手続を告知しなければならなかった。このことによって非居住の債務者は，この仕組の中である種の保護を与えられた。しかし，告知はもとの裁判所の管轄権に影響せず，単にＣを二重の責任から守るにとどまった。

よりいっそう論争をよんだ準対物管轄権の適用は，ニューヨーク州で展開した。ニューヨーク州裁判所は，今説明した分析を適用して，被保険者（insured）を防御し損失を補償する（indemnify）ために保険者（insurer）が負っている未確定債務にもとづいて管轄権を許容した（Seider v. Roth (N. Y. 1966)）。以下のようなアプローチが採られた。ニューヨーク州の居住者Ａは，他州で自動車事故にあい，ニューヨーク州の居住者でないＢによって傷害を負わされた。Ｂは，ニューヨーク州および他州で営業している大手保険会社Ｉの保険に入っていた。Ａは，Ｂを防御し損失を補償するＩの義務に対して仮差押えを行うことによって，Ｂをニューヨーク州で訴えた。ニューヨーク州のＩに対する主権権能を理由に，準対物管轄権が許容された。この形態の仮差押えをめぐって論争がなされたのは，金銭債務の未確定な性質についてであった。つまり，被保険者に過失がないと認定されれば金銭債務はなく，それは原告が勝訴した場合のみ存在する。したがって，まだ存在していない物，あるいは決して存在しないかもしれない物にもとづいて管轄権が拡張される。ここでも，この原理の明白な苛酷さを和らげるためにある種の保護が与えられ，被告は，限定応訴（limited appearance）を行って，対人管轄権に同意することなく本案について防御することが許容された（後述§２－28参照）。判決は，保険証券（policy）の額面金額（face amount）に限定されたまま維持された。さらにニューヨーク州裁判所は，管轄権を主張できる以前に，原告が居住者でなければならないか，訴訟原因がニューヨーク州で生じなければならないと裁定した。

今説明した２つの展開は，裁判所が人的管轄権の基礎として主権を最大限に拡張した事例を代表している。おそらく驚くべきことではないが，大多数の州は，保険の分野でニューヨーク州の先導に従うことを拒否し，他の裁判所や論者は，これらの状況では管轄権を主張するさいの公正さが何より重要であることを示唆した。管轄権の主張に対する楔として公正さに重きをおく時代（§後述２－16参照）にとって，剥き出しの権能や無形財産の在処というフィクションに依拠した理論は，変則であった。

§2－15　同意

常に当事者は，自己に対して拘束力ある強制可能な判決を行う裁判所権限を承認できる。契約中でなされる場合のように，同意（consent）は，明示される場合がある。また，放棄という考え方が黙示の同意として作用する場合もある。これは，管轄権に異議を唱える方法を規律する適用可能な規則を，被告が遵守しなかったことによって起りうる（後述§2－27参照)。自己の訴訟において反対請求に直面した非居住原告の場合，訴訟を開始するためにフォーラムに入ることが，州の管轄権への服従と見なされる。

歴史的には，訴訟が提起されるより前に非居住の被告が管轄権に黙示的に同意していたという認定は，主権原則の厳格な適用が管轄権を許さないような場合でも，ビジネスに従事する可動的（mobile）市民に対して対人管轄権を主張する主要な基礎として役立った。法人の分野では，州は州内で営業することから非居住の法人を排除できると判示された。したがって一部の州は，州外の企業に，州内で営業する条件として，その企業に代って始審令状を受け取る代理人（agent）を州内に選任することによって，管轄権に同意することを要求する法律を制定した。非居住の法人に代って始審令状を受け取る代理人として州職員（state official）を法律中で指定し，それ以降州内で営業する法人はすべて，州内の活動から生じた訴訟について州内で訴えられることに黙示的に同意すると定めた州もあった。訴訟が開始された時点では，もはや法人は州内で営業していないという事実があっても，それ以前にその法人が訴訟に黙示的に同意していたという理由にもとづいて，裁判所の管轄権は影響を受けなかった。

しかし，同意理論には限界があった。例えば，黙示の同意が使われる場合，フォーラム州で行われたビジネスから生じる訴訟原因についてのみ管轄権を主張できた。明示的同意にもとづく管轄権は，そこまで限定されていなかった。しかし，その状況では，州内での法人活動の終了が同意の取消しとして作用し，法人が立去る以前にフォーラム州で行った活動から直接に生じた訴訟についてさえ，もはや管轄権を主張できなかった。

個人を伴うケースでは，居住原告に傷害を負わせたとされる非居住の自動車運行者に管轄権を主張するさい，黙示の同意が重要な正当化理由となった。州の主権の直接的な顕現である，州の一般福祉権能（police power）を利用して，州は，非居住の自動車運行者に関する法律，または単一行為に関する法律（single-act statute）を制定して，非居住被告の州との唯一の接触が訴訟を生じさせた事故であり，かつ居住原告が傷害を負った場合に，非居住被告に対して対人管轄権を主張することを裁判所に認めた。ここで利用されたフィクションは，ロングアーム法がすでに制定されているから，被告は公道（highway）を運転することによって黙示的に管轄権に同意していたというものであった（Hess v. Pawloski（S. Ct. 1927)）。後の判決は，これらの法律の適用を非居住原告にまで拡張した。管轄権を主張する基礎としてフィクションを利用することを止める動きがあるにもかかわらず，これらの法律は今日でも有効なままである。これらの法律が認める限られたタイプの管轄権は，より現代的な管轄権理論の下でも許されることになるからである（後述§２－20参照）。

b　現代的基準

§２－16　対人的側面：最小限の接触,「フェアプレイと実質的正義」

諸州を横断した個人の移動が増大し，また法人活動が全国的な規模で拡大してきたために，主権と同意にもとづく理論の限界が明らかになった。対物管轄権と準対物管轄権を裏づける手段として，裁判所は，拡張していく主権概念に引きつづき依拠した。しかし，州境の外側にいる非居住者に対人管轄権を主張する裁判所の権能に対し第一義的制約を課すものとして，より一般的なデュープロセスの原則にますます大きな重みがおかれるようになった。

合衆国最高裁は，International Shoe Co. v. Washington（S. Ct. 1945）において，このデュープロセスによる対人管轄権へのアプローチの基礎にある原則を明瞭に宣明した。最高裁によって宣明されたテストは，フォーラム州で管轄権を主張することによって「フェアプレイと実質的正義」（fair play and substantial justice）という伝統的概念が侵されない程度に，被告はその州との間に充分な「最小限の接触」(minimum contacts）をもつべきであるというものであった。

International Shoe 判決は，２本立てのテストを提示している。第１に，最小限の接触が示されなければならない。第２に，裁判所は，フォーラムが公平であり，そこで被告が言い分を聞いてもらう充分な機会を与えられると認定しなければならない。これら２つの確定は，必然的に重複するものの，それぞれ独立の意義があり，一方を充たしているからと言って他方を無視することは正当化されない。例えば，証人や当事者の多くがそこにいるという理由でフォーラム州が便利であるという事実だけでは，管轄権の主張は保証されない。裁判所は，管轄権を裏づけるために，被告が州との間に必要条件である最小限の接触をもっているとさらに認定しなければならない。実際，International Shoe 基準の最小限の接触に関する部分の重要性は，World-Wide Volkswagen Corp. v. Woodson（S. Ct. 1980）で強調され，最高裁は，最小限の接触に関する検討を，敷居（threshold）の問題と性格づけた。その敷居をまたげなければ，それは，選ばれた特定のフォーラムが公平ないし便利であることを示唆する様々な事実が関与性をもたない(irrelevant）ことを意味した。

International Shoe 判決以降，合衆国最高裁の数多くの判決によって，「最小限の接触」の意味に内容が追加されてきた。最高裁は，被告のフォーラムとの接触が意図的（purposeful）でなければならないと繰り返し指摘してきた。つまり，裁判所は，被告が州内で何らかの活動を行う特権を意図的に利用し，それによって州法の恩恵と保護を頼みとしてきたと認定できなければならない（Hanson v. Denckla（S. Ct. 1958））。意図的な行為を示す必要は，数多くのケースにおいて管轄権の主張に対する重大な障害であることが判明してきた。例えば，離婚した父親が，母親と一緒に暮らしたいという子供の要望に協力する場合，その父親は，子供の監護権（custody）と養育費（support）の増額を求める訴訟において，母親の州の管轄権に服さなかった。子供を母親のもとに行かせることは，意図的な行為とは見なされず，単に子供の要請への黙諾（acquiescence）であった。さらに父親は，この変化の結果として，フォーラム州から何らの経済的恩恵も引出さなかった（Kulko v. Superior Court（S. Ct. 1978））。フォーラム州における自動車事故から生じたオクラホマ州のケースでは，最高裁は，ニューヨーク州の自動車販売業者とその地区の代理店（distributor）に対して管轄権を主張できないと裁定したが，これらの被告がどちらも，意図的にオクラホマ州の市場に商品を供給しようとはしていなかったというのが，その理由とされた。彼らが市場に出した自動車は可動的（mobile）であり，したがってオクラホマ州で使用できるという現実から彼らが収益と恩恵を引出したかもしれないというだけでは不充分であった。管轄権を支持するような恩恵があることを示唆するために，原告である自動車所有者がオクラホマ州まで運転したという一方的活動を使うことはできなかった。決定を左右するのは，被告の行為であった（World-Wide Volkswagen Corp. v. Woodson（S. Ct. 1980））。

他方，フォーラム州との意図的な接触は，被告が州内で積極的に営業を行う場合もっとも容易に認定されるが，州外の活動であっても，故意になされ，フォーラム州から間接的であるにせよ何らかの恩恵をえることを目ざしていれば，International Shoe 基準の接触に関する部分を充足しうる。被告が単に一般的な通商の流れ（stream of commerce）にその製品を意図的に投入したことで充分であるか，あるいはその製品をフォーラム州に向かっている通商の流れの中に承知の上で（knowingly）おいた場合でなければならないか，は明確ではない。合衆国最高裁は，Volkswagen ケースにおいて，欠陥があるとされる自動車の国際的な製造業者と全国的な（national）輸入業者は，両方とも意図的に全国市場に参入し市場から経済的恩恵を受けたから，これらの事業体にオクラホマ州の管轄権が主張できることを示唆した。しかし，後のケース，Asahi Metal Industry Co. v. Superior Court（S. Ct. 1987）において，最小限の接触という敷居をまたぐに充分な行為を構成するために，被告がその製品をフォーラム州（カリフォルニア州）に意図的に向けていなければならないか，あるいは全国市場に向けただけでよいのか，どちらを示す必要があるかという問題について最高裁の意見が真っ二つに分かれた。

どちらの見解の下でも，充分な接触を認定する理論的根拠は，被告の州外での行為が次の性格をもっているということである。つまり，被告の製品が一般市場内のいずれかの州で機能不全（malfunction）になった場合，その製品が問題の発生した場所で訴訟に服すかもしれないことを被告が予見して然るべきであった，そのような性格である。したがって，フォーラム州で防御しなければならないことを予見すべきであったとされるような性格を被告の州外行為がもっていたかどうかを確定するために，その行為を慎重に吟味しなければならない。

被告の州との接触の質と意図性（purposefulness）は，予見可能性（foreseeability）のみならず，次の考え方にも関係している。つまり，被告がフォーラム州から何らかの恩恵や特権をえており，その州で訴訟に対して防御することを被告に要求することが公正であるという考え方である。例えば，Volkswagen のケースなどのような製造物責任（product liability）の事案では，合衆国内のどこかで訴えられることを予見して然るべきである製造者とは対照的に，地元の販売店には，販売する自動車がどこで運転されるかを予見する術がない。さらに販売店自体は，他州の市民を相手に営業して経済的恩恵を受けようとはまったくしていない。結果として，製品が後に機能不全を起した遠隔地のフォーラムで販売店が責任を問われるとすることはできない。同様に，合衆国最高裁は，仕入れ（purchase）とそれに関係するフォーラム州への旅行は，それだけでは，それらの仕入れ取引に無関係の請求について，非居住の法人に対して管轄権を維持するには不充分であることを指摘した（Helicopteros Nacionales de Colombia, S. A. v. Hall（S. Ct. 1984））。

フォーラム州で訴えられることを被告が予見できたかどうかを参照することは，最小限の接触の基準に被告の主観に関する複雑な検討を注入するように見えるかもしれないが，必ずしもそうでない。まず，今指摘したように，フォーラム州から何らかの形で恩恵を引出すことをめざしたフォーラム外の意図的行為と連動していれば，予見可能性は容易に充足しうる。例証すれば，故意の不法行為（intentional tort）が絡んでいる場合，予見可能性は容易に充足する（Calder v. Jones（S. Ct. 1984））。州外の当事者が，意図して長期契約を求めて交渉し，フォーラムとの継続的な接触を心に描いていれば，その契約から生じる争いに絡む訴訟について，その州で防御しなければならないことは予見不可能であると主張することはできない（Burger King Corp. v. Rudzewicz（S. Ct. 1985））。

最後に，被告が最小限の接触の敷居をまたいだことが示されるとしても，管轄権の主張がフェアプレイと実質的正義の概念と矛盾しないと裁判所が認定できなければ，まだ管轄権は支持しえないことを覚えておかなければならない。どの1つの要因も確定的でない（Keeton v. Hustler Magazine Inc.（S. Ct. 1984））。（原告が非居住者であり，比類なく長い出訴期限（statute of limitation）があるためにフォーラムを選んだという事実は確定的でない）。むしろ裁判所は，数多くの要因を考慮する。それらの要因には，次のものが含まれる。すなわち，伴っている活動を規制することに対して，あるいは居住者にフォーラムを提供することに対して，フォーラム州がもっている利益；証人，証拠，一般的在所のみならず，代替的フォーラムが存在するかどうかという点から見て，選ばれた裁判機関が当事者にとって相対的に便利かどうか；訴訟の重複を避けたいという要請；選ばれたフォーラムの公平さに影響するその他すべての要因，である。これらすべての要因について，被告の州との接触のタイプや質と衡量（weigh）しなければならない。

したがって必然的に，合衆国最高裁が後の判決で洗練してきたInternational Shoe基準は，流動的な政策志向のテストを提供しており，何がそれぞれのケースで正当であるかを決定するために事実の詳細な分析を要求する。この基準は，個人と法人の両方に適用される。この基準の柔軟性のために，個人の被告を伴うケースにおいて，どの特定の被告についても特化した規則を必要とすることなく，管轄権の幅広い拡張から結果的に生じうる付加的な負担を計算に入れることが裁判所に許容される。

§ 2 －17　最小限の接触テストの適用：その実例

International Shoe 基準の敷居を充足するのに必要な接触の種類と充分さの問題，および，所与のケースにおいてそれらの接触が，他方のフェアプレイの要因と比較衡量（balance）した場合に管轄権を裏づけるかどうかという問題は，不正確にしか答えることができない。最終的な決定が事実審裁判所の裁量の範囲内にあるからである。しかし，いくつかの実例は，そのバランスを傾けるような考慮事項に光をあてる。

法人や個人が継続的，組織的に州に入り，訴訟原因がその州内の活動から生じるならば，管轄権は適切である（International Shoe Co. v. Washington (S. Ct. 1945)）。接触が実質的であれば，それにとどまらず，フォーラムも関係人すべて（all concerned）にとって便利であるのがふつうである。証人，証拠，規律法がそこに存在するからである。これは，訴訟原因が生じたのは州外であるが，州内でなされた活動の結果生じた場合にも妥当しうる（Cornelison v. Chaney（Cal. 1976））。スペクトルの反対の端において，被告の接触が散発的（sporadic）であり，州内で生じたものであろうと州外で生じたものであろうと訴訟原因がそれらの接触から生じていない場合，最小限の接触は認定されず，フォーラムの便利さにかかわらず管轄権は許容されない（Hanson v. Denckla（S. Ct. 1958））。これら２つの極端の間に入るケースでは，充分な最小限の接触があるかどうかの決定は，被告が州との間でもってきた接触の質と量に対して，フォーラムの公平さを比較衡量することに大きく依存する。

合衆国最高裁は，1984年の判決，Helicopteros Nacionales de Colombia, S.A. v. Hall（S. Ct. 1984）において，これらのケースに対応して，「一般的管轄権」(general jurisdiction)が主張されている訴訟と「特定的管轄権」(specific jurisdiction)が援用されている訴訟の区別の存在を認めた。前者は，被告がフォーラムに関係する何らかの継続的活動に従事してきたが，訴訟原因がその行為から生じていない訴訟を包括する。後者は，フォーラムにおける被告の活動は散発的であるが，訴訟原因がそれらの取引から生じるケースを含んでいる。一般的管轄権を主張するためには，裁判所はフォーラムにおける被告の実質的活動を認定できなければならず，したがって，この状況において最小限の接触を充足する敷居は，特定的管轄権のケースよりもずっと高い。実例は，これらの区別がどのように働くかをもっともよく実証する。

特定的管轄権は，被告の単一の行為にもとづいて支持されてきた。フォーラム州で自動車事故を起して侵害を生じさせた非居住の自動車運行者のケースなどである。あるいは，契約をめぐる争いに関するケースで，伴っている契約が被告の締結した唯一のものである場合である。前者のケースでは，被告が意図的に州に入ったという事実があること，証拠に関するかぎりフォーラムが便利であること，これらと相俟って，居住原告に対してフォーラムを提供し，公道を規制することに州の利益があるため，フェアプレイの概念と一貫した管轄権の主張が許される（Hess v. Pawloski（S. Ct. 1927））。後者の状況では，伴っている契約のタイプ，契約との関連で被告が州内で取り組んだ活動の量，契約するために被告が意図的に州に入ったという認定が，単一の契約を伴っているにすぎない場合でさえ，管轄権の主張を正当化できる（McGee v. International Life Ins. Co.（S. Ct. 1957）（保険契約）。

しかし，契約をめぐる争いでは，International Shoe 基準が単一の行為のケースで充たされているかどうかを決定するために，しばしば非常に複雑な検討を必要とする。したがって，合衆国最高裁は，契約訴訟では，契約の人為的な締結地（locus）を特定しようとすることによって管轄権を確定することは適切でないと指摘してきた。そうではなく，最小限の接触が充足しているかどうかという問題は，事前交渉を取り巻く事実，それらの事実が将来に及ぼすと思われる結果，契約の約定（terms），および当事者による実際の取引の経緯（course of dealing），に依存している（Burger King Corp. v. Rudzewicz（S. Ct. 1985））。さらに，被告の負担の程度，争われている争点に対する州の利益，およびフォーラムの便利さに関して，不法行為のケースでは管轄権を裏づける根拠とされた推定は，契約訴訟では不適切になることがある。したがって，裁判所は，次の事実を計算に入れてもよい。つまり，州内に居住する売主が買主を勧誘して契約させ，管轄権に引込んだという事実，あるいは原告は大手法人であり，他のもっと便利なフォーラムに簡単にアクセスできるが，被告は個人であり，フォーラム州で防御することが大きな負担になる，という事実である。

訴訟原因が，フォーラム内での被告の継続的活動と無関係であるが，その州内で発生するケースでは，一般的管轄権は，フォーラムの公平さを示す他の要因しだいで適切となる。例えば，製造業者である被告がその製品の多くを州内に送った場合，たとえケースの争点となった製品自体は被告が管轄内に送ったものの一部ではなかったとしても，製造物責任訴訟において管轄権が許容された（Buckeye Boiler Co. v. Superior Court of Los Angeles County（Cal. 1969））。管轄権を裏づける鍵となる要因は，フォーラムで防御しなければならない場合に被告が受ける可能性のある最低限の（minimal）負担，証人と証拠の点から見たフォーラムの便利さ，代替的なフォーラムを探すことを強いられた場合の原告の困難，であった。

他方，訴訟原因がフォーラム州内での被告の活動から生じないばかりか，州外で生じるならば，一般的管轄権は否定されるであろう。他に被告が訴訟原因と無関係の活動を州内で継続的に行っていたとしても，管轄権の主張が充分に公平ではないであろうからである（Helicopteros Nacionales de Colombia, S. A. v. Hall（S. Ct. 1984））。したがって，被告がその製品の一部を定期的にカリフォルニア州に送ったという事実は，アイオワ州に送られた製品がアイオワ州で引起した侵害に対する請求について，カリフォルニア州裁判所の対人管轄権を支持するに充分であるとは見なされなかった（Fisher Governor Co. v. Superior Court（Cal. 1959））。しかし，製品がフォーラム州における通商の流れの中から購入されたものであるような状況において，管轄権は適切であると判示されてきた（Singer v. Walker（N. Y. 1965））。ここでもこれらのケースが依存しているのは，フォーラムを提供することに対する州の利益に対して，および，管轄権が許容または否定された場合にすべての当事者に課される相対的な負担に対して，影響するすべての要因についての綿密な考察である。

管轄権の主張がフェアプレイと実質的正義の概念と調和するかどうかに影響する別の要因として，被告が非居住外国人（nonresident alien）であるかどうかがある。Asahi Metal Industry Co. v. Superior Court（S. Ct. 1987）において，合衆国最高裁は，カリフォルニア州内のオートバイ事故から生じた訴訟において，カリフォルニア州裁判所が日本のバルブ製造業者に対して管轄権を主張することは，International Shoe 基準の公平に関する部分を侵害すると，全員一致で判示した。最高裁は，合衆国の裁判所で防御しなければならないことで外国の被告に課せられる特別な負担に焦点をあて，その負担よりも，管轄権を主張することに対して原告側とフォーラム州がもっている最低限の利益の方が重いということにはならないと結論した。したがって，最小限の接触の基準を国際的分野に適用するには，それに必然的に随伴する不便さに特別な注意を払うことを要する。

最後に，次のことに留意すべきである。訴訟が連邦裁判所で起されている時でさえ，あるいは外国人の被告に対して起されている時でさえ，特別の連邦の法律がない場合は，充分な最小限の接触が存在するかどうかの評価は，被告の全国規模での接触の吟味を伴わず，フォーラム州に関係する接触のみに着目して行われる（Omni Capital Int'l v. Rudolf Wolff & Co.（S. Ct. 1987））。これは，非居住者に対して管轄権を主張するための法律上の基礎が，州のロングアーム法（前述§§２－10～２－11参照）であり，必然的に州は，その規制領域（つまり，地理的境界）内に適法に（legitimately）入っている人や出来事に対してのみ管轄権を主張するに足る権能を有しているからである。フォーラム州との接触と対比して，被告の全国規模の接触を参照することが許されるのは，管轄権を主張するための法律上の基礎が，全国規模の始審令状の送達を認めている連邦のロングアーム法（前述§２－12参照）である場合か，訴訟が連邦法の下で生じ，他の点についても，被告がどの州の一般的管轄権にも服さない場合のみである（前述§２－11参照）。

§２－18　対物・準対物管轄権に適用される最小限の接触

1977年に合衆国最高裁は，Shaffer v. Heitner（S. Ct. 1977）に判決し，対物管轄権と準対物管轄権を規律する憲法上の基準として，最小限の接触，フェアプレイ，および実質的正義を採用した。もはやフォーラム州の財産を仮差押えするだけでは，管轄権の援用に成功するには不充分である。州の主権は，管轄権が依拠すべき基礎として適切でなく，それに代って焦点は，裁判所の管轄権の主張によって被告のデュープロセス上の権利が侵害されるかどうかにあてられる。どのように最高裁がShafferの事実にデュープロセスを適用したかを詳しく見れば，その基準が他のケースにおいてどのように機能するかを理解する手助けとなる。

このケースは，株主派生訴訟（shareholder derivative action）であり，法人のグレイハウンド，その現在と以前の役員（official）および取締役（director）数名を被告として，デラウエア州で起された。この法人は，デラウエア州で法人格を取得したが，その主たる営業地は，アリゾナ州であった。個人被告は，１人もデラウエア州に居住していなかった。原告は，次のように主張した。この法人は，個人被告による指導の下に，オレゴン州においてある種の活動に従事した結果，反トラスト法に違反するとして損害賠償と罰金（fine）を科された。それらの損害賠償や罰金は，究極的に法人の損失となった。そこで原告は，株主として，個人被告が違法な活動を是認したことによって法人が被った損害に対して救済を求めた。非居住の被告に対して管轄をえるために，原告は州の仮差押え法（sequestration statute）を利用した。原告は，デラウエア州法人の全株の在処が州内にあると宣言しているデラウエア州法を援用し，法人の帳簿（book）に対して譲渡停止命令（stop transfer order）を発してもらうことによって，被告の所有する約82,000株を差押えた。デラウエア州の下級裁判所は，準対物管轄権の主張を支持したが，合衆国最高裁は，この判決を破棄した。

合衆国最高裁は，International Shoe基準を適用して，州内の財産の存在は，それ自体では充分ではないと裁定した。訴訟原因は，財産に関係していないと見なされた。被告の株所有は，被告の法人との信認関係（fiduciary relationship）に直接に結びついていなかったからである。追加的な接触が必要であった。最高裁は，被告に管轄権を主張することでその行動を規制する特定の州利益をデラウエア州がまったく表明しなかったことを指摘した。仮差押え法は，一般的なものであり，法人とその役員を規制することを特にめざしたものでなかったからである。最後に最高裁は，たとえデラウエア州が強い州の利益を表明しており，最小限の接触が確証されたとしても，デラウエア州はその争いを審理するのに公平なフォーラムではなかったと結論した。個人被告は，州内で活動を行う機会を意図的に利用したことは決してなかったし，州とは縁もゆかりもなかった。彼らには，デラウエア州の裁判所に連れて来られることを予期すべき理由がなかった。株所有が，法人格を取得した州の訴訟に対する同意を含意するとは見なしえなかったからである。加えて，他に不公平とならないようなフォーラムがあった。おそらくこの訴訟は，グレイハウンドの主たる営業地であるアリゾナ州，あるいは違法とされる活動が行われたオレゴン州で提起しえた。

Shaffer 判決において最高裁は，単にフォーラム州に財産が存在するだけでは，その州に管轄権を付与するにもはや充分でないことを明らかにしたが，その事実は，管轄権の分析に関与性をもたない。むしろ財産の存在は，管轄権の行使を許すに足りる他の接触を示唆するであろう。財産が原告の救済の請求と直接に関係している場合，特にそうである。例えば，純粋な対物ケースで最小限の接触を利用しても，管轄権をもつという決定に大して影響しそうにない。典型的な対物訴訟では，係争物が仮差押えされた財産そのものであるから，最小限の接触は認定されるであろう。対物ケースのほとんどは不動産を伴っており，州内の不動産に関係する事項すべてを規制することに対する州の伝統的利益が充分に認知されている。さらに，不動産の有形不動という性質のために，管轄権が主張されるかもしれないことが被告にとってはっきりと予測可能である。不動産の所有それ自体が，被告が州法上の保護から恩恵を受けたことを実証する。事実，準対物管轄権を主張するために土地が仮差押えされたとすれば，International Shoe 基準も充たされるであろう。被告が州との間でもっているタイプの接触が非常に実質的であり，たとえ訴訟原因が土地と無関係であったとして，その州で防御することを被告に要求しても不公平とならないであろうと見ることができるからである。

Shaffer判決において最高裁自身が承認しているように，International Shoe基準の適用が主たる波及効果をもつのは，可動的ないし無形の財産を伴っているケースか，またはShafferにおけるように，主張されている請求と財産がまったく関係がないと見られるケースである。財産の性質から次のことが伺われることがある。すなわち，被告が承知の上で州に入った，あるいは州法上の保護を援用したのではないであろうこと，および被告の州との接触が最小であること，である。このようなケースでは，管轄権に関する決定は，次に対する慎重な検討に依拠しなければならない。すなわち，被告が州との間でもってきた接触のタイプ，基礎にある争訟に対するフォーラムの利益，もっと公平かもしれない別のフォーラムを原告が利用できるかどうか，およびフォーラムで裁判しなければならないことで被告が現に負う負担，である。同様に，たとえ財産が州内に安定的に存在しているとしても，管轄権の主張を公平と見なす前に，被告とフォーラムと訴訟の間に他の結びつきを認定することが必要である。

最小限の接触の基準を適用するさい，別の非居住債務者にたどり着くために放浪債務者（wandering debtor）に対して仮差押えを行うことは，それ以上のものがなければ，もはや許されないことはまったく明白である。他方，これより明白でないケースでは，公平さに関わる事柄を見定めることが難しいことは，Shaffer判決の後数年の間，次の問題をめぐって若干の争いがあったことで例証される。すなわち，非居住の不法行為者（tortfeasor）を被告として起された訴訟において，被告の保険証券を仮差押えすることを通じて準対物管轄権を主張できるか，という問題である。管轄権を支持した裁判所は，次の3つに焦点をあてた。(1)保険会社は，明らかにフォーラム州で営業しており，実際に訴訟で防御を行う者になるであろうということ，(2)侵害を受けた居住者にフォーラムを提供することに対する州の利益，(3)被告の潜在的責任を保険の担保範囲（coverage）に制限する限定応訴を許容することによって，被告として指名された者に保護が与えられていること。合衆国最高裁は，1980年にこの問題に対する推測的議論（speculation）を止めさせ，この形態の仮差押え管轄権について先例更改し，直裁な最小限の接触の分析を適用して管轄権を無効とした（Rush v. Savchuk (S. Ct. 1980)）。

§２－19　３つの管轄権カテゴリーがもつ目下の効用

最小限の接触の基準は，すべてのタイプの管轄権に適用されなければならないが，管轄権を，対物，準対物，対人の３つに分けることは，まだ若干の有用な目的に資する。純粋に実践的なレベルにおいて，この区別は，何が争点となっており，どの接触がもっとも関与性をもつかを特定するのに有用な仕組である。例証すると，純粋な対物訴訟では，ケースの事実が伝統的な権原確認（quite title）のパターンに適合するかどうかの分析が，同時に，憲法上の基準が充たされていることも実証する。

また現在でも準対物管轄権は，いっそう重要なレベルで独立した管轄権カテゴリーとして有用である。憲法上の限界ぎりぎりまで域外管轄権を主張することを認めるロングアーム法をもたない州において，原告のケースが法律に定められた特定のカテゴリーに適合しない場合がある。たとえ充分な最小限の接触が，デュープロセス上の要件を充足すると認定できるとしても，適用可能なロングアーム法が不在であるために対人管轄権の主張が禁じられる。しかし，仮差押え法が存在し，被告が州内に何らかの財産を所有している場合，準対物管轄権が許容される。

最後に，最小限の接触を立証するための敷居も，主張されている管轄権のタイプしだいで異なることがある。準対物訴訟では，判決は財産の価額に限定されており，多くの事例において，被告は，裁判所の対人管轄権に服すことなく本案について応訴し防御することが許容される（後述§２－28参照）。このように被告の保護が追加されており，それと相俟って，争訟を規制することについてフォーラム州の利益が認定されていることから，次の結論が支持されるであろう。つまり，たとえ対人管轄権の主張を裏づけるに足る接触がない場合でさえ，準対物管轄権の適用上，特定のフォーラムがInternational Shoe基準を充たすという結論である。合衆国最高裁がShaffer判決において，次のことを強調したことを記憶しておかなければならない。すなわち，最小限の接触の基準を評価する場合，事実審裁判所は，被告，フォーラム，訴訟の間の結びつきに焦点をあて，それによって，管轄権が主張できるかどうかを確定するにあたり，訴訟に対するフォーラム州の利益を斟酌することを許容すべきである，ということである。これと対照的に対人管轄権が援用される場合，敷居としての最小限の接触が存在するかどうかを確定するさい，被告とフォーラム州との関係のみが関与性をもつこと，フォーラム州の利益は，後にフェアプレイと実質的正義が充足されているかどうかを考慮する時のみ関与性をもつことを最高裁は強調してきた（前述§2－16参照）。

§2－20　同意，本居，一時的管轄権に関する理論の目下の存続可能性

すべての形態の管轄権はInternational Shoe基準を充たさなければならないという趣旨のShaffer v. Heitner判決の徹底した文言のために，最小限の接触の分析に依拠しない他の管轄権の伝統的基礎について，その存続可能性（viability）について若干の問題が生じる。とりわけ，追加的な接触がまったくない場合でも，フォーラム州における被告の同意，本居あるいは一時的存在が引つづき管轄権の前提でありえるか，という問題がある。

同意や本居に依拠する管轄権のケースでは，その答えは明らかにイエスである。合衆国最高裁が最小限の接触を援用する目的は，州による管轄権の主張に対して憲法上の制約を確立することにある――本質的にその基準は，フォーラム州の権利と被告の権利のバランスをとり，どのような場合に特定のフォーラムで防御することに対して被告が正当に反対できるかを示唆する。しかし，被告がそうすることを望まないなら，反対する必要はない。したがって，管轄権に同意する被告の権利は，Shaffer判決において最高裁が宣言したことと非両立的ではない。

これと異なる理由で，被告の本居を前提とする管轄権も依然として合憲

である。本居による管轄権の前提となっているのは，ある人が本居をおいている場所でその人を訴訟に服させることは常に公平であるということである——被告が州と何らかの継続的で永続的な結びつきをもっており，したがってその州で訴えられることを予見しうることが，本居の確定それ自体から伺われる。今日，個人が本居を次々と変える場合があり，伝統的規則の援用が不公平に見えるケースもあるかもしれないが，大部分のケースにおいて，本居は依然として管轄権の基礎となる充分な接触である。

最小限の接触のアプローチともっとも非両立的に見える管轄権の伝統的形態は，被告の単なる一時的存在を前提とする管轄権である。一時的管轄権（transient jurisdiction）は，Pennoyer v. Neff の中で支持された領域性（territoriality）の原則と，その境界内のすべての人と物に対する州の主権権能に依拠している。Shaffer 判決の後，これらの原則は拒否されたと一般に見なされた。したがって，ある人のフォーラム内での一時的で物理的な所在は，州との接触ではあるが，被告，フォーラム，訴訟の間に他の接触がまったくない場合，それらのケースに対する管轄権の適切さが疑われた。

合衆国最高裁は，Burnham v. Superior Court（S. Ct. 1990）において，一時的管轄権が存続可能性を維持しているかどうかという問題を扱った。最高裁は，仕事をするためと子供に会うためにカリフォルニア州内にいる間に，離婚訴訟の始審令状の送達を受けたニュージャージー州の居住者に対して，カリフォルニア州が行った管轄権の主張を全員一致で支持した。しかし，なぜデュープロセスが充足されるのかについて裁判官全員の意見が一致したわけではなかった。一時的管轄権を裏づける強固な歴史と伝統を拠り所とすることで充分であると見た裁判官もいれば，州内送達の規則が公正さの基準を充足すると判断した裁判官もいた。したがって，フォーラム州にいる時を見計らって被告に始審令状を送達することは，それ以上のことがなくても，依然として非居住の被告に対して管轄権をえる正当かつ合憲の手段であることは，今やはっきりしている。

3　管轄権に関する他の制約

§2−21　告知

ケースが人的管轄権に関する法律と憲法の要件を両方とも充たす場合でも，被告になされた告知（notice）が不充分であれば，訴訟が却下されるか，もしくは判決が副次的に攻撃される（collaterally attacked）ことがある。被告は，適切な告知がなされなかったために，言い分を聞いてもらう実効的機会がなかったという理由で，手続がデュープロセスに違反したと主張できる。何が憲法を充足するのに適切な告知を構成するかは，利用された告知のタイプと告知の時宜（timing）の検討を伴う。後者の要素は，言い分を聞いてもらう機会が実際的なものであることを保証する。これについては，後述§6−4で論じる。告知のタイプは，被告にともかくも防御の機会があるかどうかという核心にかかわる。

対人ケースでは，個人への始審令状の送達が，現実の告知を確実にする明らかに最良の手段であり，したがって管轄権をえる好ましい方法である。同様に，対物手続の歴史的規則では，財産の仮差押えに公示（publication）を加えたものが被告に告知する充分な手段であったが，現代の規則では，被告の身元と所在が知れている時は，個人に告知を送らなければならない（Walker v. City of Hutchison（S. Ct. 1956））。

個人への告知は，すべての訴訟に対する憲法上の前提条件であるというわけではない。利用しなければならない告知のタイプは，ケースごとに決定される。絡んでいる管轄権のタイプにかかわらず，すべてのケースの鍵は，何が実際的（practicable）であるかであり，被告にもっとも到達しそうな告知手段を利用することに重きがおかれる。また裁判所は，どのタイプの告知を要するかを確定するさい，被告の居場所をつきとめる難しさ（コストおよび実行不可能性）や裁判の必要性も考慮してもよい（Mullane v. Central Hanover Bank & Trust Co.（S. Ct. 1950））。合衆国最高裁は，この基準を適用し，然るべく入念な努力（reasonably diligent effort）によって被告の住所を確認できる場合，公示は充分でなく個人に対する告知を利用しなければならないと判示してきた（Tulsa Professional Collection Servs., Inc. v. Pope（S. Ct. 1988）; Mennonite Bd. of Missions v. Adams（S. Ct. 1983））。

また第1種郵便（first-class mail）を使わずに居住用財産に告知を貼ることも，郵送による告知のほうが被告に到達する蓋然性が高い場合，不充分であると見なされてきた（Greene v. Lindsey（S. Ct. 1982））。

最後に，被告は不充分な告知がなされたという根拠で判決を攻撃してもよいが，告知をするさいの単なる形式や手法に欠陥があるだけでは，判決は違憲の疑い対象（constitutionally suspect）とならない（後述§2－31参照）。さらに当事者は，告知を受ける権利を契約によっていつでも放棄できる（National Equipment Rental, Ltd. v. Szukhent（S. Ct. 1964））。放棄が承知の上のものでも，自発的なものでもなかったという何らかの証拠がなければ，その放棄はデュープロセスに違反すると見なされない（D.H. Overmyer Co. v. Frick Co.（S. Ct. 1972）（管轄権，告知，始審令状の送達に対する放棄が合憲と見なされた）。

§2－22　他の憲法上の制約

人的管轄権の分野におけるほとんどの判決がかかわってきたのは，最小限の接触の基準に包括されているかぎりにおいて，そして充分な告知と言い分を聞いてもらう機会を提供するために必要とされるかぎりにおいて，デュープロセスの意味を精緻化することであった。しかし，本来なら管轄権の適切な行使となるような事柄に対して，他の憲法上の制約が2，3示唆されてきた。

デュープロセスの不可欠の要素は，次の観念である。すなわち，当事者が出廷している裁判所は，いったん判決がなされれば，被告が別の裁判所で二重もしくは多重の責任に服さないことを保証する権能をもっているという観念である。裁判所がこの保証を提供できず，利益を有する当事者すべてを併合できる代替的フォーラムが存在するならば，たとえ管轄権の他の前提条件がすべて充たされているとしても，訴訟は被告の申立にもとづいて却下されなければならない。例えば，ペンシルベニア州は，未収金の為替証書（money order）の形でウェスタン・ユニオンが保有していた資金を州に復帰（escheat）させるために訴訟を起した。ペンシルベニア州裁判所は，同様にこの資金に対して請求権をもつかもしれない他州すべてに対して管轄権をえることができず，したがって，同じ資金をめぐりそれらの州に対して後に生じる責任から被告を守ることができなかったため，この訴訟は却下された。代替的フォーラム，すなわち合衆国最高裁が利用可能であり，この保護を提供できた（Western Union Tel. Co. v. Pennsylvania（S. Ct. 1961））。

利益を有する訴訟当事者すべてを併合できるフォーラムが存在しない場合，深刻な問題が提示される。合衆国最高裁は，多重責任から被告を守りたいという要請があっても，不在の人々が本来なら裁判所の人的管轄権の範囲に入らないならば，それらの人々を判決に拘束することは許されないと裁定した。人的管轄権がそれらの不在当事者に対してえられないならば，被告は２度の支払いを被るかもしれない（New York Life Ins. Co. v. Dunlevy（S. Ct. 1916））。この事態を避けるべく，関係当事者すべての出廷を確保するために対人管轄権の範囲が拡張されるように最小限の接触の基準を適用してきた裁判所がある（例えば，Atkinson v. Superior Court（Cal. 1957）参照）。また，個人への告知を要求すれば訴訟の維持が阻まれ，かつ終局事項として被告の潜在的責任について解決を与える代替手段がない時，告知要件がより柔軟な態様で解釈されてきた（例えば，Mullane v. Central Hanover Bank & Trust Co.（S. Ct. 1950）参照）。

州の域外管轄権の行使に対する別個の制約として，州際通商条項（interstate commerce clause）に依拠してきた下級裁判所が２，３ある。管轄権を主張しようとする企ては，州際通商に直接的かつ否定的な波及効果をもつ，つまり緩やかなロングアーム法が州際通商を阻む，と判示された。したがって，フォーラムがデュープロセスの基準の下で公平であるように見える場合でも，管轄権が否定された（Erlanger Mills, Inc. v. Cohoes Fibre Mills, Inc.（4th Cir. 1956））。しかし，大多数の裁判所はこの基準を採用したことがなく，この基準は人的管轄権の拡張に有意義な波及効果を与えてこなかった。

また，非居住の出版社を被告とする文書による名誉毀損（libel）の訴訟において，管轄権の主張を制限するために修正第１条（First Amendment）を援用した下級裁判所もある（例えば，New York Times Co. v. Connor（5th Cir. 1966））。これらの裁判所が判示したことは，遠方の不便なフォーラムで防御することを出版社に強いれば，自由な言論に対して萎縮効果（chilling effect）を与えかねない危険性があるから，文書による名誉毀損の訴訟では，最小限の接触について通常よりも高い敷居をまたがなければならないということであった。しかし，後に合衆国最高裁は，修正第１条に関する検討事項が管轄権の検討の一部となるのは適切ではないことを明確にした（Calder v. Jones（S. Ct. 1984））。

したがって，デュープロセス以外の憲法条項から生じる管轄権の制限は，あまり発展してきていない。むしろ合衆国最高裁は，主に最小限の接触の基準をさらに洗練していくことを通じて管轄権を制限してきた。

4　始審令状の送達―管轄権を主張する手段

§２－23　送達のタイプ

訴訟が起される州の法律によって，州裁判所においてどのタイプの送達(service)が認められるかが確定される。連邦規則第４条は，連邦の始審令状（process）がどのように送達されるかを規律する一般的規則を定め，同時に，適用可能な州法上の方法のいずれについても，これを利用することを連邦裁判所に認めている（連邦規則第４条(e)(1)）。連邦裁判所は，州のロングアーム法に定められた手続，あるいは準対物管轄権にもとづく訴訟では，州の仮差押え法に定められた手続を利用できる。合衆国の国境外でどのように送達を完遂できるかについて，連邦規則第４条(f)と特定の国々との条約に特別の規則が設けられている。

一般的に送達には，現実（actual）送達，代替（substituted）送達，擬制(constructive)送達の３つのタイプがある。現実送達が利用される時，召喚状（summons）と訴状（complaint）の手渡し交付（in-hand delivery）がなされる。法人あるいは政府が被告のケースでは，しばしば法律によって現実送達を受ける権限のある人が指名されている。法人では，これは，会社の包括代理人（general agent）もしくは支配人（managing agent）であることが多い（連邦規則第4条(h)(1)）。政府では，それは訴訟が起された地区の合衆国法務官（United States attorney）などの指定された職員である（連邦規則第4条(i)）。

代替送達は，召喚状と訴状の本人交付（personal delivery）をせずに，被告に訴訟を告知する非常に多様な手段を包含する。例えば，州のロングアーム法のほとんどは，始審令状が書留郵便（registered mail）によって被告に送られると規定している。また仮差押え法も，概して告知を所有者に郵送することで財産の差押えを認め，代替送達の手段について規定している。より直接的には，被告は現実送達を受けるために州内の人を指名して，その人に告知が郵送されるようにしてもよい。また始審令状は，被告の住居まで持っていき「ふさわしい年齢と思慮をもった」（suitable age and discretion）人に託してもよい（連邦規則第4条(e)(2)）。最後に，送達にまつわるコストを避ける努力として，連邦規則第4条(d)(2)が手続を設けている。その手続によれば，原告は，被告に訴訟の開始を単純に通知して，被告に召喚状の送達を放棄するように要請できる。被告がこの要請に応じず，かつ応じないことについて充分な理由を示すことができない場合，裁判所は，送達を実施することで生じるコストを被告に負担させる。

歴史的に擬制送達，つまり公示による送達は，対物管轄権のケースにおいて州外の被告に始審令状を送達する主要な手段であった。始審令状の送達の主たる目的は，被告が訴訟を確実に告知されるようにすることであるから，現在，擬制送達は，郵送などの他のより直接的な告知手段が不可能である時のみ許される（McDonald v. Mabee（S. Ct. 1917））。被告の居場所が知れず，かつ始審令状を配達できる本居がなければ，公示による送達が許容される（Cal. Civ. Proc. Code § 415.50参照）。

§ 2－24　送達の許されない使用

一般に裁判所は，抗う被告に対する本人送達を完了するに必要などんな手段でも用いることを始審令状の送達者に許容してきた。しかし，使われた手段が，送達を受理するように被告を誘導したばかりか，管轄内に入るように被告をそそのかした場合には，裁判所の人的管轄権の唯一の基礎が州内の送達であるなら，訴訟が却下されることがある。さらに，欠席判決（default judgment）がなされる場合，管轄権が詐欺（fraud）によってえられたという根拠で，その判決が副次的に攻撃されることがある。この異議は，もとの判決の憲法上の欠陥にかかわるものではないが，支持される。裁判所は，不適切あるいは偽りの手段によってえられる管轄権を有効としないからである。

§２－25　始審令状を送達されない特権

州内にいる潜在的被告に対して，始審令状の送達が実効性をもたない特定の状況がある。十全かつ公正な事実審理を行うべく司法手続への積極的参加を促すために，概して裁判所は，本来なら裁判所の管轄権が及ぶ範囲外にいるはずの事実審理参加者すべてに，始審令状を送達されない特権（immunity from process）を付与してきた。この規則の１つの例外は，非居住の原告に対する反対請求のケースである。その状況では，この特権は与えられない。原告は，訴訟を開始することによって裁判所の管轄権に服したからである。この特権によって，非居住の弁護士，当事者，証人は，州内において刑事もしくは民事の事実審理に出席している，あるいはそのために移動している間に，それと関係のない訴訟について始審令状を送達されることから守られる。またこの特権は，裁判外の和解（settlement）について話し合う目的のためだけに州内にいる人々をカバーするために拡張されてきた。

始審令状を送達されない特権は，非居住者が，本来なら州外にとどまることができる場合に，自発的に州に入ることを促したいという要請を前提としている。それゆえ，潜在的被告が，何らかの訴訟が起される以前に州に入ったが，その後に意思に反して引留められ，それから始審令状を送達された場合には，この特権は適用されない。同様に，人が裁判所の域外ロングアーム管轄権に服す場合にも，この原理はまったく有用性をもたない。

被告は，単に州境の外に滞在するだけでは送達を阻むことができないからである。したがって，最近のロングアーム管轄権の著しい拡張とともに，始審令状を送達されない特権の原理は，証人にとってはまだ重要な役割を果たすこともあるが，当事者にとっての有用性が減少しつつある。

D　原告の選択に対する異議

1　直接的攻撃

§ 2 －26　事物管轄権

事物管轄権（subject-matter jurisdiction）に関する争点は，特定の争訟を受け入れる憲法上ないし法律上の裁判所権能に向けられているから，まさに裁判所自体の性質に関する問題を伴うのであり，個人的権利にかかわる事項ではない。したがって，事物管轄権に対する異議は，訴訟手続全体を通じていつでも行うことができ，上訴のさいに初めて提起することさえできる。この柔軟性と軌を一にして，当事者は，この抗弁を応答訴答（responsive pleading）の中で，あるいは別個の却下の申立によって提起できる（連邦規則第12条 (b)）。さらに裁判所は，その事物管轄権を検討する独立の義務を負っており，それに関係するいかなる争点も事実審理の時，あるいは上訴レベルで職権によって（sua sponte）提起できる。要するに，異議が唱えられている訴訟手続が経過している間，事物管轄権に対する抗弁を提起することに現実的な制限はまったくない。

§ 2 －27　人的管轄権

人的管轄権（personal jurisdiction）に関する争点は，被告の個人的なデュープロセスの権利と結びついているから，被告は，自己に裁判所の権能が及ぶことに対する異議を放棄できる。管轄権への同意は，どの訴訟でもそれが提起されるのに先立ってなされる（前述§ 2 －15参照）。しかし，訴訟が提起された後は，被告が人的管轄権に対する異議をすべて放棄する正式な陳述（statement）を行う稀な状況を例外として，裁判所が次のことを確認できる何らかの手段を確立することが必要である。つまり，被告がすべての異議を黙示的に放棄して管轄権に同意していると判断するほうが適切であると言えるほど，被告が訴訟手続に参加してきたのはどの時点か，である。よく使われる方法は，被告が人的管轄権に異議を唱えられる方法を規律する特別な規則を確立することである。確立された手続を遵守しなければ，それは同意を構成する。

裁判所の人的管轄権に異議を申立てる１つの方法は，「特別応訴」（special appearance）である。多くの州は，人的管轄権に異議を唱えることを望む被告に，本案に関して答弁するに先立って特別応訴を行うことを要求する。被告は，この異議を留保するために，特別応訴を行う時点またはそれより前に，他のいかなる抗弁も導入することが許されないのが典型的である。もし被告が他の抗弁をすれば，一般応訴（general appearance）を行って管轄権に異議を唱える権利を放棄したと見なされる。唯一の例外は，裁判所の事物管轄権に対する異議に関するものである。被告は，一般応訴を行うことなく，裁判所の事物管轄権に対する異議を人的管轄権に対する異議と併合できる。

裁判所が，管轄権に対する被告の異議について裁定するさい，人的管轄権は存在しないと認定すれば，訴訟は却下される。しかし，裁判所が被告に不利な裁定をすれば，被告が本案について引きつづき防御することで，上訴のさいに異議を唱える権利を放棄することになるかどうかという問題が提示される。終局判決からのみ上訴を許容する州では，被告は，最初に特別応訴を行うことによって異議を留保しておき，本案に対する終局判決から直接に上訴するさいに改めてその異議を唱えることができる。何がしかの中間上訴（interlocutory appeal）を設けている他の州では，被告は，本案について防御する前に裁判所の裁定からただちに上訴しないと異議を放棄したことになる。その場合，被告は，終局判決からの上訴において管轄権の争点を提起することを許されない。いずれのケースでも，いったん被告が特別応訴を行い不利益な裁定を受ければ，さらなる審査を受ける唯一の手段は，直接上訴である。被告は後から欠席して，人的管轄権に関する根拠で判決を副次的に攻撃しようと企てることはできない（後述§２－31参照）。

一般応訴と特別応訴の区別は，連邦裁判所と連邦規則を採用した州では廃止されている。人的管轄権に対して異議を唱えるために特別応訴することを被告に要求する代わりに，被告は，その異議を事実審理前（pretrial）の却下の申立（motion to dismiss）において，あるいは答弁の中で提起できる（連邦規則第12条(b)）。さらに，それと同時に他の異議も提起できる。被告の選択肢の範囲は，主に時間的な制約によって画されている。他の抗弁を提起する事実審理前の申立の中に（連邦規則第12条(g)），あるいは事実審理前の申立がなされなかった場合は答弁の中に（連邦規則第12条(h)(1)），人的管轄権の抗弁を含めなかったとすれば，抗弁の全面放棄という結果になる。特別応訴のケースと同様に，いったん時宜をえた（timely）異議がなされれば，その異議は直接上訴のさいに再び提起できるが，副次的攻撃の基礎とはなりえない。

§２－28　限定応訴

準対物管轄権にもとづく訴訟では，被告を裁判所の対人管轄権に強制的に服させることなく，差押えられた財産を守る機会を被告に与えたいという要請があるために，特別の問題が生じてきた。数多くの裁判所は，この問題に対応して限定応訴（limited appearance）という仕組を採用した。それらの州では，被告は，限定応訴することによって，本案の訴訟に対して防御することができる。被告が敗訴すれば，財産が没収される（forfeited）にとどまる。被告が勝訴すれば，判決に拘束的効果（binding effect）が与えられず，したがって原告は，管轄権がえられる別の裁判所で再び訴えることができる。限定応訴を認めていない州では，適切な準対物訴訟に直面した被告には，２つの選択肢がある。(1)欠席し，それによって財産が没収される。(2)本案について防御するために出廷し，それによって裁判所の対人管轄権に服する。どちらの選択肢が好ましいかは，原告が求めている損害賠償の額と比較した場合の，仮差押えされた財産の価値に依存する。

連邦規則は，限定応訴の妥当性について定めていない。したがって，連邦裁判所で起された訴訟でこの手続が利用できるかどうかは，裁判所がその争点の規律法として州法を参照するかどうかに依存している（後述§９－２参照）。限定応訴を行うことの妥当性について裁判所の意見が分かれているから（それを許容する見解がわずかに優勢であるが），限定応訴が利用できるかどうかを確定するために，訴訟が起された地元の法をチェックすることがきわめて重要である。

おそらく，最初の事実審理が十全になされた場合，２回目の事実審理が時間の浪費であるように見えるという理由で，最初の準対物訴訟で実際に判決された特定の争点に対して，拘束的効果が与えられるべきであると示唆した裁判所が２，３ある。しかし，このように限定された拘束的効果を判決に与えることでさえ，事実上その判決を対人的なものとして扱うことであり，被告にとって不利益となる。したがって，このアプローチには，いくぶん論争の余地がある。

限定応訴は，準対物管轄権の見かけ上の苛酷さから被告を守る主要な手段であるが，この有用性は，明らかに減少してきている。先に論じたように，この形態の管轄権は，単にフォーラム州内に財産が存在すること以上のものを前提としなければならないことは，今や明らかである。つまり，裁判所は，管轄権の主張が，この限定された範囲内においてさえ最小限の接触，およびフェアプレイと実質的正義の規準を充足していると認定しなければならない（前述§２－18参照）。結果として，もはや限定応訴を利用できることは，準対物訴訟において被告が受ける不公平に対する唯一の安全装置ではない。

§２－29　裁判籍と始審令状の送達

裁判所の裁判籍（venue）と，始審令状送達の手段や形態に対する異議は，訴訟の冒頭になされなければならない。さもなくば異議は放棄されたことになる。このことが妥当であるのは，裁判籍と始審令状送達の両方が，事物管轄権や人的管轄権の基礎にある配慮よりも性質上重要でない配慮を伴うからである。裁判籍の制約は，主に便利なフォーラムを特定することをめざしているから，被告が，事実審理前の却下の申立，または答弁において裁判籍の欠如の問題を提起しない場合，それは黙諾と見なされる。実は多くの事例において，不適切な裁判籍に対する救済手段は，却下ではなく移送である（後述§２－30参照）。始審令状の送達に対する異議は，現実の告知を与えなかった，あるいは人的管轄権をえていないという問題を含んでいない場合，始審令状の形態や方法を取り扱う主としてテクニカルな問題を提示する。この性格をもつ欠陥は，事実審理前の申立や答弁によって提起されていなければ放棄可能である。さらに，始審令状送達の法律上の要件を遵守することは重要であるが，欠陥が始審令状を訂正することによって是正できる場合，裁判所は訴訟を却下しないことが多い。したがって，不適切な送達を理由として送達を無効（quash）にする申立，あるいは却下の申立は，人的管轄権の欠如にもとづく却下の申立とともになされるのがもっとも一般的である。それらが単独で提起される場合，それは往々にして遅延戦術（dilatory tactics）である。

§２－30　不便なフォーラムと移送

原告が選んだフォーラムは，裁判籍の要件を充たしているけれども，より良くより便利なフォーラムが存在する状況がある。この事実を認識して，**不便なフォーラム**（*forum non conveniens*）という司法原理が発展した。この原理の下で，原告のフォーラム選択が，法律上および憲法上の要件すべてを充たしている場合でも，被告は，訴訟却下を申立てることができる。この申立は，裁判所の裁量に向けられており，原告のフォーラムが明らかに不便であり，大幅に改善される代替的フォーラムが存在する場合を典型として，ほんの稀にしか認められない。いくつかの州では，原告あるいは当事者の１人がフォーラム州の居住者である時はいつでも，不便なフォーラムを理由とする却下は認められない。この原理を完全に廃止した州もある。しかし大抵の事例では，代替的フォーラムが存在するかぎり，どの単一の要因によっても，却下が認められたり排除されたりすることはない。原告のフォーラム選択を尊重する強い推定（presumption）がある。しかし，原告のフォーラム選択を尊重するか，不便なフォーラムを理由とする却下を認めるかを確定するさい，裁判所は，全当事者および司法システムにとっての便利さに関係するすべての要因と，その推定とを比較衡量する（Piper Aircraft Co. v. Reyno（S. Ct. 1981）参照）。さらに，外国の原告を伴っている場合，その推定はずっと弱い。最後に，裁判所が申立を認める場合は，原告を守るために，代替的フォーラムでの訴訟に被告が同意することを条件としてのみ認めることが多い。

連邦裁判所のシステムといくつかの州では，不便なフォーラムは，移送（transfer）に関する法律の中で成文化されてきた（28 U. S. C. A. § 1404 参照）。これらの法律は，ケースを持ち込めたはずの同一システム内にある別の裁判所にそのケースを移送することを裁判所に許している。したがって，移送先のフォーラムも，管轄権と裁判籍の要件を充たさなければならない。しかし，不便なフォーラムの申立のさいに生じるところとは異なり，いずれの当事者も移送を申立てることができ，訴訟を却下してそれから再開する必要はない。実際，裁判所は，職権でケースを移送できる。不便なフォーラムの申立が提起される場合よりも緩やかな不便さの立証にもとづいて，移送がえられることがしばしばである。にもかかわらず，移送に関する法律をもつシステムにおいてさえ，不便なフォーラムは，依然として重要な手段である。移送は同じシステム内の裁判所に限定されているからである。被告が，連邦のフォーラムから他国の裁判所へ，あるいは1つの州裁判所から他州の州裁判所へ変更したいと望む場合，不便なフォーラムを理由とする却下の申立は適切な方法である。

不便なフォーラムと移送の間のもう1つの違いについて留意すべきである。不便なフォーラムは，もとの裁判所と他の裁判所の両方が，管轄権と裁判籍に関する適用可能な要件すべてを充たしているという事実を前提としている。移送は，訴訟を提起しえたはずの裁判所に向けてのみ行うことができるが，連邦システムにおける特別の法規定によって，もとのフォーラムに裁判籍がなかった場合に，裁判籍が適切である裁判所への移送が許される（28 U. S. C. A. § 1406(a)）。これに加えて，合衆国最高裁は，移送元の裁判所が人的管轄権をもたず，かつ出訴期限がすでに経過しており，したがって管轄権の欠如を理由に訴訟を却下すれば，請求権を喪失する場合に移送を支持した（Goldlawr, Inc. v. Heiman（S. Ct. 1962））。移送に関する法律のこのような適用は，人的管轄権の欠如が当初は明白でなく，したがって却下すれば原告にとって不当に苛酷となる状況に概して制限されてきた。

2　副次的攻撃

§ 2 −31　規律原則

訴訟Ａでえられた判決を強制する訴訟において，あるいは別の事実審裁判所における他の何らかの手続において，訴訟Ａにおける原告のフォーラム選択に対し被告が異議を差し挟む場合，これは，Ａの判決に対する副次的攻撃（collateral attack）と呼ばれる。副次的攻撃の利用可能性は，厳しく制限されている。副次的攻撃が判決の終局性（finality）と安定性（stability）を浸食するからである。２つ目の訴訟がＡと異なる裁判所システムで行われる状況において，副次的攻撃は，法律上の原則（28 U. S. C. A. § 1738）と，姉妹州の判決に対して十全な信頼と信用が与えられるべきであると規定している憲法上の原則（合衆国憲法第４条１節）を侵害する。したがって，被告が提起する異議のタイプが憲法次元のものである場合のみ，副次的攻撃が利用可能である。裁判籍に対する異議が，単なる便利さの問題にすぎない場合，あるいは始審令状の送達に対する異議が，単に送達の形態にかかわる場合，それらの異議は，副次的攻撃として決して提起することはできない。

事物管轄権や人的管轄権に対する抗弁を提起する手段として，副次的攻撃が許されるのはどのような場合かを確定するために，次の規則が適用される。被告が訴訟Ａにまったく応訴せず，欠席判決がなされれば，その判決はどちらの根拠にもとづいても副次的に攻撃できる。Ａの事実審裁判所に被告が応訴して，管轄権に対する異議を提起し，その異議について充分に争ったのであれば，副次的攻撃は禁じられる。被告の唯一の救済手段は，上訴での直接攻撃である。

被告が訴訟Ａに応訴し，裁判所の事物管轄権と人的管轄権のいずれに対しても，まったく異議を申立てることなく，本案について防御する場合，特別な規則が適用される。被告が，人的管轄権に対して異議をまったく提起しなければ，後に抗弁を提起するさいに副次的攻撃が利用できない。人的管轄権に関する抗弁は，時宜をえた異議を行わなかったことによって放棄される（前述§２－27参照）。被告が最初の手続に十全に参加したが，そこでまったく異議を提起しなかった場合に，事物管轄権を根拠とする副次的攻撃を許容すべきであるかという問題は，もっと複雑である。当事者は，裁判所の事物管轄権に同意することができないからである。この問題について考察した２，３のケースは，概して副次的攻撃が利用できないことを示唆する。しかし，州裁判所が，連邦裁判所の排他的管轄権に限定された事項を不用意に審理する場合，あるいは管轄権の欠陥が主権免除（sovereign immunity）の問題を提起する場合などのように，裁判所の管轄権を越えた行動を抑止する政策が強ければ，副次的攻撃が許されることがある。これに加えて，裁判所は，管轄権の確定が，事実問題ではなく法律問題（question of law）に依存するかどうか，あるいは事物管轄権の欠如が明白であったかどうかを考察してもよい。これらやその他の要因は，終局性と限定管轄権に関して抵触しあう諸政策を比較衡量するさいの手助けとなることをめざしおり，第２次判決リステイトメント（*Restatement Second of Judgment*）第10条（1982年）中に示されている。

第３章　事実審理前：訴訟の組み立て

A　訴答

§３－１　訴答の一般理論

訴答（pleading）は，訴訟当事者がケースを初めて裁判所に提示するための書類（papers）である。訴答の技術に関する徹底した研究は，手続的問題と実体的問題の両方を包含する。いかに訴答するかは，手続的問題であり，出廷する裁判所の特定の規則に依存する。何を訴答するかは，実体法に関する考慮事項と，それぞれの文脈の中でどの事実に法的意義があるかに対する知識によって確定される。本書の焦点は，主に１つ目の問題におかれている。訴答の技術に関するより詳細な議論については，J. Friedenthal, M.Kane & Miller, *Civil Procedure*, Ch. 5（2d ed. 1993）を参照。

４つの歴史的機能が，訴答と関連づけられてきた。(1)告知を与えること，(2)事実を明らかにすること，(3)争点を形成すること，および（4)特定の裁判所システムにおける訴訟の流れを抑制または拡張するためにふるい分け（screening）をすること，である。異なった手続システムが，これらの目的の１つ，あるいはその組み合せのために訴答に依拠している。これらの機能のどれに重きがおかれるか次第で，要求される詳細の多寡が変わり，所与の訴答が充分と見なされたり，不充分と見なされて却下に服したりする。したがって，訴訟が提起された裁判所の訴答システムに存在する特定性のレベル，あるいは柔軟性の程度をもっとよく理解するために，そのシステムの基礎にある哲学を理解することが大切である。

§３－２　歴史：コモンローの訴答

今日アメリカの裁判所にはほとんど存在しないけれども，コモンローの訴答は，現代の法典訴答や連邦規則による訴答の直接の前身であり，現在の訴答規則をより良く評価するためにコモンローの訴答について考察することが大切である。コモンロー裁判所における訴答は，厳格な形式と正確さによって特徴づけられた。その目的は，訴答を通じて単一の争点を事実審理に提供することであった。原告は，所与のケースにおいて単一の訴訟原因（請求）についてのみ訴答でき，被告は，それに１つだけ応答（response）できた。選択的抗弁（alternative defense）や複数抗弁は，許されなかった。訴答に関する規則を遵守しなければ，結果として訴訟が却下され，再訴答は許可されなかった。したがって，訴答の進行過程には危険が多く，訴訟手続のこの部分には大きな注意が払われた。訴答は，ふるい分け装置として真に作用し，多くのケースの前進を阻んだからである。エクィティ裁判所の訴訟は，同じ厳格で複雑なシステムによって規律されなかった。それらの手続は，裁判官の面前でのみなされたから，請求の併合と当事者の併合が許容され，ある種の開示（discovery）が利用可能であり，訴答は第一義的なふるい分け装置として作用しなかった。

コモンローの訴答がいかに機能したかを簡潔に説明すれば，その形式性のみならず落し穴が例証される。訴訟を起すために原告は，既存の訴訟方式（forms of action）のうちどれが自己のケースの事実に適合するかを確定し，その訴訟方式にふさわしい令状（writ）（召喚状：summons）を取得しなければならなかった。歴史的な訴訟方式の例として，動産返還請求訴訟（detinue），金銭債務訴訟（debt），動産占有回復訴訟（replevin），捺印契約訴訟（covenant），侵害訴訟（trespass），特殊主張侵害訴訟（trespass on the case）がある。訴訟方式は，本質的に法的責任のカテゴリーであった。原告の必要に見合う訴訟方式が存在しなければ，不正とされるもの（alleged wrong）に対する救済手段はなかった。不正とされるものに対して不適切な令状を使えば，訴訟の棄却という結果になり，再訴できなかった（dismissal with prejudice）。被告側弁護人は，入念に定義された一連の応答から選択を迫られた。被告は，次のことができた。(1)たとえ事実が真実であったとしても，原告には救済を受ける法的権利が与えられないと主張する（妨訴抗弁：demurrer），(2)遅延抗弁（dilatory plea）を行って，ケースが係属した（lodged）裁判所によってそのケースを審理してもらえる原告の権利に異議を申立てる，(3)訴訟棄却抗弁（plea in bar）を行って，主張された事実が真実であることを否定する（訴状否認：traverse）か，たとえ事実が真実であったとしても，他の事実によって権利が強制不可能になったと主張する（自認と回避：confession and avoidance）。これらの選択肢は，必ずしも互いに抵触し合うものではないが，相互排除的であった。被告が自認と回避の抗弁をすれば，いかなる争点も事実に結びつけられず，原告は，妨訴抗弁，訴状否認，あるいは別の自認と回避によって，被告が新たに導入した事実に対して応答しなければならなかった。訴答のやり取りは，事実審理のために単一の争点が残るまでつづいた。

時の経過とともに，コモンローの訴答システムは，要件に覆い尽くされて，本案によってではなく訴答の微細な要件によって，勝訴したり敗訴したりするようになった。当事者の必要にもっと対応し，不注意な人にとって落し穴のより少ないシステムを発展させる必要が，事実審理のために明瞭な単一の争点を提供したいという要請を凌ぐようになった。州の法典訴答，究極的には連邦規則による訴答の発展のもとには，このような感情があった。

1　原告

§３－３　訴状：法典訴答

1848年にフィールド法典（Field Code）を採用したニューヨーク州の主導によって，いくつかの州は，裁判所の訴訟手続を規律する法律を制定した。それらの法律に含まれる訴答の要件は，一般に法典訴答（code pleading）と呼ばれる。

法典訴答は，訴訟方式を廃止し，コモンローの訴答の極端な形式性と，その結果生じる落し穴のほとんどを根絶した。コモンローのケース（case at law）とエクイティのケースにおける訴答の区別が除去され，実体的な訴訟原因の性質にかかわらず，すべての訴訟について統一された一組の訴答規則が採用された。訴答の機能は，争点形成から事実の解明へと変貌した。概して，法典訴答では，原告は訴訟原因を構成する事実について訴答すれば足りると言われる。言い換えると，原告は法的な正，不正を示す事実について訴答しなければならない。主張（allegation）が，確立された権利の何らかのパターンに適合すれば，ケースは継続できる。この基準は，相手方当事者に告知を与えるとともに，裁判所が法的に不充分な請求を棄却または却下して，無用な事実審理を避けることができるように充分な情報を与えることをめざしている。

少なくとも事実がすべて原告の知識に入っているわけではない場合に，訴答が誠実であるかぎり，原告は選択的に（alternatively）訴答でき，さらに一貫性を欠いた訴答もできる。選択的な主張に対する唯一の制約は，被告に充分な告知を与えられるように，それらの主張が別々の訴訟原因項目（count）の中におかれていなければならないということである。複数の訴訟原因も，それらが別々の訴訟原因項目におかれているかぎり，主張できる。

法典ではコモンローの厳格な形式が廃止されたが，事実の訴答は固有の問題を提示する。まず，以前から何が訴訟原因を構成するかを定義することがやや困難であった。異なった２つの見解が有力である。１つ目は，主たる権利の理論（primary rights theory）と呼ばれる。これは，被ったとされる侵害の性質の点から訴訟原因を定義する。焦点は，害を生み出した行為や救済手段ではなく，引起された害におかれる。訴答者は，それぞれの侵害を示す一切の事実を主張しなければならない。もう一方の見解は，救済を受ける権利を生じさせた出来事によって訴訟原因を定義する。訴答者は，救済が要求される「機能事実の集合」（aggregate operative facts）を主張することを求められる。これら２つの見解を適用するさい，難点が生じる。主たる権利のアプローチでは，何が単一の害を構成するかについて裁判所の意見がいつも一致するとは限らず，機能事実のアプローチでは，どのような事実が充分に関係しているかを確定するための焦点が提供されておらず，長くて複雑な訴答になる可能性を創り出しているからである。

法典訴答のもう１つの問題は，訴答されなければならない事実の詳細さのレベルを確定することである。原告は，究極事実（ultimate facts）について訴答すればよく，証拠事実（evidential facts）や法的帰結（legal conclusions）について訴答する必要はないと通常言われてきた。これら３つの用語の相違を輪郭づけようとする企てが，判例集に満ちている。実際には，主としてその区別は，どの程度の詳細を伴っているかに関する区別である。したがって，究極事実は，原告が訴訟原因をもっていることを示すのに不可欠な事実である。訴訟原因を主たる権利の侵害（breach）ととらえる理論の下では，原告は，自己の有する主たる権利と，それに対応する被告の義務，および侵害を構成する被告の不正を示す事実を主張しなければならない。また特別損害（special damages）もすべて主張しなければならない。証拠事実は，もっと詳細にわたり，法的帰結は，必然的にもっと一般的で曖昧である。証拠事実の訴答は，不適切であっても一般的に無害であり，却下という結果にならない。しかし，法的帰結のみで満たされた訴答には，致命的な欠陥がある。

また一部の契約に関するケースにおいて，定型的な訴訟原因項目（common counts）を使うことも，法典訴答では認められており，通常要求される特定性の程度について例外が設けられている。定型的な訴訟原因項目の下で，訴答者は，次のことについて訴えていると主張すれば足りる。すなわち，不当利得（unjust enrichment）（不当利得金：money had and received）と，労働やサーヴィスが提供され（提供役務相当金額：quantum meruit），あるいは物品が売却，引渡され（物品相当額：quantum valebant），対価が支払われていないこと，である。それ以上の事実を主張する必要はない。したがって，定型的な訴訟原因項目にもとづく訴訟では，訴答におかれる重みはずっと少ない。事実，非常に少ないので，定型的な訴訟原因項目は法典訴答システムにおいてやや変則的である。この曖昧な訴答基準を甘受していることをもっともよく説明するのは，関係する訴訟のタイプが，本当は原状回復（restitution）を求めるものであり，原状回復は，被告が不当に利得することを阻みたいという要請を前提としているということである。結果として，定型的な訴訟原因項目にもとづく訴訟は，性質上エクィティ上のものであり，歴史的にコモンローの訴答システムの範囲に入らなかった。

§３－４　訴状：連邦の（「告知」）訴答

もっとも緩やかな訴答システムは，連邦裁判所と連邦規則を採用している多くの州裁判所で利用されているシステムである。連邦システムでは，告知訴答（notice pleading）が行き渡っているが，その唯一の関心事は，被告が応答し，なぜ自分が訴えられているかを理解できるほど訴状（complaint）が充分な情報を明示しているかどうか，ということである。利用されている基準は，原告が簡潔明瞭な請求の原因（statement of claim）を主張して，何らかの救済を受ける権原があることを示さなければならないというものである。緩やかなアプローチと軌を一にして，たとえ同じ訴訟原因項目の範囲内であったとしても，原告は，選択的に，また一貫性を欠いた形で訴答できる（連邦規則第８条(e)(2)）。同様に，原告は救済の要求を含めなければならないけれども（連邦規則第８条(a)(3)），争いのあるケースでは，裁判所はその要求に縛られず，適切な救済であればどんなものでも与えることができる（連邦規則第54条(c)）。損害に関する条項（ad damnum clause）は，欠席裁判の状況においてのみ損害賠償額（recovery）を制限している。最後に，連邦規則は，実質的正義がなされるように融通をきかせて訴答を解釈することを裁判所に要求している（連邦規則第８条(f)）。連邦の訴答の単純さをよく例証するものとして，規則制定者（合衆国最高裁）によって作成された公式書式がある（例えば，書式5，6，8，11を参照）。

連邦規則の訴答要件は非常に緩やかであるが，唯一の例外として，特別の規則によって，もっと詳細が求められる非常に特定されたタイプのケースがある（連邦規則第９条参照）。例えば，詐欺訴訟では，単に被告が詐欺を働いたと主張するだけでは足りない。そうではなく，訴答者は，詐欺を取り巻く状況を主張しなければならない。同じことは，名誉毀損（defamation）の訴訟にも妥当する。これらの訴訟に対して異なる取扱いがなされるのは，それらが「冷遇された」（disfavored）訴訟であるという事実を一部反映していることに疑いはない。伝統的に裁判所は，これらのタイプの訴訟を厳しく精査してきた。それらには，嫌がらせ（harassment）の道具として使われる可能性があるからである。これらの領域において，取るに足らない根拠の（frivolous）訴訟を思いとどまらせるために，より高い訴答の敷居が適用される。

連邦の訴答規則において，事実の明示が一般に重視されていないのは，法典のシステムの下で生じる訴答・申立慣行（plea-motion practice）をいくつか除去したいと規則制定者が望んだからであり，この慣行において，ケースの本案に達するまでに，細かな技術的事項に無視しえない量の時間とお金が費やされる。事実の明示にまつわる負担は，開示プロセスにおかれており（後述§３－21～３－33参照），訴答段階で争点の定義をめぐってしばしば生じる小競り合いを除去している。もちろん，訴答要件を緩和する当然の効果の１つは，連邦裁判所で訴訟を起すさいの敷居が低くなることである。連邦システムの告知付与の哲学のために，訴答の早期な却下をえることがほとんど不可能になっている。

§３－５　反対訴答

法典と連邦の手続の両方で，訴状と答弁以上の訴答は，一般に冷遇され禁止されている。この展開は，現代の法システムにおいて訴答が重視されていないことを反映している。特定の限られた状況において，原告は，反対訴答（reply）を提出することを許容され，あるいは要求されることすらある。例えば，ほとんどの訴答規則は，被告が行った反対請求に対する反対訴答を提出することを原告に要求している。しかし，大多数の裁判所は，積極的抗弁（affirmative defense）に対する反対訴答を許しておらず，積極的抗弁を自動的に否認されたものとして扱っている。反対請求が提出される場合，原告は防御の構えを取って被告の主張に応答し，応答訴答を規律する一般的規則が適用される（後述§３－６参照）。反対訴答以上の訴答は，許されない。

２　被告

§３－６　答弁

州法典と連邦規則の両方の下で原告の訴状にいかに応答すべきかについて，被告にはいくつかの選択肢がある。後に論じるように（後述§３－８参照），被告は，申立または答弁（answer）の中で訴訟却下の抗弁（plea in abatement）を行うことができる。また被告は，否認（denial）を行うことができ，積極的抗弁を導入でき，また原告から独立の救済を求めることができる。これら最後の３つの選択肢は，それぞれ選択的に，または組み合せて使用できる。これに加えて，被告は訴状中の主張を承認（admit）できるが，これは，主張が真実であることを特定的に認めることによってもなされるが，より一般的には，主張を適切に否認しないことによってなされる。被告の応答訴答，すなわち答弁にこれらすべての応答を含めるべきである。

５つの異なるタイプの否認が使用できる。それぞれにおいて，否認する事項が争点とされる。どれを利用するかを決定するさいに主に問題になるのは，否認が真実でなければならず，誤解を生じさせる（misleading）ものであってはならないということと，被告は，現に争いの対象となっている事項のみを争点とすることができるということである。**一般否認**（*general denial*）は，訴状で述べられた事項すべてを争点とし，したがって概して真実性をもって利用されえない。もう１つの方法として，被告は，**特定否認**（*specific denial*）を行い，争いのあるパラグラフを指定することができる。その他のパラグラフを否認しなければ，結果的にそれについて承認したことになる（連邦規則第８条(d)参照）。同様に，**限定否認**（*qualified denial*）を使用して，所与のパラグラフ中の特定の積極的主張（averment）だけを否認できる。これら３つのタイプの否認がもっとも一般的である。

またほとんどの司法システムにおいて，訴状中の所与の主張が真実であるか虚偽であるかについて，被告には**信念を形成するには不充分な知識**（*insufficient knowledge to form a belief*）しかないという根拠で，否認することが許容されている。この形の否認は，注意して使わなければならない。争点は，被告の知識の範囲外になければならず，さらに，それについて被告が自分では容易に情報をえられないものでなければならない。必要とされる知識をえるために正確にどのような負担が被告に課されるかは不明瞭であり，裁判所は，この抗弁が正当であるかどうかをケースごとに決定する。否認が不適切であると認定されれば，この抗弁によって否認された事項は承認されたと見なされる。利用できる否認の最後の形態は，**情報と信念にもとづく否認**（*denial on information and belief*）である。このアプローチは，被告法人が従業員の活動を理由として訴えられている場合にもっともよく使われる。これが許されるのは，答弁を提出する時点では，法人に利用可能な情報がまた聞きのもの（secondhand）にすぎないかもしれないからである。法人は，この否認によって，万一原告の主張の一部が真実であることが後の情報から明らかになった場合に，自らを守ることができる。

何らかの形態の否認を行うことに加えて，被告は，答弁に積極的抗弁（affirmative defense）を含めることができる。積極的抗弁は，コモンローの自認と回避の抗弁の子孫である。被告は，原告の主張が真実であることを承認するが，同時に，訴訟の却下を要する新たな事実を主張する。しかし，コモンローの慣行と異なり，積極的抗弁は否認と併せて使用できる。被告は，原告の主張を承認するさい積極的抗弁の目的のためだけにそうする。積極的抗弁の例として，出訴期限，既判力（res judicata），危険負担（assumption of the risk），権利放棄（release）がある。訴状中の主張を打ち砕こうとするのではなく，新たな事実を導入することで原告の主張を回避しようとする抗弁は，すべて積極的抗弁と見なすことができる。この定義を理解することは重要である。積極的抗弁を答弁に含めなければ，通常その結果として抗弁を放棄することになる。この規則の理論的根拠は，この抗弁は新たな事実を導入するから，その事実が訴答から抜け落ちているために原告に告知されず，後になってその主張を許容すれば不公平となる，ということである。時として裁判所は，これらの抗弁の修正を許容するが（後述§3－9～3－10参照），修正能力は限られたものである。したがって，所与の抗弁が積極的抗弁であるかどうか疑義がある時は，それを訴答せよ，というのが優れた経験則である。

答弁に含めることを考慮すべき最後の事項は，原告に何らかの積極的ないし独立の救済を要請することである。これは，反対請求または交差訴状（cross-complaint）と呼ばれる。どのような場合に，被告がこの態様の積極的救済（affirmative relief）を求めることが許されるかに関する規則については，別の箇所で論じる（後述§3－20参照）。訴答の目的上，この立場にある被告は請求者と同様に処遇され，訴状を規律するのと同じ訴答要件が，答弁における請求の主張の結果を左右する。

3　訴答における真実性の保証

§3－7　署名と真実性の宣言の要件

訴答の真実性を促進し根拠薄弱な請求と抗弁を思いとどまらせるために，2つの方法がもっともよく使われる。弁護士の署名（attorney signature）要件と真実性の宣言（verification）である。多くの管轄において，弁護士は訴答に署名することを求められる。その署名は，請求や抗弁が誠実に（in good faith）提出されている――それを裏づける充分な根拠があり，遅延させる目的で差し挟んだものではないことの認証（certification）としての意味をもつ。これらの規定は，弁護士に法システムに対する義務を思い起させるものとしての意味をもつが，統制手段としてこれまであまり有効ではなかった。とりわけその理由は，主観的な悪意（subjective bad faith）――証明がこの上なく困難な要素――が認定されないかぎり，裁判官は署名要件の違反に対して制裁を課すことに消極的であったからである。

これらの強制に関する問題を認識して，1983年に連邦規則が改正され，事実と法に関して訴答を裏づけるに充分な根拠があるかどうかについて，「合理的な調査」（reasonable inquiry）を行った後に初めて弁護士の署名がなされると規定した（連邦規則第11条）。遵守しない場合の制裁は，義務的（mandatory）とされた。これらの変更がめざしたのは，弁護士の合理的な調査について客観的な規準を適用することと，限界的な（marginal）行動を抑止するために制裁権能の使用を拡大することを裁判所に許容することである。連邦規則第11条に絡む相当数の訴訟が，改正後に生じた。改訂要件の基本的特性そのものに関して，および改正規則がその目的を達成しているのか，それとも新たな形態の衛星訴訟（satellite litigation）を産出しているのかに関して，問題が提起された。したがって，規則を改定すべきであるという実質的な圧力がかかり，批判のいくつかに対応すべく1993年に改正が行われた。

改訂規則では，主観的ではなく客観的なものであるが，悪意の基準が引きつづき利用され，署名者が，合理的な調査をした上で，事実と法について訴答に充分な根拠があると結論したかどうか評価する（Business Guides, Inc. v. Chromatic Communications Enterprises, Inc.（S. Ct. 1991）参照）。また改訂規則は拡張され，訴訟中に提出される申立書その他すべての書類をカバーしている。しかし，現在，違反に対する制裁は裁量によるもの（discretionary）となり，「安全港」（safe harbor）条項が含められた。この条項によって，制裁を要請したいと思う当事者は，書類が提出された後，少なくとも21日間待たなければならず，その期間内に違反とされたものが矯正された場合，制裁の申立は提出できない（連邦規則第11条(c)(1)(A)）。根拠薄弱な書類の提出を抑止することと，メリットがあると弁護士は信じているが，他より根拠が弱い請求や抗弁の提起を弁護士に許すこととの間で，改正規則が適切なバランスを実現するかどうかは，今後の展開を見なければならない。

真実性の宣言をすることによって，訴答者が宣誓の下（under oath）に訴答の主張がすべて真実であると誓うという点で，この要件は弁護士による書類の認証要件とは異なる。したがって，この要件が実際的な効用をもつのは，初めに訴答者に訴答の真実性を誓言（attest）させる方が有用であるような事実が訴答されている状況に限られる。ほとんどの司法システムは，株主派生訴訟（連邦規則第23.1条参照）や仮差押え手続における訴答などのような一定の特殊なケースを例外として，義務的な真実性の宣言を廃止した（Ill.Smith-Hurd Ann. ch. 110, ¶¶ 4-104, 4-131）。

任意の（optional）真実性の宣言の制度を維持している州もある。原告は，その裁量によって訴状の真実性を宣言できるが，原告がそうすれば，被告も答弁の真実性を宣言しなければならない（Cal. Civ. Proc. Code § 446）。これによって被告は，一般否認を行うことを阻止される。真実性の宣言の厳格な要件を適用すれば，軽率な人を罠にかける可能性があるが，概して現代の裁判所は，司法の利益に資することにならない場合，これらの規則の細かな技術的違反に対して制裁を適用することを拒否してきた（Surowitz v. Hilton Hotels Corp.（S. Ct. 1966））。

4　訴答に対する異議

§３－８　訴答に異議を申立てる方法

訴答に対して幅広い異議を申立てることができる。被告が，本案に無関係の根拠で訴訟を却下または遅延させようとして，異議を申立てるのがもっとも一般的である。しかし，原告もまた被告の訴答に異議を申立てようと試みてもよい。主に応答訴答を提出しなければならない時点を遅らせるために，異議が差し挟まれる可能性があり，その結果これらのタイプの異議は，遅延抗弁（dilatory plea）と呼ばれるようになった。

法典訴答の管轄と連邦規則の管轄で同じタイプの異議を申立てることができる。２つのシステムの主な違いは，その形態である。法典州では，訴答に対する異議は，無効（quash）の申立によってなされるか，一般ないし特殊妨訴抗弁（general or special demurrer）によってなされる。他方，連邦規則では，異議は，そのために特に名称の付けられた申立の中でなされるか，または応答訴答の中に含めることができる。

一般的に，利用可能な異議の種類は，４つのカテゴリーに分けられる。１つ目のカテゴリーでは，被告は，訴答を受理する裁判所の権能に対して異議を唱えることができる。つまり，人的管轄権，事物管轄権，裁判籍，あるいは当事者の何らかの欠陥に対する異議である。２つ目のカテゴリーでは，被告の異議は，訴状そのものに対するものである。連邦規則第12条(b)(6)の一般妨訴抗弁あるいは却下の申立によって，被告は，原告が救済の請求や訴訟原因を陳述しなかったと主張できる。この異議は，訴状全体に対して，あるいは訴状中のある訴訟原因項目のみに向けることができる。それは，訴状の文面上の欠陥のみを指摘する。原告は現に請求を有するかもしれないが，単にそれを適切に訴答しなかっただけである。したがって大抵の場合，この根拠にもとづく却下は，修正の許可とともになされ，妨訴抗弁や却下の申立は，単に記録に留めておく（search the record）作用しかもたない。これら両方のタイプの異議は，抗弁ではなく救済の請求に向けられており，結果として被告が利用することの方が多い。しかし，被告が救済の請求（反対請求）を答弁中に含めた場合，原告は，どちらの異議も同様に申立てることができる。

３つ目のタイプの異議も，訴答の欠陥にもとづいて行うことができる。その目的は，却下をえることではなく，訴答中の欠陥とされるものを矯正することである。原告と被告のどちらも，特定のパラグラフないし文を削除する（strike）申立を行うことができる。削除の申立の基礎となる異議によって，余分なもしくは重要でない（immaterial）事項や，でっちあげ（sham）や中傷にすぎないものに対して異議を申立てることができる。削除の申立は，訴答から余分なものを取り去る作用をもつ。現代の訴訟では訴答が非常に軽視されており，この申立は一般に冷遇されている。削除の申立に加えて，被告は，訴状中の曖昧な，了解不能な，全般的に不確定な事項のいずれについても，特殊妨訴抗弁，またはより明確な陳述を求める申立によって疑義を唱えることができる。この異議は，単に探りを入れるための手段（fishing device）としてのみ使うことはできず，応答訴答を提出することを要する当事者のみが利用可能である。原告が反対訴答を提出することが許容される状況（前述§３－５参照）が少ないことを考え合わせると，この異議は被告によってなされるのがもっとも典型的である。これらの申立を認めるかどうかを決定するさいに裁判所が用いる一般的基準は，より明確な陳述がなされなければ，被告が充分に応答できないような欠陥があるかどうかである。情報が何ら追加されなくても，応答訴答を行うことができるのであれば，異議は却下され（overruled），被告がさらにケースを具体的に知り明瞭にするためには，開示に頼らなければならない。

訴答に対して申立てられる異議の最後，4つ目は，当事者が，「訴答にもとづく判決を求める申立」（motion for judgment on the pleadings）を行うことによって，主張の実体的充分さを攻撃しようとする場合である。この申立が却下の申立と異なるのは，その名が示唆するように，訴答が終了して，つまり訴状と答弁が提出されて初めて行えるという点である。本質的に，訴答にもとづく判決の要請は，相手方の訴答の充分さのみならず，訴答で提示されたとおりの事実にもとづき，救済を受ける実体的な権利や法的に充分な抗弁が存在するかどうかについて異議を申立てるものである。したがってその使用は，訴状と答弁に示されたとおりの事実が，出訴期限などのような積極的抗弁を明示し，原告の請求を絶対的に排除している状況に限定されるのが典型的である。逆にこの要請は，答弁において被告が依拠した唯一の抗弁が，法律問題として不充分である場合にも使用できる。原告が書面契約の存在を主張しているケースにおいて，被告が詐欺防止法（statute of frauds）について答弁するような場合である。

B　訴答の修正および補充

§3－9　一般的基準および慣行

コモンローでは，訴答は支配的かつ統制的な役割を担い，訴答を修正する能力は存在しないに等しかった。訴答と事実審理における証明との齟齬はまったく容認されず，証拠が訴答で組み立てられた争点から逸脱すれば，訴訟の却下につながった。

法典と連邦規則の現代的慣行は，このアプローチとは根本的に異なる。細かな技術的事柄ではなく本案にもとづいてケースを決しようとする努力の中で，訴答の修正（amendment）がかなりおおらかに許容され，訴答と証明との齟齬が許される。正義を行おうとする努力の中で，事実審理において，また判決後でさえ修正が許容されてきた。一般に裁判所が裁量を行使して修正を拒否するのは，修正を許容すれば，相手方当事者に対して不当な不利益（prejudice）を及ぼすことになる場合に限られる。これが起りうるのは，例えば，修正が求められたのがあまりに遅く，新たな主張を反証したかもしれない証拠がもはや入手できない場合である。

また訴答を事実審理で導入された証拠と合致させるための修正も利用できる。訴答で提起されていない争点に関する証拠が事実審理で提示され，まったく異議が提起されない場合，裁判所は，相手方当事者の黙示の同意（implied consent）によって訴答が修正されたと見なすことができる（連邦規則第15条(b)参照）。このタイプの修正を許容するかどうかを決定するさいの最優先の検討事項は，必然的に相手側の承知の上での同意（knowing consent）の存在である。

修正の能力に加えて，数多くの管轄は，補充訴答（supplemental pleading）を提出することを認めている（連邦規則第15条(d)）。修正訴答との区別として，補充訴答は，もとの訴答が提出されて以降に現実に生じた事項を提示しようとするものであり，修正は，訴訟が提起された時点より前に生じた事項で抜けているものを提示する。例えば，補充訴答は，継続的な生活妨害（nuisance）を伴うケースで，新たに発生した関連請求を追加するために使えるであろう。本来なら訴答者は，新たに発生した請求を提示するために，まったく新しい訴訟を提起することを強いられるところであるが，補充訴答が利用できるので訴答者の負担が軽減される。

§3－10　出訴期限：遡及

訴答の修正に伴うもっとも難しい問題は，求められた修正が，出訴期限（statute of limitation）の経過した後に新たな請求や当事者を追加しようとするものである場合である。ふつうこの問題は，修正が訴訟の開始時まで遡及する（relate back）ことが許容されるかどうかという点から説明される。この問題は，本当は告知の問題である。つまり相手方当事者が，この新たな請求が主張されることを出訴期限内に告知されたか，という問題である。そうでないとすれば，修正が遡及することを許容すべきでない。

修正が既存の当事者の間で新たな請求を追加しようとするものであるか，それとも新たに当事者そのものを追加しようとするものであるかに応じて，告知の争点はやや異なった取扱いを受ける。1つ目の状況では，主張されている新たな事実や理論が，もとの訴答で提示されているものと同じ訴訟原因の一部である（法典州）か，同じ取引や発生事項（same transaction or occurrence）から生じた（連邦規則の慣行）場合，修正が許容されるのが典型的である。この基準がめざしているのは，新たな請求が，すでに訴訟に含まれている請求と密接な関係をもっていることを保証することである。修正がもとの訴答に対してもつ関係のために，告知は推定される。

新たな当事者の追加には，同じ推定が許されない。したがって連邦規則では，修正の中に取引と関係する請求が提示されていなければならないだけでなく，裁判所が次のことを認定できなければならない。すなわち，新たな当事者が，請求提出の期限が経過する以前にその請求について現実の告知を受け，手違いがなかったとすれば，自分も当事者として名を連ねていた（named）はずであることを承知していたことである（連邦規則第15条(c)）。告知は，始審令状の送達を意味しないが，原告が侵害を受けたということ以上の情報（knowledge）を含んでいなければならない。連邦裁判所が，新たな当事者を追加する修正を遡及させることができるのは，そうすることが州法の下で許される場合（連邦規則第15条(c)(1)）と，連邦規則で認められた送達の期間内に当事者が告知を受け取った場合である（連邦規則第4条(m)参照）。

法典訴答の州における慣行は，連邦規則よりやや曖昧である。当事者を追加する修正のために別個のテストはない。訴訟原因のテストがすべての修正を規律する。概して，新たな当事者の存在は，新たな訴訟原因があることを意味する。異なった権利と義務が争点となるからである。したがって，当事者の修正は，厳しく制限される。

カリフォルニア州などの一部の州では，ジョン・ドゥ（John Doe）訴状が許容されており，現実の当事者を架空の当事者と入れ替えることが，訴状の提出時まで修正を遡及させることによって実現できるかどうかについて争点が生じる。裁判所は，この状況における訴訟原因が同じ事実を意味すると解釈してきた。この解釈によれば，現実の人をジョン・ドゥと入れ替えることについて無限定の修正が許されるように見える。しかし，裁判所は，訴状を注意深く調べて，新たに名を連ねた当事者に対して主張されている請求が，もとの訴状の中で明らかに念頭におかれていたことを確認する。新たな当事者に対するまったく新しい請求は，たとえ同じ事実から発生したものであっても，ジョン・ドゥ装置を使って実現することはできない。他方，請求が明らかに訴状の範囲内にあるとすれば，たとえそれらの当事者に現実の告知がなされなかったとしても修正が許容される。

C　当事者と請求の併合

1　当事者の併合

§３－11　併合されなければならない当事者

一般的には，どこで，いつ，誰を訴えるかは，原告が決定するけれども，原告は完全な自由を与えられているわけではない。誰が利益を有する真の当事者（real party in interest）であるか，または誰が訴訟に必要ないし不可欠な当事者であるかを指名する規則は，原告の選択肢をある範囲内に制限する（後述§３－12～３－13参照）。

誰を併合（join）しなければならないかを規律する規則は，いくつかの重要な機能を果たす。その名が示唆するように，利益を有する真の当事者の規則は，訴訟に名を連ねた原告が，訴えの基礎となっている実体的権利を有する人であることを確保する（後述§９－１における，誰が訴訟について訴えの利益（standing）をもつかに関する規則と比較せよ）。利益を有する真の当事者が訴訟を提起していない場合，適切な原告を併合できなければ，その訴訟は却下される。このようにして被告は，嫌がらせの可能性のある訴訟や重複的な訴訟から守られている。歴史的には，利益を有する真の当事者の規則は，訴訟に先立って利益の譲渡その他の移転がなされた場合に，権利の現実の所有者を特定する手段を提供した。現代では，単にこの規則は，誰が当事者として適切な原告であるかを明瞭にするにすぎない（例えば，連邦規則第17条 (a) 参照）。

連邦裁判所では，利益を有する真の当事者を指定するさい，州籍相違管轄権の目的にとってその州籍が決定を左右する人が伝統的に指名された。連邦の州籍相違管轄権を創出または消滅させるために，非居住の遺産管理人（administrator）が任命されている，あるいは譲渡がなされていると主張されたケースにおいて，併合規則のこの後者の機能がある種の問題を提起した。したがって，合衆国最高裁は，州籍相違を創出するため単に取り立て（collection）目的で実現された利益譲渡を無効とした（Kramer v. Caribbean Mills, Inc.（S. Ct. 1969））。さらに前述§２－３で論じたように，合衆国議会は，州籍相違に関する法律を改正して，遺産管理人と後見人（guardian）は，彼らが代表する故人（decedent），未成年者（infant），無能力者（incompetent）の州と同じ州の市民と見なされると規定した。したがって，遺産管理人は，依然として利益を有する真の当事者であり，訴訟を提起できる適切な当事者であるけれども，その事実は，州籍相違管轄権を確立できるかどうかという問題に影響しない。

欠席のまま行われた判決によって害されるかもしれない人々を守るために，あるいは逆に，それらの人々が居合わせていなければ，完全な救済をえることができないかもしれない既存の当事者を守るために，必要・不可欠な当事者の規則によって，当事者の併合が強制される。焦点は，欠席者が併合されない場合に判決がもつ波及効果におかれる。必要な当事者と不可欠な当事者の違いは，裁判所にある種の問題を提起してきた（後述§３－13参照）。にもかかわらずこの規則は，欠席者のみならず既存の当事者を細切れの（piecemeal）訴訟や有害な訴訟から守るという重要な機能を果たす。義務的当事者併合（mandatory party joinder）をめぐる様々な規則をもっと徹底して探究したものとして，J.Friedenthal, M.Kane & Miller, *Civil*

Procedure, § 6.3 と § 6.5（2d. ed. 1993）を参照。

§ 3 −12　利益を有する真の当事者と訴える能力

利益を有する真の当事者の規則は，当事者の訴える，あるいは訴えられる能力（capacity）を規律する規則と区別されるべきである。前者は，訴訟に名を連ねる原告が，訴訟の基礎となる実体的権利を有することを確保しようとするものである。能力に関する規則は，当事者が，訴訟に名を連ねる当事者として出廷する資格があるかどうかに焦点をあてる。この規則は，伴っている権利ではなく，当事者の性格に依存している。概して，法的能力を否認する規則は，自身の利益を充分に守ることができないかもしれない特定の部類の人々を守ることをめざしているか，あるいは，特定の組織や法的関係に対する規制に由来する。年齢や知能（mental ability）などのような規準は，しばしば人の訴える能力を確定する。例えば，自動車事故で負傷した未成年の子供は，訴訟原因を間違いなく有しているけれども，訴える能力をもっていない。その子供の後見人または親が真の当事者と見なされ，能力があるので子供に代って訴えることができる。このようにして，能力に関する規則は，子供の権利を追及するのに最良の立場にある人にそうすることを認める。対照的に，非居住の法人などのような特定の組織は，能力を奪われることがある。州内で営業するための登録をしておらず，他の誰もその法人を代表して訴えることができないからである。能力に関する規則は，特定の部類の人々の能力に焦点をあてるのであり，その人々が救済の請求を有するかどうかという問題に焦点をあてるのではないから，原告と被告の両方に適用される。

§ 3 −13　必要な当事者と不可欠な当事者

当事者が特定の訴訟にとって必要であるか，それとも不可欠であるかという問題は，欠席者が訴訟に対してもつ利益の程度ないし直接性に左右されるところが大きい。強制的併合（compulsory joinder）を裏づける原則は，エクィティ上のものである——どのような判決がなされても，それによってすべての利益関係者に正義が行われることを確保しようとする企てである。必要な当事者（necessary）とは，訴訟に利益をもち，欠席のまま判決がなされれば，**もしかすると**（*possibly*）その利益が影響を受けるかもしれない人々と定義できる。不可欠な当事者（indispensable）は，訴訟に対するどんな判決によっても**不可避的に**（*inevitably*）影響を受ける利益を有する。必要または不可欠であると認定されたどの人も，併合されるべきである。

しかし，一部のケースにおいて，その人が裁判所の人的管轄権の範囲内に入らないという理由で，併合が不可能なことがある。また連邦裁判所では，新たな当事者が存在すれば，州籍相違と裁判所の事物管轄権が消滅するという理由で，併合が阻まれることがある。いずれの状況においても，その時に欠席者が必要であるか，それとも不可欠であるかの確定は決定的に重要になる。欠席者が単に必要であるにすぎない場合，訴訟はその人が欠席したまま進行できる。欠席者が不可欠である場合，訴訟は却下されなければならない。不可欠の認定は深刻な影響を及ぼすために，裁判所は，この問題を評価するにあたり，注意深く調査して，欠席者の利益に対して不可避的な影響を及ぼすことがないように，あるいは彼が欠席のままでも既存の当事者が何らかの救済を与えられるように，判決を形作れるかどうかを見きわめる。そうできるのであれば，欠席者は必要であるにすぎないと見なされ，訴訟が却下される必要はない。

連邦システムでは，1966年に規則制定者が，誰が必要または不可欠な当事者であるかという点から強制的併合の問題を決定するアプローチとその用語法を廃止した。連邦の慣行では，当事者のカテゴリーに焦点があてられず，裁判所は，状況のエクィティ的要素（equities）を比較衡量するために，特定のプラグマティックな要因を考慮し決定に達することが求められる。合衆国最高裁は，Provident Tradesmens Bank & Trust Co. v. Patterson（S. Ct. 1968）において，連邦の併合に関する規定，すなわち連邦規則第19条を解釈した。最高裁は，強制的併合の問題について，以下のアプローチを提案した。

欠席判決によって実際に損なわれる可能性のある利益，あるいは既存の訴訟当事者が完全な救済をえるのを阻む可能性のある利益を，欠席者が訴訟に対してもっていることがいったん確定されれば，その人は，連邦規則第19条 (a) における当事者であり，併合されるべきである。その人がその当事者になれない場合，連邦規則第19条 (b) は，訴訟を却下すべきか，欠席当事者ぬきで進行すべきかを決定するさいに，裁判所が考慮し比較衡量すべき４つの要因を定めている。第１に裁判所は，フォーラムに対する原告の利益を考慮し，また利益関係者すべてをもっとうまく受容できるフォーラムが他にあるかどうか考慮すべきである。第２に，裁判所は，却下しなければ，被告が複数の訴訟に服することになるかどうかを確定すべきである。第３に，裁判所は，欠席者の利益を注意深く吟味して，欠席者の利益が判決によって実際問題として締め出されるかどうか，あるいは，欠席者の利益を守るために救済を形作る，もしくは判決の執行を停止させる何らかの方法があるかどうかを判断すべきである。第４に，裁判所は，司法経済について考慮し，基礎にある争いを解決する効率的な手段を目下の訴訟が代表しているかどうかを考慮すべきである。合衆国最高裁は，４つの要因のそれぞれにどれほどの重みを与えるべきかを説明しなかったけれども，事実審裁判所は，絶対的に必要である場合を除いて，却下を避けるように連邦規則第19条 (b) の適用を試みるべきことを示唆した。欠席者が訴訟参加を求めている場合，これらの検討事項のいずれにも対処する必要はない。

強制的当事者併合の規則の背後にあるエクィティ上の配慮は，非常に重要であるので，不可欠な当事者，あるいは連邦規則第19条 (b) の当事者を併合していないという争点は，裁判所が職権で提起できる。また，その争点は，たとえ事実審でまったく注意が向けられていなかったとしても，上訴で提起できる。したがって，このような当事者に関する欠陥は事物管轄権の欠如を構成すると性格づけてきた裁判所もある。しかし，その欠陥は管轄権に関するものではなく，エクィティ上のものであり，さもなくば有効な判決を副次的に攻撃するために援用することはできない。さらに，この争点が上訴で初めて提起される場合，裁判所は，併合が命じられなければ，結果として生じる不利益を考慮するにあたり，異議が時宜を逸していることを計算に入れてもよい。申立を行うさいの遅延は，事実上，申立を拒否する根拠となりうる。

§3－14　併合してもよい当事者

原告が誰を訴訟に併合してもよいか，被告が誰を訴訟に追加してもよいか，誰が自分の意思で訴訟に参入してもよいか，を規律する様々な規則が存在する。進行中の訴訟に当事者を追加することは，規則要件のみならず，管轄権に関する制約によって制限されている。裁判所は，訴訟当事者のそれぞれに対して人的管轄権を主張できなければならず，連邦裁判所では，様々な当事者間の請求それぞれに対して事物管轄権が確立されなければならない。当事者の併合を認めている規則によって，裁判所の管轄権能は変更または影響されない。次節で，規則が当事者併合に対して課している要件を探究する。許される当事者併合のより詳細な解説は，J.Friedenthal, M.Kane & Miller, *Civil Procedure*, § 6.4 と § 6.9-6.10（2d. ed. 1993）でなされている。

§3－15　適切な当事者

適切な当事者（proper parties）という言葉は，訴訟が開始される時に，原告が，その訴訟の当事者として併合してもよい人々のことを指す。適切な当事者の併合は，まったく任意（permissive）であり，したがって，本来なら適切であるはずの当事者を併合しなかったとしても，訴訟の却下という結果にならない。ほとんどの法典システムはエクィティの慣行に従っており，そこでは，係争物あるいは救済に利益をもっているどの人も，その訴訟に併合してもよい。不幸にして初期の法典では，ほとんどの裁判所は，併合されるどの人も，求められている救済すべてに利益をもっていなければならないと裁定していた。この制限的解釈の下で，自動車事故から生じた訴訟において，夫と妻がそれぞれに人身侵害の請求を主張している場合，その夫婦を当事者として併合することはできなかった。どちらの原告も，他方の人身侵害の賠償に対して法的利益をもっていることにならないからであった。適切な当事者の要件を，その文言からはずれることがない程度に緩やかに解釈して，併合を奨励した裁判所もあった。

連邦規則が範例となっているような現代の併合慣行下では，適切な当事者の併合を確定する基準は，次のことをめざしている。つまり，司法経済を促進することと，訴訟が無関係の当事者や請求の群がった扱いにくいものになることを阻止することである。併合されようとしている人々が行う，あるいはその人を相手に行う救済請求が，同じ取引や発生事項ないしその連続から発生し，しかもそのような人々が，どのようなものであれ（*any*）共通の法律または事実問題を分かち合っていれば，併合は適切である（連邦規則第20条参照）。何が取引を構成するかという争点は，裁判所の裁量の範囲内にあり，存在する共通問題の数と中心性に依存することが多い。証拠の重複が大きければ大きいほど，併合を許容することによってえられる効率がより大きくなる。また被告の併合のケースでも，裁判所は取引を広く解釈する傾向があると言える。併合を許容しなければ，一貫性を欠く評決（verdict）が生み出され，究極的に原告が救済のない状態におかれかねないからである。

§３－16　引込み当事者（第３者被告）

より十全に自らを守る機会を防御側当事者に提供するために，ほとんどの手続システムは，被告が第３者被告（third-party defendant）を引入れる（引込む：implead）ことができる何らかのメカニズムを提供している（連邦規則第14条参照）。引込み（impleader）の２つの要件は，その人がまだ訴訟当事者になっていないことと，もとからいる原告に対して被告が責任を負うと認定されれば，その人が被告に対して「責任があるか，もしくはあるかもしれない」（is or may be liable）ことである。したがって，引込みのもっとも一般的な理論は，第３者被告が，被告の損失を補償する義務，あるいは原告への損害賠償の支払いに貢献する義務を負っているということである。引込み当事者（impleaded party）が，原告に対して直接に責任を負っているかどうかは関与性をもたない。被告に対して，何らかの法的責任を負っていなければならない。引込みが存在しなければ，被告は，主たる訴訟で敗訴する後まで提訴を待たなければならないことになる。引込みは，この判決間の時差を回避する。すべての争点が1つの訴訟で決せられるから，引込みは一貫した結果がえられる蓋然性を増大させる。

第3者被告は，いったん訴訟に併合されてしまえば，引込みがかかわる請求に対する抗弁のみならず，もとからいる被告が省いてしまった主たる訴訟の抗弁も主張することが許される。人的管轄権の欠如などのような人的抗弁は，もとからいる被告に代って主張することができない。主たる訴訟に対する抗弁を主張することを第3者被告に許容することによって，この点に関してもとからいる被告に手抜かりがあった場合に，第3者被告は責任から自らを守ることができる。またこのことは，もとからいる原告と被告（つまり第3者原告）の間で談合（collusion）が交わされる可能性から第3者被告を守る。管轄権に関する制限に服すことを条件として（前述§2－5参照），第3者被告はまた，訴訟当事者のいずれに対しても請求を主張できる。逆に他の訴訟当事者は，管轄権の要件を充たせば，引込み被告に対して追加請求を直接主張することができる。このように当事者間で自由な請求の主張が規則の下で許されているのは，争い全体を単一の訴訟で決し，それによって司法経済を促進するためである。

引込みの請求のみならず何らかの追加請求の提出を許すかどうかの決定は，裁判所の裁量に委ねられている。引込みによる追加当事者の併合あるいは他の請求の併合が，訴訟を過度に複雑にし，主たる請求の確定を不当に遅延させて，もとからいる原告に不利益を及ぼし，あるいは陪審を混乱させるかどうかを裁判所は判断する。そうであるなら，請求が規則要件の範囲内に入っているとしても，併合を拒否しうる。

§3－17　他の追加当事者

既存の訴訟当事者間の適切な反対請求や交差請求の主張（後述§3－20参照）が，別の当事者の追加を促すことがある。つまり，その人が居ればその種の請求の裁判が促進されるような当事者の追加である（連邦規則第13条 (h) 参照)。一部の事例では，そのような当事者が新たな請求の裁判にとって不可欠であると見なされ，したがって併合が命じられるか，さもなくば請求が却下される(前述§３－13参照)。それより小さな利益をもつ他の当事者も，適切な当事者の基準（前述§３－15参照）を充たしているかぎり，併合できる。そのような当事者の併合が適切かどうか検証するさい，裁判所は，追加当事者の主たる訴訟に対する関係や利益ではなく，伴っている反対請求または交差請求に対する関係や利益に着目する。

§３－18　訴訟参加人

訴訟参加人（intervenor）は，進行中の訴訟の当事者にまだなっていないが，当事者とされることを求める人である。概してその理由は，訴訟参加人が，訴訟に対する何らかの利益を共有しており，自分が居なければその利益が充分に守られないことを懸念するからである。訴訟参加（intervention）を許容するかどうかの決定は，訴訟参加人の必要や利益と，訴訟参加が許される場合に既存の当事者に課せられる可能性のある負担との比較衡量にもとづく。裁判所は，訴訟参加人の請求が，既存の当事者と共通の争点を分かち合っているかどうかを考慮する。訴訟参加人が新たな争点を注入しようとすればするほど，もとの訴訟に対して不利益と遅延をもたらす可能性が大きくなる。訴訟参加人は，自分が併合されなくても判決に拘束されるから利益が損なわれると主張する必要はない。訴訟参加人が自分の利益が実際問題として害されることを示すことができれば，訴訟参加は許される。訴訟参加の申立が適時になされることも重要である。訴訟参加人による遅延が大きくなればなるほど，既存の当事者に対して不利益が生じる蓋然性が大きくなるからである。

連邦裁判所では，権利訴訟参加（intervention as of right）（連邦規則第24条 (a)）と許可訴訟参加（permissive intervention）（連邦規則第24条 (b)）とが区別されている。前者の条項では，訴訟参加が許容されなければ害されるかもしれない訴訟上の利益を訴訟参加人が実証し，その利益がすでに充分に代表されていることを相手方当事者が示していない場合，訴訟参加が許容される。一般的に裁判所は，最終的に特定の争訟を解決することになる複数当事者訴訟（multiparty litigation）を受け容れるために，これらの要件を緩やかに解釈してきた。したがって，教育委員会（school board）の学校運営方法に対して異議を申立てる訴訟に親が訴訟参加を求める場合のように，たとえその利益が経済的利益でない場合でも，訴訟参加人は，連邦規則第24条 (a) の範囲に入るに足る利益をもっていると認定されてきた。しかも，訴訟参加人の利益が充分に代表されていないという認定は，訴訟参加人と既存の当事者の間に明白に対立する利益がある場合に行うことができるけれども，訴訟参加人の請求が，すでに訴訟に含まれる請求と充分に異なっているので，訴訟当事者の誰もそれを精力的に追及しそうにない場合にもその立証を行える。明らかに裁判所は，何が充分な利益を構成するか，あるいはその利益がすでに守られているかどうかを決定するにあたり相当な幅（leeway）をもっているが，裁判所の裁量は無限定ではない。いったん基準が充たされれば，単に訴訟を遅延させる，あるいは既存の当事者の利益を損ねることになるという理由で，併合を拒否することはできない。規則の要件が充足されれば，訴訟参加人の存在が州籍相違管轄権を消滅させないかぎり，訴訟参加が認められなければならない。1990年に補充管轄権に関して法律が制定される以前は，裁判所は権利訴訟参加人が付帯的管轄権の範囲に入ると決まりきったように判示してきたが，1990年の法律は，訴訟参加人を特定して補充管轄権から除外している（28 U. S. C. A. § 1367(b)）（前述§ 2 － 5参照）。

許可訴訟参加の前提は，共通の問題が存在するということだけであり，規則の要件が充たされているという認定にもかかわらず，訴訟参加を拒否する完全な裁量が裁判所に与えられている。連邦規則第24条 (a) と連邦規則第24条 (b) の両方の訴訟参加について，適時になされたかどうかが計算に入れられることがある。けれども裁判所は，許可訴訟参加の申立が遅れた場合と権利訴訟参加の申立が遅れた場合とでは，権利訴訟参加の申立の方を認める傾向がずっと強い。また許可訴訟参加と権利訴訟参加の違いは，連邦裁判所において他の文脈で重要である。例えば，権利訴訟参加を拒否した命令と許可訴訟参加を拒否した命令とでは，上訴が可能かどうかを確定するために適用される規則が異なる。前者は，即座に上訴できる。後者は，訴訟参加を拒否するにあたり，事実審裁判官が裁量を濫用したと上訴裁判所が認定する場合のみ，上訴可能である。

2　請求併合

§3－19　請求併合—概説

1つの訴訟にいくつかの請求を併合する能力は，併合を認める規則，および請求が裁判所の管轄権能の範囲内に入っているかどうかに依存する。この後者の前提条件は，主として連邦裁判所において重要である。連邦裁判所は限定された事物管轄権しかもたず，併合規則の適用が連邦裁判所の権能を拡大するように機能してはならないからである。州裁判所では，訴訟が提起された場所の司法システムを規律する手続規則の下で，併合が認められるかどうかが主要な関心事である。

請求併合（claim joinder）を規律する2つのタイプの規則を区別すべきである。1つ目は，相手方当事者や共同当事者（co-party）に向けて特定の請求を導入することを防御側当事者に認める。反対請求や交差請求などがこれにあたる。これらについては次節で論じる。2つ目は，より一般的な規定であり，訴訟に何らかの請求を差し挟むことを認められている当事者が，それらの請求に加えて，同じ当事者に対する追加請求を併合してもよいかという問題を扱う。もっとも一般的には，これらの規則は，被告に対する請求をいくつか併合しようとする場合に原告が援用するが，複数の反対請求や交差請求を主張することを望んでいる被告も援用できる。説明の簡便のために，この節の残りの部分では，後者の規則を原告による請求併合の規則として論じることにするが，相手方に対して複数の請求を主張しようとするいずれの当事者についても，この規則が併合の可能性を左右することを忘れてはならない。

原告による請求併合を規律する規則には，3つのカテゴリーがある。1

つ目は，フィールド法典に由来し，一連の範疇を列挙して，単一の範疇に入るどの請求についても原告に併合を許す（例えば，Cal. Civ. Proc. Code § 427 参照）。１つを除いたすべての範疇において，請求は対象（例えば，身体に対する侵害，財産に対する侵害，契約など）によって併合される。残る１つの範疇では，発生事項の一体性，すなわち「同じ訴訟対象と結びついた同じ取引から発生する」（arising out of the same transaction or transactions connected with the same subject of the action）請求，を理由に併合が許される。さらに一部の法典訴答システムでは，併合請求が争いの当事者すべてに影響しなければならず，選択的ではなく首尾一貫した賠償理論が提示されなければならないという制約があるために，併合があまりに広範になりすぎることが防止されている。請求の誤った併合（misjoinder）には，妨訴抗弁によって異議を申立てることができ，訴訟は適切な訴答がなされるまで却下される。

請求併合規則の２つ目のカテゴリーは，原告にいかなる制限も課さない（例えば，連邦規則第18条 (a) 参照）。原告は，被告に対してもつ請求を，互いに関係が有ろうと無かろうといくつでも併合することが許される。陪審が混乱することによって不利益が生じる可能性に対する配慮や，すべての請求を１つの訴訟で審理する便利さに対する配慮については，事実審段階で決せられ，裁判所は，１ないし複数の請求を分離して別個の事実審理に付すことを命じることができる。この規則の下で，誤った併合は訴答段階ではありえない。

併合規定の３つ目のカテゴリーでは，原告は，無関係の請求を併合する同様の自由を許されるが，強制的併合条項が含まれており，同じ取引や発生事項から生じた請求すべてを併合することを要する（例えば，Mich. Gen. Ct. R. 203 参照）。こうして，司法経済が保証され，被告は嫌がらせの潜在性をもつ立てつづけの訴訟から守られている。留意すべきは，２つ目と３つ目のアプローチは，両方とも単に任意併合について述べたものにすぎないけれども，いずれのシステムの下でも原告の選択肢は，既判力（res judicata）と副次的禁反言（争点効：collateral estoppel）に関する司法原理によって制限されることがある（後述§６－５～６－14参照)。２つ目，３つ目の訴訟を阻止するためにそれらの原理が適用される潜在性があるため，関係請求すべてを１つの訴訟に併合させるある種の強制力が原告に向けて創り出されるかもしれない。強制的併合条項を規則そのものに含めることによって，それらの請求を併合しなかった場合の危険が明瞭になり，また後続の訴訟が禁じられるかどうかについて２番目の裁判所の調査が簡素化される。

§３－20　被告による請求併合：反対請求と交差請求

請求を主張し併合する被告の自由に課せられた制約は，規則と，管轄権に対する制限の両方に端を発する。したがって，たとえ規則の下で被告の請求の併合が許されるとしても，それと同時に新たな請求それぞれが，何らかの管轄権の基礎をもっていなければならない。規則の要件について考察する前に，用語法に関する注釈が少々必要である。一部の州では，被告が主張するすべての請求は，「交差訴状」(cross-complaint) と命名されている。他の州，および連邦裁判所では，相手方当事者に対して主張される請求（「反対請求」(counterclaim)）と，共同当事者間の請求（「交差請求」(cross claim)）とが区別されている。これら２つの状況それぞれにおいて，異なった制限が被告に課される。したがって，交差訴状と交差請求とを注意深く区別することが重要である。後者は，非常に特定された状況のみを指す技術的用語であるからである。

被告による請求併合の適切さを考慮するさいに注意を向けるべき問題が３つある。１つ目は，訴訟の他方当事者に対して，被告がどのような請求を主張する権能をもっているかである。２つ目の問題は，被告が，規則の下で特定的に認められた請求に追加請求を併合できるかどうかである。３つ目は，被告が追加当事者に対して請求を主張することを望む場合に，それらの当事者を併合できるかどうかである。この節で扱うのは，１つ目の問題である。追加請求を併合する被告の能力は，原告による請求併合に適用できるのと同じ規則と原則によって規律される（前述§３－19参照)。訴訟当事者の追加については，前述§３－16～§３－17で論じた。

すべての司法システムは，規則慣行の事項として，相手方当事者，典型的には原告に対してもっているいずれの請求も主張することを防御側当事者に許している。現代の反対請求は，その起源を請求額減殺（recoupment）と相殺（set-off）という歴史的慣行まで辿る。請求額減殺は，取引の点で関係する請求を証明することによって，原告への賠償額を減額することを被告に許した。相殺は，金額の確定した（liquidated）無関係の請求を原告に対して主張することを被告に許した。いずれのケースにおいても，原告の請求を超えた積極的救済（affirmative relief）は許容されず，被告は後続の訴訟で超過分を請求する権利を放棄した。

概して現代のシステムでは，防御側当事者は，相手方に対してもっているどんな請求でも主張できる（例えば，連邦規則第13条参照）。これに加えて，ほとんどのシステムは，相手方当事者の請求と関係する反対請求と，そうでない反対請求を区別する。被告は，取引の点で関係する請求をすべて主張することを要求され（例えば，連邦規則第13条(a)），またその他どんな請求でも主張することが許される（例えば，連邦規則第13条(b)）。強制的反対請求（compulsory counterclaim）と任意反対請求（permissive counterclaim）の間のこの区別は，重要である。強制的反対請求を差し挟むことを怠れば，放棄あるいは禁反言（estoppel）という観念の結果として，被告は別個の訴訟でその請求を提起することができなくなるからである。

反対請求が強制的であるかどうかを確定する一般的基準は，請求が主たる訴訟と同じ取引や発生事項から生じたかどうかである。請求間に論理的関係があれば，このテストは概して充たされる。その請求が同じ出来事から発生した場合や，両方の請求を証明するのに同じ証拠をいくつか使わなければならないような場合である。強制的反対請求の規則には，あまりに大きな負担を負うことから被告を守る作用をもつ例外が２，３ある。例えば被告は，取引の点で関係する次のような請求を主張しさえすればよい。すなわち，もとの訴状が送達された時に弁済義務が生じており（mature），係属中（pending）の訴訟の対象にまだなっておらず，裁判所が管轄権をもたない他の当事者の存在を要しない請求である（連邦規則第13条 (a) 参照）。他の規則規定は，抜け落ちた，あるいは新たに発見された反対請求を含める修正を判決前に行うことを許容する（連邦規則第13条 (e), (f) 参照）。裁判所は，被告をさらに守るために新たな例外を創ってきた。例えば，２つの別個の訴訟が自分を被告として係属しており，反対請求がその両方と取引の点で関係している場合，被告は反対請求をどちらの訴訟で主張するかを選んでもよく，最初に起された訴訟手続でそれを提出する必要はない。もちろん，被告がこれら例外とされる反対請求のうちのいずれかを主張することを望む場合，そうしてもよい。

交差請求の無制約の主張を認めている州が２，３あるけれども（例えば，N. Y. C. P .L. R. 3019(b)），共同被告（co-defendant）に対して請求を主張する被告の能力は，相手方当事者に対して請求する能力よりも概して限定されている。一般的に，取引の点で主たる訴訟と関係している交差請求のみが規則の下で許される（連邦規則第13条 (g) 参照）。しかし，いったん当事者が適切な交差請求を提出してしまえば，共同当事者に対してもっているどのような追加請求も，たとえそれが無関係であっても併合できる。これは，請求を併合する権能が，交差請求に関する規定ではなく一般的な請求併合規則によって規律され，それらの規則が概して開放的であるからである（前述§３－19参照）。

取引の点で関係している請求に対して交差請求を行う当事者の初めの権利を制限する理論的根拠は，次の懸念を反映している。つまり，原告に直接に関係しない請求に関する訴訟が，原告の訴訟を遅延させかねず，またそれが訴訟を複雑にする限度で，もとの訴訟を阻害しかねないという懸念である。反対請求に対するより広範な権限とは対照的に，交差請求が制限されているのは，次の認識を示している。すなわち，交差請求についてまったく裁かなくても，原告と被告の間で完全な正義を達成できるであろうが，反対請求を裁かなければ完全な正義は達成されない，という認識である。したがって，交差請求は常に任意である。被告は，放棄や禁反言のリスクをまったく負わずに，まったく別個の訴訟において共同被告に対する請求を主張できる。

強制的反対請求と同様に，適切な交差請求は，取引テストによって規律されるけれども，交差請求の目的にとって何が同じ取引を構成するかについて，裁判所間により大きな意見の相違がある。これは，交差請求が2つの相対立する事柄に配慮しているという事実を反映する。一部の裁判所は，訴訟が異なる当事者間の一連の請求を伴っている場合でも，争い全体を1つの訴訟で決したいという要請を強調する。それらの裁判所は，取引を非常に広く定義する。この広範な併合哲学の好例は，大規模な建設計画から発生し，請負業者（contractor），下請業者（subcontractor），建設業者（architect），保証人（surety）間の契約違反に対する請求に絡む争いである。他の裁判所は，原告による訴訟を不必要に複雑にし遅延させることを懸念し，そうなることを避けるために取引を狭く解釈して，何らかの点で原告の権利が絡んでいる請求のみを含める。

D　開示

1　概説

§ 3－21　一般規律原則

開示（discovery）という訴訟段階は，いくつかの重要な目的に資する。開示は，事実審理の時に出廷してもらえない証人に関する証拠を保全するのに使用でき，事実を明らかにし，争点を形作る手助けとなり，偽証（perjury）を妨げるために証言（testimony）を凍結させる（freeze）。当事者が論争の唯一の争点は法律上のものであることを見出す場合，開示は，ケースをサマリー判決（summary judgment）に向けて準備するのに役立ちうる。また開示は，当事者が慎重な調査によって相手方のケース（主張：case）の強さを試すことができる限度で，和解を促進できる。たとえ開示の結果，事実審理の必要を解消できなくても，開示は，適切に利用されれば，争点が明晰な事実審理を生み出す助けになるはずである。当事者間で事実が十全に明らかにされれば，事実審理は，「機略のゲーム」（game of wits）というよりは，むしろ特定の事実の実際の在りようを探知するものになる。その結果，事実審理がもっと公正ないし正義にかなったものになるだけでなく，システムの無駄を省ける。したがって，連邦裁判所とほとんどの州が非常に緩やかな開示規定を設けてきたことは，驚くにあたらない。事実，現在，単一のケースにおいて利用しうる開示手段の数やタイプに対してごくわずかな制限しかない。

いずれの開示システムの有効性も，それが裁判所外（extrajudicially）で機能できるかどうかに大きく依存する。さもなければ，事実審理で節約された時間量が，開示命令をめぐる訴訟で失われる。この事実を認識して，連邦およびいくつかの州の開示規則は，開示の期間に当事者が出廷するのは，妥当な調査範囲に関して何らかの問題や意見の不一致が生じた時のみとしている。

幅広い開示を定めた規定は，特殊ないし厳格な訴答規則からの脱却と結びついている。それは，当事者が自らのケースを証明できなければならない時間がシフトしていることを表している。緩やかな開示と対をなす告知訴答（notice pleading）によって，当事者は自らのケースを事実審理，遅くともサマリー判決の時点までに構築することができる。もっと厳格な訴答規則を維持しているシステムでは，開示は制限され，裁判所の緊密な監督によってのみ許されるのが典型的である。当事者は，提訴の時点で自らのケースについてより多く知り，より多く証明できることを要求される。そうでなければ当事者は法廷に入ることを許されない。明らかに，これら2つのアプローチは，非常に異なる哲学を代表しており，どちらがより良いアプローチであるかについて強力な議論がなされている。大切なことは，どのようにして，そしてなぜ開示が現にあるがままに機能しているのかを承知しておくことである。

ほとんどの司法システムの規則で定められている開示の範囲が，十全な開示（full disclosure）に対する現代の哲学を例証している。一般的に，当事者は，秘匿特権で守られている（privileged）情報でないかぎり，係争物に関与性をもついかなる情報も求めることができる。(弁護士の仕事の成果 (work-product) としての情報に関する例外について，後述§3－31参照。) 情報は，証拠規則の下で，事実審理で採用が許される (admissible) ものである必要はない。採用が許される証拠につながると合理的に見込まれれば足りる。秘匿特権で守られた事項に対する制限は，医者と患者や弁護士と依頼人などのような特定の関係にある個人間で伝えられる情報に妥当する。法は，これらの関係にある人々の秘密を奨励することが，その人々の間で漏らされたことを開示することよりも重要であると見なす。秘匿特権に関する法は，「証拠規則」(Rule of Evidence) の一部であり，したがって本書の範囲外である。ここで重要なこととして，開示しうる事項の範囲にいかに少ない制約しか存在しないかを単に指摘するにとどめる。

以下の議論では，連邦システムをモデルとして使って，利用可能な開示手段の様々なタイプについて説明する。連邦の手続は，全体として，またはその一部が，ほとんどの州で採用されてきた。しかし，訴訟が起された管轄の特定の規則を注意してチェックすべきである。この分野の自由度は，フォーラムごとにいくぶん異なるからである。より完全な議論は，J.Friedenthal, M.Kane & Miller, *Civil Procedure*, Ch. 7 (2d. ed. 1993) を参照。

§3－22　義務的開示

既存の連邦開示体制 (後述§3－34参照) に対する様々な批判に対応して，1993年に連邦規則第26条(a)が改正され，特定の情報についてケースの冒頭に義務的開示がなされ，それが後にさらなる開示によって補充されると定められた (連邦規則第26条(a)(5))。この変更は，大いに論争を引起し，実務法曹のほとんどがこれを批判した。各地区は，地元の規則 (local rule) によって，この義務的開示制度の適用除外を選択することを許され，多くの地区がそうした。[訳者注：2000年に連邦民事訴訟規則第26条(a)(1)が改正され，地元の規則による適用除外は認められなくなった。] この改正の主な目的は，当事者間の基本的な情報交換を加速させ，従来どおりであれば情報の要求に伴うはずの書類仕事 (paper work) を省くことであった。

この目的を達成するために連邦規則は，開示に３つの階梯を要求する。第１に，各当事者は，相手方に次のものを提供しなければならない。すなわち，訴答の中で特定的に主張された事実に関与性のある情報をもっていそうな個人の氏名，および関与性をもつすべての書類，データ，編集物，有形物に関する情報（またはその写し）[訳者注:2000年に連邦民事訴訟規則第26条(a)(1)が改正され，関与性の要件が削除され，これらの部分は，「開示側の当事者が自己の請求ないし抗弁を裏づけるために使うかもしれない」情報，書類…と改められた]；開示側の当事者が求めている損害賠償の算定方法；判決金額の全部または一部を保険者が填補することを示している保険合意のすべて，である（連邦規則第26条(a)(1)）。第２に，当事者は，事実審理で使うかもしれないいずれの専門家（expert）についても，その情報を開示しなければならない。第３に，当事者は事実審理の少し前に，事実審理で使うかもしれないいずれの証拠についても，その情報を開示しなければならない。使う意図のある証人の氏名，証拠書類，証拠物（exhibit evidence）などである（連邦規則第26条(a)(3)）。このような義務的開示のアプローチが，その目的を達成して州裁判所のモデルとして役立つか，あるいは新たな問題を創り出すかは，今後を見なければならない。

2　開示手段：その力学と戦略

§３－23　証言録取書

証言録取書（deposition）は，おそらくもっとも有用でもっとも費用のかかる開示手段である。証言録取書は，当事者または証人について取ることができる。証言録取は，一種のミニ事実審理のような作用をする。証言を録取される人（証言者：deponent）は，裁判所職員の面前で，ケースの双方の弁護士による質問に応える形で宣誓供述（sworn testimony）を行う。尋問（examination）の範囲は，証拠規則によって制限されない。弁護士は，秘匿特権の対象でないかぎり関与性のあるいかなることも尋ねることができる。尋問と反対尋問（cross-examination）が行われることによって，新事実が明らかになるごとに新たな線で質問を推し進める機会と，証言が信憑性の高い内容のものであるかどうかのみならず，態度（demeanor），返答の素早さ，自信などについて証言者を証人として試す機会が提供される。証言は，筆記され，署名され，宣誓される。

証言録取書は，訴訟が開始された後いつ取ってもよいが，ほとんどの規則は，被告が始審令状を送達された時から一定期間，通常20～30日経過しなければ，原告は証言録取を始めることができないと定めている。これによって被告は，弁護士を手配して，証言録取のさいに備えができているようにケースを準備することができる。この制約に対する１つの例外は，提訴前でも証言録取書を取ることを認める特別の条項である（例えば，連邦規則第27条参照）。この手続は，事実審理にとても出廷してもらえそうにない人々の証言を永存させるために利用できる。証言録取を要請する側の当事者が，訴訟が先に提起されていない理由，あるいはそうできない理由を述べる場合にのみ，この手続を援用できる。

証言録取書は，対審的性質（adversarial nature）をもっているので，事実審理において様々な目的で使うことができる。証人の事実審理での証言が証言録取書と異なる場合，その証人を弾劾（impeach）するために使うことができる。事実審理の時に死亡している，あるいは裁判所の召喚（subpoena）権能の範囲外にいる証人の代りに使うことができる。連邦システムでは，事実審理の場所から100マイルを超えるところにいる証人の代りに証言録取書を導入することができる（連邦規則第32条(a)(3)(B)参照）。このように，不便さのみを理由として「書類の証人」（paper witness）を積極的に許容していることは，証言録取書の強さを例証している。

多くの点で証言録取書の大きな障害となっているのは，その費用である。双方の弁護士報酬，証人の報酬，筆記者の報酬，清書の費用は，証言録取を実施不可能とするほどではないが，きわめて高額になることがある。さらに，どこに訴訟が係属しても当事者の証言は録取できるが，非当事者は，裁判所の召喚権能の範囲内にいる場合のみ，その裁判所に出頭することを命じることができる（連邦規則第45条(c)(3)(A)参照）。証言録取が遠方にいる証人について望まれている場合，概して当事者とその弁護士が証人のところまで足を運ばなければならず，このすでに高価な手続にさらに旅費と手当が追加されることになる。

§３－24　書面質問による証言録取書

証言録取書と，書面質問による証言録取書の主な相違は，後者が事前に台本が用意されているという点である。誰の証言を録取できるか，どのような情報を求めることができるかという点に関して，尋問の範囲に変りはない。同様に，書面質問による証言録取書は，事実審理での使用に関して，口頭の証言録取書と同じ規則によって規律される。

この手続を要請する側は，行いたい質問のリストを相手方弁護士に送り，今度は相手方弁護士が，一連の反対尋問のための質問を提出する。再質問や再反対質問（redirect and recross question）もやり取りされることがある。それから証言者が，裁判所の記録係（court reporter）の面前で，このようにして用意された一組の質問に答え，同時にすべての答えが筆記され，署名され，宣誓される。

この手続の主な利点は，証言録取よりも費用がかからないということである。遠方の証人を扱う場合は特にそうである。尋問は，事前に提出された質問に限定されているから，弁護士は１人も立ち会う必要がなく，当然この手続は，証言者が所在するところであればどこでも実施される。さらに，書面質問がやり取りされるまで証言が延期されるから，証人が準備不足であるという危惧がなく，訴訟開始直後にどちらの当事者もこの手続を使うことができる。しかし，どのような質問がなされるかに関して自発性と柔軟性が失われるから，敵意を抱いた証人や鍵となる証人の証言を録取する場合や，尋問の対象が非常に複雑である場合は，この手続を決して使うべきではないと言える。果たして，この手段は，あまり利用されない。

§３－25　質問書

質問書（interrogatory）は，一連の書面の質問から成り，それに対して書面の回答が用意され，宣誓の下に署名される。質問書は，証人ではなく当事者に対してのみ向けることができ，その回答が当事者とその弁護士によって作成されるという点で，書面質問による証言録取書と異なる。厳密に言うと，妥当な調査範囲は同じである――関与性があり秘匿特権で守られていない情報――であるけれども，要請者は，応答者の個人的知識の範囲内にある事柄に質問を限定されない。回答するために当事者が自らの記録を調べなければならないような事実も求めることができる。しかし，応答側当事者には，自らの直接の支配が及ばない事項を調査する義務はない。したがって，法人記録の調査を要する組織情報を開示させるには，質問書がもっとも有用である。質問書は，情報をえるもっとも安価な手段である。要請側の当事者には，質問の言い回しを考える以外，概して何らの負担も費用もかからない。従来，質問書を送付できる数について制限はなかったが，質問書が濫用されやすく，あまりに煩わしいものになっていると非難された結果，いくつかの司法システムがその使用にいくつか制限を課した。例えば，1993年に連邦規則が改正され，裁判所の許可または書面による取りきめ（stipulation）がある場合を除いて，別個の内容を扱った小部分をすべて数に含めて，25を超える質問を対立当事者に送付してはならないと規定した（連邦規則第33条(a)）。

質問書は，通常は事実審理で証拠として使われない。証拠採用の可否は，事実審裁判所の証拠規則しだいである。その意味は，伝聞証拠（hearsay evidence）や最良証拠の規則（best evidence rule）のために，質問書が通常は排除されるということである。したがって，質問書が主として使われるのは，立ち上げ装置（start-up device）としてである。弁護士は，質問書への回答の中で明らかにされた事実にもとづいて，どのような争点が提示されているのか，どのように証言録取書を組み立てるべきかをより効果的に確定できる。

先に指摘したように，質問書は，ひどく煩わしくなることがあり，相当な濫用を受ける可能性がある。これが，質問書のやり取りが当事者に限定されている１つの理由である。ビジネスの文脈でこれらの濫用のいくつかを抑える努力として，質問書に応答するためにビジネス記録の調査を要する場合，応答側当事者が，その負担の一部を要請側当事者にシフトできるようにすることをめざした条項が連邦規則といくつかの州にある。これらの条項の下で，法人は，質問書に対する回答を見出すことができる記録を具体的に示すことができ，それから要請側当事者が回答を探し出さなければならない（連邦規則第33条 (d) 参照）。しかし，応答者は，情報を隠すためにこの保護を使うことはできず，どの書類ないしファイルが求められた情報を含んでいるかをある程度特定的に示して，開示を求める当事者がその情報を見つけることができるようにしなければならない。

§ 3 －26　書類や物の開示

書類開示（document discovery）は，自らが占有していない書類その他の品物に当事者がアクセスできる手段のことを指す。要請側当事者は，事実に関して自己の結論に達するために，自分でファイルを点検したり，建物内（premises）その他の物を調べたりしようとするのであり，質問書を提出して，相手方に彼ら自身の記録を洗い直し回答を用意することを求めるのではない。開示を求める当事者は，関心のある書類の写しをとり，写真を撮影し，然るべきものは何でも記録してもよい。

一般に現代の開示規則は，訴訟が開始されるとすぐに当事者間で書類開示ができると定めている。裁判所命令はまったく必要でない。要請側当事者は，調査したい書類や物へのアクセスを相手方に単純に求めるだけである。関与性のあるいかなる書類も，それが秘匿特権で守られておらず，当事者の占有または支配の範囲内にあれば，開示させることができる（連邦規則第34条参照）。

財産に関係する開示を行うことに伴う主な問題の１つは，品物が当事者の支配の範囲内にあるのはどのような場合かを確定することである。支配は，法的な支配を意味しない。書類を占有している人や組織に影響を与える立場に当事者がいる場合，その当事者は，その書類を支配すると見なされる。この争点について合衆国最高裁まで争われた１つのケースとして，Societe Internationale v. Rogers（S. Ct. 1958）がある。最高裁は，書類を開示すれば，その結果スイス法によって刑事罰が科せらる可能性があるとしても，被告は原告にその書類を引渡さなければならないと裁定した！　当事者は，スイス政府に影響力を及ぼして，法を変えさせるか，その例外を創らせる能力があり，したがって書類を支配できた。

書類と物に関係する特定の開示規則は，一般に当事者からの開示のみを認めているが，非当事者も，裁判所の召喚権能の下で書類開示に服すことがある（連邦規則第45条 (a)(1)(C) 参照）。このタイプの証人開示は，裁判所の統制によって，あまりに煩わしい，ないし押しつけがましくなる——しばしば当事者開示に対してなされる非難——ことがないように保証されている。さらに非当事者の場合，回答者に合理的な補償を支払うなどして，その労苦を緩和することをめざした特定の条件にもとづいてのみ，裁判所は提出を命じることができる（連邦規則第45条 (c)(3)(B)(iii) 参照）。

§３－27　身体と精神の検査

依然として裁判所の完全な統制下にある１つの開示手段は，当事者の身体と精神に対する検査（physical and mental examination）の要請である。この開示手段は，医者と患者間の秘匿特権を侵害するという憲法上の攻撃と異議を切り抜けた（Sibbach v. Wilson & Co.（S. Ct. 1941））。しかし，その使用は，当事者，または当事者の監護（custody）や法的支配の下にある人，および情報の必要性が，検査される人のプライバシーの権利を凌ぐ状況に厳格に限定されている。

当事者の健康が，ケースで現に争訟になっている争点であり，要請を認めることに「充分な理由」（good cause）があるという証明にもとづいてのみ，裁判所は身体もしくは精神の検査を命じる。これらの状況における充分な理由は，関与性以上のものを意味する。要請側当事者は，なぜその情報が必要であるかということと，その情報が他の方法ではえられないことを示さなければならない。身体や精神について関与性のある障害（disability）を当事者が，被っていると信じる何らかの基礎がなければならない。さらに，この開示手段が原告と被告双方に対して利用できることは今では定着しているが，裁判所は，被告が検査されている場合の方が，「充分な理由」の要件の適用について厳密であるようである。この区別が反映しているのは，争訟を形作り，それによって容易に被告の健康を争訟の対象とできるのは，概して原告の方であるという意識である。これらの配慮にかかわらず，今日，人身侵害の訴訟において，身体や精神の検査要請は，かなり当り前に（routinely）認められていると言って差し支えない。これらの要請が難点を提起するのは，他の訴訟領域に限られる。

裁判所が検査を命じることの侵害的側面を認識して，規則は被検者に相互的な特権を認めている。要請があれば，検査された人に医師の報告書の写しを与えなければならない。この機会は，専門家証人へのアクセスが一般にもっと限定的に許容されていることと，はっきりした対照をなす（後述§３－32参照）。しかし，そのような要請がなされれば，相手方当事者は，被検査者が保持しているものと同様の医師報告書の写しをどれでも取得できる。初めの要請を行うことによって，被検者は，医師と患者間の秘匿特権を放棄したことになる。

§３－28　承認

承認（自白：admission）は，現実に争訟になる争点や事実に枠組みを与えることをめざした開示手段である。開示の間にえられた承認は，裁判所が後にその修正や撤回を許すこと――非常に稀な慣行――がないかぎり，事実審理において，その争点を確定的に（conclusively）立証する。承認は，他のいかなる訴訟においてもその結果を左右しない。承認は，当事者に限定され，本質的に当事者間の書類のやり取りによって機能する。当事者は，法律と事実のいずれの争点に関するものであれ，相手方当事者の知識の範囲内にあって，関与性をもつが秘匿特権によって守られていないすべての事項について承認を要請できる。応答側当事者は，次のことができる。すなわち，沈黙を守ることができるが，その場合，その争点について承認があったと見なされる；各要請を個別に特定して，承認するか否認するかできる；関与性のない，あるいは秘匿特権によって守られた事項にかかわる要請があるという根拠で，異議を唱えることができる；なぜ要請に対して，否認することも承認することもできないかを詳細に述べて，回答を拒むことができる。

裁判所にもっとも大きな困難を提起してきたのは，この最後の選択肢である。回答を拒むに足る根拠とは何であるか？　2つの問題がただちに表面化する。第1に，ある事項が当事者の知識の範囲外にあって回答できないのは，どのような場合か？　応答者が，回答するために情報の詳細な検索を行う必要がないことは明らかである。それをすれば，その当事者が相手側のケースを証明する立場におかれることになるからである。にもかかわらず，何らかの調査がなされなければならない。第2に，かかわっている争点が争いの本質的な争点であり，回答すれば敗訴を認めることになるという根拠で，当事者は回答を拒むことができるか？　州の裁判所の中には，基本的な争点に関する承認を禁止しているものがある。連邦規則では，当事者は，ケースの中核的争点にかかわるという根拠で承認に異議を唱えることはできない（連邦規則第36条 (a) 参照)。しかし，当事者は，その種の承認が要請された場合に，それを正面から（in good conscience）拒否し，それによってその事項を事実審理で「争われる」（at issue）事項とすることができる。このように，少なくとも事実審理の主要な争点に枠組みが与えられる。

§ 3 －29　開示要請に対する異議

身体や精神の検査に対する要請を例外として，何らかの争いが生じないかぎり，開示は裁判所の介入なしに進行する。先の諸節で説明した開示手続きのいずれについても，それが経過している間になされる調査に異議を唱える場合，当事者は，2つのうち1つのルートを辿ることができる。第1に，異議を唱えることができない質問すべてに回答し，回答を拒む質問に対する異議を記録に留める（register)。その後，開示を求める当事者は，応答を強制する裁判所命令を求めて申立を行うことができるが，この時，調査される側は異議の根拠を説明することができる。しかし，こちらの方を選択すれば，裁判所の介入の必要が決して実質化しないことがある。要請側当事者は，当事者が進んで行った応答を吟味した後，未回答の質問を追求する必要がないと判断することがあるからである。もう1つの選択肢は，調査される側が，応答しないことを認める保護命令（protective order）を求めて申立を行うことである。

裁判所が質問に応答すべきことを命令し，応答側当事者が拒みつづける場合，制裁が科されることがある（後述§3－30参照）。しかし，裁判所が異議を支持する場合，特定の事項に対する調査を禁止することから，特定の状況においてのみ開示を認める（例えば，証言録取書を封印し，裁判所命令によってのみ開封を許可する）ことまで幅広い保護命令を行うことができる。裁判所が利用できる保護命令のタイプの優れたリストは，連邦規則第26条(c)に見出すことができる。

特定の開示要請に対していかに異議を唱えるかという問題は，別の問題を提起する。すなわち，開示を要求ないし制限する裁判所命令から，即座の上訴審査をいかに受けるかである。ほとんどの司法システムにおいて，本案に対する判決に達した後になって初めて上訴が許される（後述§7－1～7－5参照）。開示命令などのような中間命令（interlocutory order）は，上訴する前に終局判決を待たなければならない。多くのケースで，このことは命令が決して上訴裁判所で審査されないことを意味する。たとえ開示命令が誤っているとしても，それが破棄（reversal）に値するほど最終結果に不利益を及ぼしたことを実証するのがこの上なく難しいからである（事実審裁判所がその命令について犯すどの誤りも無害の誤り（harmless error）と見なされ，破棄に服さない）。これらの状況において即座の審査を受けるために弁護士が利用できる手段は2つしかない。1つ目は，職務執行命令（mandamus）の特別令状（extraordinary writ）を求める申請を行うことである（後述§7－5参照）。しかし，職務執行命令は，非常に限定された救済しか提供しない。職務執行命令は，事実審理において何らかの甚だしい誤審（gross miscarriage of justice），あるいは裁量の濫用が起った状況に制限されているからである。例えば，共同被告に身体に関する9つの検査を受けることを要求した命令について審査するために，職務執行命令が認められた。開示要請への異議において，被告の憲法上の権利が申立てられた（Schlagenhauf v. Holder（S. Ct. 1964））。

審査を受ける２つ目の手段は，裁判所命令に従うことを拒み，侮辱（contempt）を宣告され，終局的な侮辱判決から，その判決がなされた根拠に異議を申立てて，上訴することである。しかし，この手続はリスクが大きい。刑事ではなく民事上の侮辱が認定された場合，即座の上訴は許容されない。他方，民事ではなく刑事上の侮辱を伴う場合，上訴審査の範囲が非常に狭い裁判所があり，侮辱という結果を導いたもとの命令に対する異議が考慮されない。さらにどちらの場合も，上訴裁判所が下級裁判所の開示命令を支持する場合，侮辱に対する罰（penalty）は有効なままである。したがって，ほとんどの状況で事実審裁判所の開示命令は，終局的であり拘束力をもつ。

§３－30　保護命令と制裁：濫用の抑制

開示手続が濫用される潜在性をもっていることは明白である。相手側に嫌がらせをするために，必須ではないが関与性という広い概念に適合する情報を頻繁に要請することができる［この点に関して，前述§３－22の訳者注参照］。また正当な要請に応答することを頑固に拒否すれば，裁判所の介入が必要になり，コストがかかるだけでなく，結果的に遅延を生じさせる。したがって，現代の開示条項には，開示を濫用から守るように，そして開示が正当な目的に使われることを保証するように裁判所を促すいくつかの手段が含まれている。

一般的に使われる手段として保護命令があり，この命令によって，裁判所は，嫌がらせや不当に煩わしい要請から人々を守ることができる（連邦規則第26条(c)）。この権能を使って裁判所は，開示を排除し，あるいは必要なものだけに制限できる。また裁判所は，著しく不便な開示要求から当事者を守るために，開示の時間と場所を規制できる。とりわけ連邦裁判所は，次のような条項を通じて，開示の濫用を特定し，これを止めさせることを奨励されている。すなわち，開示手段の数と長さに制限を課している地元の規則を採用することを認め，同時にあまりに度重なる開示や，他により負担が少なく費用のかからないやり方で受けられる可能性のある開示を制限するために，職権で命令を発することを認めている条項である（連邦規則第26条(b)(2)）。

同様の線にそって，連邦規則は開示書類すべてに署名要件を課している。署名は，要請または応答が不適切な目的でなされておらず，不合理ではないという弁護士による認証（certificate）となる。どのような違反に対しても弁護士報酬を含む制裁が認められている（連邦規則第26条(g)）。このように弁護士は，開示要請と応答の各々の正当性を真剣に考慮するよう促されている。

これらの保護手段に加えて，どの一組の開示規則にも，正当な調査への協力を当事者に強制するために裁判所の介入が発動される場合，その制裁について一般的な条項が含まれている(例えば，連邦規則第37条)。もっとも一般的には，裁判所は費用を算定することを許される。当事者が，証言録取を延期に追い込んだり，適切に告知された証言録取に現われなかったり，あるいは本来なら適切であるはずの開示請求に回答や応答をしなかった場合，それらの戦略のために相手方が被ったどの費用についても，これを支払うことをその当事者に求めることができる。故意の不服従の場合は，裁判所はケースを却下するか，または欠席判決を行うことができる。同様に裁判所は，当事者が応答を拒んだ事項すべてを立証されたものと見なすか，またはそれらの事項を訴答から削除できる。最後に，裁判所が特定の質問への応答を当事者に命じて，その当事者がそれを拒んだ場合，禁錮刑（jail sentence）と罰金（fine）を含む侮辱判決を行うことができる。制裁の可能性は，制裁がなければ開示に十全に協力したがらない可能性のある弁護士に対する抑止として作用する。一般に裁判所は，その制裁権能を慎重に使い，もっとも厳しい制裁を目に余る濫用（flagrant abuse）を露呈しているケースのために留保してきた。制裁を科す事実審裁判官の決定も，攻撃不可能であるのがほとんど常である。上訴裁判所がその決定を覆すのは，裁量の濫用が認定された場合に限られるからである。

3 特定の問題

§ 3－31 弁護士の仕事の成果

緩やかな開示規則をもつ裁判所が直面してきた深刻な問題の１つは，法的寄生（legal parasitism）をいかに阻止するかである。法的寄生によって，訴訟の一方の側は，相手方にそのケースを十全に準備させておいて，それからその弁護士の仕事の成果（work-product）を開示させることで自分自身の投資と準備の量を減らす。この種のことが発生するのを容認すれば，訴訟手続の対審的性質が破壊され，裁判所での弁護士活動（lawyering）の質が劣化することになる。それが事実審理に対する最大限の準備を阻害することになるからである。

一般的に弁護士－依頼人の秘匿特権に関する規則は，弁護士－依頼人の直接のコミュニケーションのみを保護する。それらの規則は，証人からえられる情報，調査報告，内部メモなどを保護しない。したがって，合衆国最高裁は，連邦裁判所のために仕事の成果の規則を発展させた。その規則は，相手方弁護士の心証（mental impression），結論，意見，法理論を開示から完全に免除する。さらに弁護士のその他の仕事の成果は，アクセスを要請する人が次の両方のことを示さないかぎり，開示できない。すなわち，開示の必要性と，開示が拒否されれば，自己の利益が損なわれ，著しい困難（hardship）が生じるであろうことである（Hickman v. Taylor（S. Ct. 1947））。開示を要請する人は，情報をえるための代替手段がないこと，その情報がケースの準備に絶対必要（vital）であることを示すことができなければならない。いくつかの州は，開示に関する法律の一部として，仕事の成果の規則を立法化した。またHickman判決の規則は，今では連邦規則に取り入れられている（連邦規則第26条(b)(3) 参照）。

何が仕事の成果を構成するかを定義するさい，いくつか問題が生じてきた。第１に，仕事の成果が，代理調査員（investigative agency）による写真や監視報告などのような，弁護士以外の人が集めた資料をカバーするのか？　第２に，事実審理を予期して集められた資料のみに限定されるのか，それとも訴訟が起されるであろうと想定するのが合理的である時以前に収集された事物も保護するのであろうか？　連邦の開示規則は，連邦裁判所のためにこれらの問題に対する回答を試みている。その規則では，弁護士または弁護士の代理人が収集した資料すべてが保護されるが，事実審理を予期して集められた資料に限定される。この定義の範囲内に入る事物は，実質的な必要性と不当な困難の証明にもとづいてのみ開示できる。

一部の州の規則でなされているのは，どのようなものであれ弁護士の心証について開示を絶対的に禁止することであるが，それとは異なり連邦規則は，裁判所がその事項を開示から守らなければならないと定めている。この相違は，心証にはもっとも高度な保護が与えられなければならないことを依然として認識している。しかし，求められている情報が，要請側当事者にとって必要であり，ケースについて弁護士が受けた印象を守るような方法で提供できる場合，裁判所が開示要請への応答を命じることが許容されている。

連邦規則の１つのユニークな特徴は，証人と当事者が以前に作られた自分自身の陳述書を，必要性や不利益をまったく示さずに入手できる例外が含まれていることである。この例外がめざしているのは，事実審理において，証人が，以前に作られた陳述書と証言が矛盾する場面に直面して混乱に陥る可能性を避けることである。これは，判例法にもとづくHickman規則の一部にはなかった。他の点では連邦のアプローチに従ってきた多くの州の規則も，この例外の基礎にある懸念が正当化されていないという根拠で，これを採用してこなかった。

最後に，弁護士の仕事の成果に対する保護と弁護士－依頼人の秘匿特権の相違を留意すべきである。後者は，両者の信頼関係（confidential relationship）が進行している間に，依頼人が弁護士に伝えた情報へのアクセスを禁じる。依頼人の情報は，現実の訴訟を予期して弁護士に与えられる必要はなく，単に法に関するアドバイスを求めるために漏らされたものでよい。アクセスが許容される例外的な状況はない。

法人の弁護士が，ビジネスの様々な局面について，非常に多数の従業員に恒常的に相談し，また相談を受ける大規模法人（large corporate）の文脈では，次の２つの場合を特定することがしばしば非常に重要である。すなわち，単に弁護士は予想される訴訟のために情報を集めており，それゆえ仕事の成果に対して限定された保護しか主張しえない場合と，弁護士は，秘匿の誓約（pledge）の下に法的アドバイスを与えるという特定の目的のために情報を入手したのであるから，絶対的な秘匿特権を援用できる場合である（例えば，Upjohn Co. v. United States（S. Ct. 1981）参照）。単に法人の内部書類すべてを総合弁護士事務所（general counsel's office）に移すだけでは，保護の資格をえるには不充分である。

§ 3 －32　専門家証人

専門家証人を伴う開示は，特殊な問題を提起する。専門家証人は，仕事の成果の規則によって保護されているように一見思える。弁護士の創意工夫と勤勉を通じてのみ，専門家証人が見出され，その証言をケースにそって開発できるからである。さらに，このような専門家証人に関する開示は，彼らを抱えている（retain）側の理論と結論の実質的部分を明らかにできる。他方，ほとんどの専門家証言が複雑で専門的な性質をもっており，相手側が，充分に反対尋問し効果的な反証（rebuttal）を導入できるように，どんな証言を予想しておくべきかについてある程度の知識をもっておくことが断然必要である。公正で効果的な事実審理に対する配慮は，この文脈での寄生に対する危惧を凌ぐようである。

この問題の特殊性を認識して，ほとんどの開示規則は，事実審理で使うために抱えているいずれの専門家についても，その氏名と証言要旨の開示を明示的に認めている。事実，1993年の連邦規則改正の下で，現在，当事者は，事実審理で証言する専門家すべての身元（identity）を開示し，事実審理で提出される専門家の意見とそれを裏づける理由が含まれた報告書を提供することを要求される（前述§ 3 －22参照）。また，ほとんどの開示規則は，申立人（movant）が同様の証拠を他の手段で入手できない例外的な事情がある場合，弁護士によって抱えられているが事実審理で証言しない専門家について開示を認めている（連邦規則第26条 (b)(4)(B)）。このように一方の当事者が，ある分野の利用可能な著名権威者をすべて抱え，自分の依頼人のケースを支持する人のみを使うことによって，ケースを有効に支配するようなことはできない。この例外の下で開示を受ける場合，要請側当事者にもたらされる可能性のある僥倖（windfall）を避けるために，裁判所は，開示の対象となる専門家に関係する報酬や費用の一部の支払いを要請側当事者に要求することが認められている。

専門家に関する特別規則が，専門家のカテゴリーすべてをカバーしているわけではない。専門家が，弁護士と非公式な関係をもっており，訴訟のために抱えられることなく単なる情報源として行為する場合，その専門家は一般的な仕事の成果規則の範囲に入る。同様に，専門家に関する特別規則をもたない州では，開示は仕事の成果規則によって規律され，開示を拒否すれば要請側当事者の利益を損ねることになる場合のみ，開示が許される。最後に，専門家が，当事者となっている法人の従業員でもあり，直近の特定の訴訟目的で雇われたのではない場合，その専門家は，証人としていずれの側によっても十全に開示可能である。

§３－33　保険合意

ほとんどの州において，保険に関する事実は，事実審理において証拠採用されず，保険会社を被告とする直接の訴訟も許されない。侵害を受けた当事者は，被保険者（insured）を訴え，それから補填（reimbursement）を求めなければならない。陪審が，原告のケースの本案ではなく保険者の財力（deep pocket）に影響され，著しく高額な評決を下す可能性があり，これらの制限は，そのような評決から保険業界を守ることをめざしている。にもかかわらず，ほとんどの州において，侵害を受けた当事者は，被告の保険の担保範囲（coverage）について開示を受けることを認められており，連邦裁判所では，保険は最初に開示しなければならない事柄の１つである（連邦規則第26条 (a)(1)(D)）。事実審理に対しては関与性をもたないけれども，ケースの和解額を適切に見積もる機会を当事者に与えるために，開示が許されている。この情報の結果，より高額の和解を求めて交渉がより熾烈になるかもしれないが，公正な和解のプロセスには十全な開示を要すると考えられている。

§3－34　濫用と改革の提案

ほとんどの州裁判所と連邦裁判所で使われている緩やかで開放的な開示規則は，主に抜き打ち的戦略（surprise tactics）によって勝ち取られる評決を排除する方向で，大いに成果を収めてきた。同時にそれは，著しく濫用されてきた。とりわけ，批判者は，膨大な書類の開示と無数の不必要な質問書を指摘する。このような手段が絶えず過度に使用されるため，訴訟コストが実質的に高騰する結果になった。多くの事例において，開示は遅延と嫌がらせのための道具となった。大規模法人の当事者は，個人による訴訟において，長期にわたる入り組んだ開示を求めると脅すことによって，和解を強要することができる。逆に，膨大な書類の要求もしくは止むことなく連続する質問書に直面した法人は，和解が唯一合理的な代替手段であると思うかもしれない。いずれの場合も，真実を探し出すためではなく，和解を強制するために開示が使われているかぎりにおいて，正義が損なわれていることは明らかである。

これらの戦略の倫理性（ethics）が真剣に問われるべきである。弁護士は，敵対者（adversary）であると同時に法の成員（officer of the court）でもあり，正義を迂回するのではなく求める義務を負っている。何人かの裁判官，法律家協会（bar association），論者達は，これらの濫用を抑制する改革を迫ってきた。開示の量を制限することから，特別訴答に戻して同時に開示の範囲を制限することまで，幅広い提案がなされてきた。

1980年代には連邦の開示改革の潮流は，厳密な制限と例外を許さない規則から離れて，裁判官が濫用を抑制できる手段を追加することへと向かっていた。1980年と1983年に連邦の開示規則が改正されて，開示のための協議（discovery conference）が要求され（連邦規則第26条 (f)），また限界的な（marginal）慣行を抑止するために保護命令と制裁をもっと用いることが奨励されている（前述§３－30参照）。弁護士が自らの要請と応答の適切さを考慮することをいっそう促すために，弁護士の署名要件も追加された（連邦規則第26条(g)）。これらの変更にもかかわらず，1990年代においても批判はつづき，より最近の改革では，特定の情報について早期の開示を義務づけることによって，ある種の開示がもつ敵対的性格を緩和することが試みられてきた（前述§３－22参照）。これに加えて，裁判所命令がなくても質問書と証言録取書の絶対数を制限することが，連邦の開示規則と数州の開示規則の両方で導入されてきた。これらの改革が成功しそうであるかどうかは，まだ明らかではなく，濫用的な訴訟戦略のない適切な情報交換をいかにして達成するかについて裁判所が取り組むにつれて，いっそうの変更が生じる蓋然性がきわめて高い。

E　事実審理前の協議

§３－35　概説

訴答要件がますます緩和されてきたために，事実審理前の協議（pretrial conference）は，ケースが明晰にされ骨格が決まるポイントになった。事実審理前の協議は，開示の後，すなわち弁護士が裁判官と非公式に話し合って，どの争点に争いがあるかについて合意できるようになった時に行われるのが典型的である。彼らは，事実審理の進行を計画することができる。どのような証拠と証人を導入するつもりであるかを承知しているからである。複雑な訴訟では，開示の予定を立て事実審理の骨格を決めるために，協議が連続してなされることがある。

地元の規則によって，事実審理前の協議がすべてのケースで義務的であると定めてきた裁判所もあるけれども，州と連邦の両方のシステムにおいて，裁判官は協議の予定を決める裁量をもっている。事実審理前の協議が義務的であるべきか，それとも裁量によるべきであるかという問題は，その究極的な有用性に関する長年の論争と結びついている。単純なケースでは，事実審理で節約されるよりも多くの時間が協議で浪費されるか？　あるいは，本当のところ協議は，和解を強要する手段であるのか？　複雑なケースでは，事実審理が現実に簡素化され，より良く体系化され，それゆえより迅速になるのか，それとも事実審理前の協議は，単に別の障害とより多くの時間をケースに追加するにすぎないのか？

現代の訴訟はしばしば複雑であることと，事実審理を体系化する責任を弁護士のみにまかせて，彼らのケースに沿って動くだけではうまく行かなかったことを認識して，連邦裁判所は，事実審理前の段階での裁判官による管理（judicial management）を増大させる方向に向かってきた。1983年に連邦規則第16条が全面的に書き換えられ，連邦裁判官が，次の目的で事実審理前の協議を利用することで担当ケースを管理することが奨励された。すなわち，開示と申立を含む事実審理前の手続の予定を組み，それによってケースにおける弁護士の進捗状況を承知しておくためである。

§ 3 －36　裁判官の役割

事実審理前の協議の有効性を左右するのは，まさに裁判官である。実際に当事者が何らかの一致に向けた取り組みをするかどうかを一般に確定するのは，裁判官のケースへの関心と精通，当事者間で何らかの合意に達する必要があるという信念である。裁判官は，当事者に合理的な結論に達するように強要することと，助けることの間の線上を慎重に歩まなければならない。この問題は，事実審理前の裁判官が，そのケースの事実審理も担当すべきかどうかについて，意見の違いを生み出してきた。事実審理前と事実審理で裁判官が異なれば，事実審理前に裁判官がえた専門知識（expertise）が事実審理では失われる。逆の場合，事実審理前の裁判官がケースに完全に精通しようとする動機が減じ，その結果，事実審理前の手続がそれだけ効果的でなくなるであろう。他方，事実審理前と事実審理で異なる裁判官を使えば，事実審理前の裁判官が行う提案がより強要的でなくなる。当事者は，裁判官が提案する何らかの譲歩に同意しなければ，事実審理で不利になることを危惧する必要がない。事実審理前の裁判官は，どちらかと言えば仲裁人（arbitrator）あるいは外部専門家として機能する。現在のところ，いかにしてこのジレンマを解決するかについて裁判所の対応は異なっている。

事実審理前の協議と事実審理が，同じ裁判官の前で行われるかどうかにかかわらず，事実審理前の協議における裁判官の権能の適切な行使について特定の問題があり，その問題が常に表面化する。第１の問題は，裁判官が法廷外でケースを和解することを当事者に促すことの妥当性である。裁判所と論者は，この争点について意見が分かれている。ほとんどの裁判官は，次のように思っているようである。すなわち，いったん現実の争点が明らかになれば，和解が妥当であると提案することは適切であり，協議の目的の１つは，合意に達することができて事実審理が回避できるかどうかを見きわめることである。しかし，当事者に和解を強要することは不適切である。この問題は，程度の問題である。この見解は，連邦規則に基本的に取り込まれており，連邦規則は，事実審理前の協議の目的の中に，ケースの和解を円滑化するという要請を特定して含めている（連邦規則第16条(a)(5)）。さらに裁判官は，和解権限のある人が事実審理前の協議に参加できることを要求できる（連邦規則第16条(c)）。

裁判官の権能に関する第２の問題は，裁判官が争点について取りきめる（stipulate）ことを当事者に強制しうるかどうかにかかわる。協議の目的の１つは，事実審理の争点を定式化し，合意されて争点にならない事項について取りきめることである。しかし，当事者がある事柄が争点ではないことを譲歩して認めることを拒んだ場合，裁判所は取りきめを強制できるべきであるか？　ほとんどの裁判所の答えは，「ノー」である。裁判所は，当事者が特定の争点について合意する場合のみ，当事者に正式の取りきめを行うことを要求できる。

事実審理前の裁判官の権能に絡む最後の問題がかかわるのは，次の場合にどのような制裁を適用できるかということである。すなわち，当事者が協議に現われなかったり，事実審理に呼ばれる証人や導入される証拠などのような，裁判所が要請する特定の情報を明示するのを拒んだり怠ったりした場合である。裁判所は欠席判決を行うことができ，または，怠慢な（delinquent）原告のケースでは，当事者の弁護士が予定された協議に現われない場合，その当事者敗訴の再訴不能非自発的却下（棄却：involuntary dismissal with prejudice）を行えることが一般に認められている。しかし，この制裁は非常に強力であるので，実践上の問題として，その使用は，当事者が例外的に遅延を助長してきた状況に厳しく限定されている。その通常の意味は，弁護士が協議に現われなかっただけでなく，訴訟の進行を全般的に遅らせてきたということである。もっとよく用いられる制裁は，事実審理で使える証拠を，裁判所の要請に従って協議のさいに明示された証拠のみに限定することである。概してこの争点が生じるのは，事実審理前の命令の修正が申立てられる文脈においてであり，以前に証拠を明示しなかったことに対する裁判所の「制裁」（sanction）は，その申立を拒否することである。連邦規則第16条 (f) は，これらの伝統的制裁を拡張し，次のことを含めている。すなわち，当事者もしくは弁護士が協議に現われず，あるいは現われても規則の下で要請されたとおりに協力しなかった場合，裁判所は，その不遵守の結果，弁護士報酬を含めて相手方当事者が被った費用を支払うことを，その当事者もしくは弁護士に要求**しなければならない**（*must*）。ただし，然るべき行為をしなかったことが実質的に正当化されると裁判所が認定した場合はこの限りでない。

§ 3 －37　事実審理前の命令

事実審理前の協議の締め括りに，裁判官は，当事者の取りきめのすべて，合意された証人と証拠のリスト，協議で決定されたその他すべての事項を盛り込んだ事実審理前の命令（pretrial order）を行う。この命令は，訴答に取って代わり，その訴訟の残りの手続を統制する。弁護士が，事実審理において，新たな争点や追加的な証拠を導入したいと望む場合，裁判所に救済の申請をしなければならない。救済は，あからさまな不正義を阻止するために許容されるが，もとの命令に飽くまで従うように要求することも裁判所の裁量の範囲内にある。したがって，事実審裁判官は，次のことを慎重に衡量する。すなわち，（事実審理の準備をするさいにもとの命令を信頼したであろう）相手方当事者に生じる可能性のある不利益，提案されている変更の重要性，および，申立を行った当事者が，提案されている事項を協議の時に導入しなかったことで遅延を助長したかどうか，である。申立人が成功すれば，救済は事実審理前の命令の修正という形態を取るのが典型的である。

第４章　事実審理のない裁判

A　サマリー判決

§４－１　概説

サマリー判決（summary judgment）は，当事者が，完全な事実審理を必要とせずに，本案について拘束力のある終局的確定をえることのできる手続である。指図評決（directed verdict）などのような事実審理における申立でも結果として終局判決がなされるが，サマリー判決は，主としてより早い段階でなされるという点でそれらの申立とは異なる。サマリー判決の申立は，他の事実審理前の申立，すなわち，却下の申立（motion to dismiss），妨訴抗弁（demurrer），訴答にもとづく判決の申立（motion for judgment on the pleadings）とは区別される。サマリー判決では，外部証拠（outside evidence）が提出され，裁判所は決定のさいに訴答に制約されないからである。事実，妨訴抗弁や，救済請求の不陳述（failure to state）を理由とする申立を規律する規則が，申立人が外部事項を導入すれば，その申立が自動的にサマリー判決の申立に変換されると定めている場合がよくある。宣誓供述書（affidavit），証言録取書，承認，さらに質問書までをも含む非常に様々な外部資料を使用することができる。資料が然るべく裁判所に出されたものであるかどうかを決定する鍵は，事実審理であれば，その資料が証拠規則の下で採用できるかどうかである。

サマリー判決の主たる目的は，不必要な事実審理を避けることであるけれども，それはまた事実審理を簡素化する機能を果たすこともできる。ほとんどの司法システムは，何らかの形態の部分的もしくは中間的な（interlocutory）サマリー判決を設けており，それによって責任（liability）についてのみ事実審理なしに確定でき，あるいは特定の争点や請求をケースから除外できる（連邦規則第56条 (c), (d) 参照）。これに加えて当事者は，相手方がサマリー判決の申立に抵抗するさいに自分のケースの一部を明らかにせざるをえなくするために，サマリー判決の申立を行える。

サマリー判決は，事実審理の必要を解消するけれども，陪審審理に関する諸権利を１つも侵害しない。これは，サマリー判決を受けるための基準が，１つには陪審に委ねるべき事実に関する争点がまったくないという認定を要求するからである（後述§４－２参照）。裁判所は，証拠を衡量して，もしケースが陪審に委ねられたなら，一方の当事者が当然に勝訴するであろうと決定するのではない。そうではなく，裁判所は，陪審が決定すべき事実に関する争点がまったくなく，それゆえサマリー判決が正当化されると判断する。

§４－２　サマリー判決を受ける根拠

サマリー判決を受けるための根拠は，３つの部分からなる。すなわち，**重要な事実**（*material fact*）に関する**真正な争点**（*genuine issue*）があってはならず，申立人は，**法律問題として**（*as a matter of law*）判決を受ける権限がなければならない（連邦規則第56条 (c) 参照）。当事者は，単に申立人による事実の陳述に同意できないと示唆することによって，サマリー判決の申立に抵抗することはできない。事実に関する特定の争点をめぐって，真正ないし本当の争いがなければならない。概してこのことが相手方当事者に要求するのは，単に相対立する主張や議論をするにとどまらず，矛盾する証拠（contradictory evidence）を導入することである。次に，争われている事実がケースにとって中心的ないし重要（material）でなければならない。関与性のない，あるいは大して重要でない事実をめぐる争いは，サマリー判決の障害とならない。定義上，その事実の確定は，たとえ事実審理がなされたとしても結果に影響しないからである。最後に，争いのない事実に照らせば，ケースを規律する法によって申立人勝訴の判決が命じられなければならない。これら3つの規準のいずれか1つでも充たされなければ，申立は拒否され，ケースは事実審理に送られる。

§4－3　証明責任

サマリー判決の申立に関する非常に重要な要因は，証明責任（burden of proof）の配分である。必然的に申立人には，サマリー判決の基準が充たされていることを初めに示す責任がある。このことは，事実審理であれば誰が証明責任を負担するかにかかわらず妥当する。もっとも一般的には，その責任は外部証拠を導入することによって果たされる。その証拠は，相手方当事者にもっとも有利な見方で解釈されるのが一般的である。その解釈規則をもってしても，申立人はサマリー判決を受けるに充分な根拠を示せていることがよくある。

事実審理であれば相手方当事者が証明責任を負担するケースにおいて，相手方には事実審理での最終的責任を充足させる証拠がまったくない，あるいは不充分な証拠しかないと主張すれば，サマリー判決を申立てた当事者が勝訴する場合もある（Celotex Corp. v. Catrett（S. Ct. 1986））。しかし，非申立人（nonmovant）の請求を裏づける証拠がないことを示すために，申立人が何をしなければならないかは，依然として少々不明瞭である。

1つ明瞭なことは，申立を認めるかどうかを確定する時，裁判所は，事実審理に付随する実体証拠（substantive evidence）の証明基準に照らして証拠を評価する。例えば，文書による名誉毀損（libel）の訴訟では，損害賠償をえるためには現実の悪意（actual malice）の証明が要求される。この訴訟では，より一般的な証拠の優越（preponderance of evidence）の基準ではなく，明白で確信を抱かせる証拠（clear and convincing evidence）の基準の下で，事実に関する真正な争点を確立するに足りる証拠がないのであれば，被告はサマリー判決によって勝訴する（Anderson v. Liberty Lobby, Inc.（S. Ct. 1986）参照）。

もう1つ重要な問題が生じる。すなわち，首尾よく申立に対抗するためにどのような責任が非申立人に課せられるかである。一部の州のシステムでは，相手方当事者は，単に自分の訴答中の充分に訴答された主張（well-pleaded allegation）に依拠して，その主張と申立人の証拠の矛盾を指摘することが許される（例えば，Cal. Civ. Proc. Code § 437c 参照）。このアプローチは，まさに最小限の責任しか相手方当事者に課さない。実践上の問題としてこのアプローチが意味するのは，申立人が，訴答によって反駁されていない積極的抗弁の存在に依拠して申立を行う場合を除いて，サマリー判決を受けるのがほとんど不可能であるということである。

連邦裁判所といくつかの州裁判所では，申立人が，事実に関する真正な争点がまったく存在しないことを示す最初の責任を果たしていない場合を除いて，相手方当事者が自己の訴答のみにもとづいてサマリー判決を切り抜けることは許されない。申立人の書類が，重要な事実に関する真正な争点がまったく存在していないことを示していれば，責任が転換され，相手方当事者は，この結論に反駁する外部証拠を導入しなければならない（連邦規則第56条(e)参照）。相手方当事者が外部証拠をまったく導入できなければ，申立人の証拠が真実であるととらえられ，この結果，ほとんどのケースでサマリー判決が認められる。証明責任を相手方当事者に転換するこのアプローチが採用されたのは，サマリー判決の作用によって訴答を見透かせるようにし，また裁判所が立証を吟味できるようにするためである。別の条項は，非申立人の責任の一部を緩和するために，その時になぜ反対証拠を提示できないのかを示すことでその責任を果たすことを非申立人に認めている（連邦規則第56条(f)参照）。裁判所は，その理由が有効であると認定すれば，サマリー判決を拒否または延期できる。

§４－４　事実の争点としての信憑性

サマリー判決の申立に関するもっとも難しい問題の１つは，ある証人の信憑性（creditability）を陪審のみが確定できる場合に，その証人の証言によって重要な事実が証明されなければならないという根拠で，他の点では適切な裏づけのあるサマリー判決の申立を当事者が乗り切れるのは，どのような場合かである。留保なしにこの議論を受け入れるかぎり，申立に導入された鍵となる証拠が1つでも，証人や当事者の証言録取書や宣誓供述書から構成される場合，サマリー判決を受けることはほとんど不可能である。

信憑性の争点が提起されている時にサマリー判決を拒否する決定は，その手続によって陪審審理の権利が侵されることを容認すべきでないという懸念をどの程度もっているかに（少なくとも部分的に）応じて，システムによって，さらには裁判官によって様々である。一部の州では，サマリー判決の規則の中に特定的な条項があり，「サマリー判決を裏づけるために提示された，重要な事実に関する唯一の証明が，そのような事実の唯一の証人となった個人によって作られた宣誓供述書もしくは供述書（declaration）である」場合はいつでも，裁判所にサマリー判決を拒否する裁量を与えている（Cal. Civ. Proc. Code § 437c)。このタイプの条項は，十全な事実審理の方にバランスを傾ける。連邦規則には，これに匹敵する条項はない。一般に連邦裁判所は，信憑性が争点であるという裏づけのない主張だけでは，サマリー判決を克服するのに充分でないと判示してきた。サマリー判決に反対する当事者は，なぜ証人の信憑性が問題とされるのかを示す事実を導入しなければならない。概して，これには次の証拠を要する。すなわち，証人に利害がなくはない（例えば，当事者である）という証拠か，または，ある事実の争点の確定は，行為者の心的状態（state of mind）や動機に依拠し，したがって最終的にその確定は，所与の時点において何が心にあったかに関するその人の信憑性に依存しなければならないという証拠である。いかなる証人についても，裁判所がその現実の信憑性を衡量ないし評価することはない――これは，陪審の役割である。そうではなく裁判所は，信憑性が結果を確定しうると信じる理由があるかどうかを決定し，事実そうであると認定すれば，サマリー判決は拒否される。

§4－5　手続

サマリー判決の申立を正確にいつすべきであるかは，司法システムごとに様々であるけれども，その申立の手続に関して若干の一般的所見を述べることはできる。いずれの当事者もサマリー判決の申立を行うことができる。交差申立（cross-claim）も可能である。その場合，裁判所は，それぞれの申立について個別に決定する。両当事者がサマリー判決を求めているという事実があっても，重要な事実に関する真正な争点がまったくないということが確証されるわけではない。

一方当事者のサマリー判決の申立との関連で提出された書類を裁判所が審査した結果，重要な事実に関する真正な争点はないけれども，法律問題として，相手方当事者勝訴の判決がなされるべきことが明らかになるような状況がある。一部の裁判所は，このような状況でサマリー判決を認めることにこれまで消極的であったが，このような裁判官の権限を支持するのが，明らかな趨勢である。しかし，サマリー判決がなされれば敗訴する当事者が，何であれ存在する事実の争点を示す追加的な情報を提示する十全な機会が与えられたことを裁判所は確認しなければならない。サマリー判決が適切であると裁判所が職権で決定する場合，同じ抜き打ちの問題がいっそう高度な形で表れる。これまでいくつかの裁判所は，少なくとも当事者の１人による申立がなければ，サマリー判決を行うのに消極的であったけれども，相手方当事者が，なぜサマリー判決の基準が充たされていないかを示す十全な機会を与えられているかぎり，裁判所は，正式な申立がまったくない場合でさえ判決を行うことができる。

サマリー判決のために審理（hearing）を行うことは要せず，また裁判所は書類のみにもとづいて申立について決定できるけれども，審理が行われるのが典型的である。審理が行われる場合，当事者は自らの立場を裏づける口頭弁論（oral argument）を行うことが許される。

B　欠席判決

§４－６　欠席のタイプ

基本的に欠席（default）には３つのタイプがある。１つ目は，被告は応訴する（appear）ことも，原告の訴状に応答して答弁することも全然しない場合である。２つ目は，被告は応訴するが，正式な答弁書を提出しないか，事実審理に出廷しない場合である。これらの両方の状況は，各裁判所システムに存在する特別に作られた規則の中で特定的に取り扱われている。３つ目は，事実審理前の手続の間に，被告が何らかの裁判所命令に応じず，裁判所が罰として欠席判決（default judgment）を行う場合である。罰として欠席を認定する権限は，ほとんどの開示規則の中に見出され，事実審理前の開示と協議の段階において，応諾や協力を強制するために裁判所が本来備えているエクィティの権能の一部と認識されてきた。

特定のケースがこれら３つの状況の１つに入ると分類することは，欠席判決を受けるために利用される手続（後述§４－７参照）と，欠席判決を斥ける（set aside）当事者の能力に対して重要な影響を与える（後述§６－１参照）。しかし，３つの状況すべては，欠席を責任の認容（concession）として扱うかぎりにおいて，被告に対して同じ波及効果をもつ。欠席を伴っているという裁定の直截な効果は，典型的には本案について原告勝訴の認定をすることである。

§４－７　手続

被告がケースの冒頭から欠席し，原告が欠席の登録（entry）を申立てる場合，２つの手続のうち１つが適用になる。確定的な金額（すなわち，損害賠償額の予定（liquidated damages））が求められている場合，書記官（clerk）が欠席を登録できる。そうでない場合，裁判官が欠席を登録して審理を開かなければならず，そこで原告は，責任ではなく損害賠償額を証明することを要する。原告の損害賠償請求文言（ad damnum）は，賠償額の上限（ceiling）を設定するが，その額が賠償されることを保証しない。被告は損害賠償の審理に出廷し，損害賠償について陪審審理を要求できる。しかし，この権利は，ほとんど絵に描いた餅（chimerical）である。被告は損害賠償の審理について正式の告知をまったく与えられないし，したがって大抵出廷しないからである。

被告が応訴して，それから後に欠席した場合，裁判官のみが欠席判決の登録を行える。そして，損害賠償の審理に先立って告知が被告に送付されなければならない。さらに，被告にはその後の訴訟書類すべてを送達してもらう権利がある。定められた告知を送付しなければ，それが欠席判決を斥ける自動的根拠となる。損害賠償の審理は，応訴しないことによる欠席のケースと同じである。この状況に義務的な告知要件を含める理論的根拠は，被告が最初に応訴したことによって，訴訟に対する何らかの利益を示したということである。したがって後の欠席は，当事者の意識的な決定の結果と言うよりも，弁護士が種々の手続条項を遵守しなかった結果生じたかもしれない。告知は，このようなことが起ることに対してある種の保護を提供し，さらに欠席当事者に時宜をえた上訴を行う機会を保証する。

例えば，被告が事実審理前の手続に参加したが，事実審理にまったく現われないような場合，被告は，欠席したのではなく応訴し防御したと認定されることがある。この場合，判決が登録されようとしているという特別な告知は，送付される必要はない。さらに判決手続を再開し本案について事実審理を行うことを求める申立は，欠席を伴っている場合よりも好意的に見られない。これは，本当の欠席とは異なり，対審的なやり方で争点が形成されているからであり，また，一方的（ex parte）にしか証拠の提示がなされないにせよ，損害賠償のみならず責任に関する原告のケースの強さを裁判所が評価する機会をもった後でしか判決がなされないからである（全般的には，後述§6－1参照）。したがって，欠席判決の規則による保護を援用するには充分であるが，十全な防御と見なされるほどには積極的でない応訴を構成するのは何であるかを確定することが重要である。

被告が，答弁とまでは呼べないが，何らかの事実審理前の申立を提出した場合，あるいは裁判所と相手方当事者に応訴する意図をより非公式な形で伝えた場合，裁判所は，そのケースを被告が応訴してそれから欠席したケースとして扱うのが一般的である。より難しいのは，被告が応答訴答を提出し，その後出廷しなかった状況をいかに扱うかという問題である。一方で，被告が責任を認容せずにケースを争った場合，裁判所は，判決を行う前に損害賠償だけでなく責任についても証明することを原告に要求すべきである。他方，事実審理に被告が居ないから真に対審的な手続はなく，おそらく裁判所は責任を認容した欠席として扱うべきであり，告知が被告に送付された後に損害賠償について審理を開くべきである。当然ながら，この争点について裁判所の意見が分かれている。被告が事実審理に居ないことを欠席と呼ぶことで，判決手続を再開する根拠が与えられるとすれば，しばしば答弁は応訴と見なされ，被告の後の行為は欠席と見なされる。

罰として欠席が認定される状況が，特別の手続的な問題を裁判所に提起してきた。一部の裁判所は，それを応訴後の欠席として扱ってきた。他の裁判所は，それがそのような保護の範囲外にあると裁定してきた。もっとも重要なことは，告知ではない。概して裁判所は，罰を科す命令を行うさい当事者に告知するからである。むしろ，被告がケース全体——責任と損害賠償——を認容したと裁判所が裁定できるかということと，裁判所が罰として損害賠償請求文言を超える額を原告に与えることができるかどうかが，もっと緊要な争点を提示する。状況が一般的な欠席条項の範囲に入るものとして扱われるならば，これら両方の問に対する答えは，「ノー」である。他方，その状況がそのような保護の範囲内にないなら，「イエス」である。これらの事項について裁判所の意見が分かれており，合衆国最高裁は，現在までこれについて裁定していない。

C　取り下げと非自発的却下

§4－8　取り下げ

すべての司法システムは，原告が裁判所の承認なしにケースを取り下げること（voluntary dismissal）ができる何らかの手段を設けている。原告がさらに調査を進めていくうちに追求するに値する請求が実際にはないと判断する場合か，当事者が裁判所外で訴訟について和解する場合，取り下げを行える。対抗的な考慮事項から，この手続に何らかの制限が課されるべきことが伺える。人々が真剣にケースを判決まで追求しようとする場合のみ，提訴が奨励されるべきである。取り下げを無制約に認めれば，原告が被告に嫌がらせすることが容認されるようになり，深刻な濫用の可能性が生じる。

連邦規則は，再訴可能な（without prejudice）取り下げが自動的に認められる権利を原告に1回だけ与えている（連邦規則第41条 (a) 参照）。同じ訴訟が再び提起され，もう1度取り下げが求められ認められた場合，その訴訟は棄却され，それによってその訴訟が3度提起されることが阻止される。さらに，被告が答弁した後は，被告が同意するか裁判所の承認をえることによってのみ，原告は訴訟の取り下げを行うことができる。同様の制限がほとんどの州の条項に存在する。

§4－9　非自発的却下：訴訟遂行の懈怠

裁判所は，訴訟遂行を怠ることに対して，非自発的却下（involuntary dismissal）を行うことができる。被告は，次の根拠でこの却下を申立てるのが典型的である。すなわち，原告がケースを事実審理までもっていくために適切な段階をふまなかった；予定された審理や協議に現われなかった；通常の期間を延ばすために，絶えず遅延し延期続行（continuance）を求めた。裁判所がこの申立を認める場合，ケースは本案について棄却される（dismissed with prejudice）。裁判所が棄却されないと特に断る場合は例外であるが，これは非常に稀にしか起らない。したがって，非自発的却下は控えめに認められ，原告がことさらに遅延を助長し，遅延の結果，被告の利益が損ねられてきた場合にしか認められないのが通常である。

連邦規則第41条 (b) などの一部の条項は，非自発的却下を行う決定を完全に事実審裁判所の裁量に委ねている。カリフォルニア州の民事訴訟規則などのような他の条項は，裁判所に追加的な指図を与え，訴状の提出後2年経って初めて却下を許し，5年間の無活動または遅延が示された場合に却下を命じる。その期間内に裁判所は，原告の活動の欠如が遂行の完全な懈怠（failure）に至っているかどうかを確定する裁量を行使できる（Cal. Civ. Proc. Code § 583）。

第５章　事実審理

A　手続

§５－１　一般的説明

ケースが開示を経ながら進行し，事実審理前の申立がなされた場合でもそれを越えて存続すれば，そのケースは裁判所の事実審理予定表（trial docket）に載せられ，事実審理の期日が割り振られる。その時点で，延期続行や遅延が起らなければ，当事者とその弁護士は事実審理を始めるために出廷しなければならない。

陪審審理（jury trial）と非陪審審理（non-jury trial）は，両方とも同じ一般的パターンを辿る。ただし，ケースを担当する陪審を選ぶために時間を費やさなければならないので，陪審のケースでは事実審理の初めの部分が異なる（後述§５－９参照）。ケース提示の順序は，裁判所ごとにわずかに異なることがあるが，一般的規則は次のとおりである。原告の弁護士，それにつづいて被告の弁護士が，それぞれ冒頭陳述（opening statement）を行って，何を証明するつもりであるかを説明する。原告側の証人と証拠が原告によって調べられ，かつ反対に被告によって調べられる（examined and cross-examined）。その後，被告側の証人と証拠が導入されるが，これも被告が調べ，反対に原告が調べる同様の権利がある。それから原告と被告は，反駁証拠（rebuttal evidence）を導入することを許される。すべての証拠が提出された後，それぞれの側が最終弁論（closing argument）を行い，各々の立場を裏づける証拠を総括する。この時も原告が最初に総括するのが典型的であるが，原告には被告が最終所見を述べた後に反駁する権利がある。その後，陪審審理でない場合は，裁判官が証拠を評価して判決を行う。陪審が居る場合，裁判官は適用法について陪審に説示する（instruct）。裁判官が，可能な説示を前もって当事者に提出させ，提出された中から説示を選ぶということがもっともよく行われる。一部の管轄では，様々なタイプの法的争点について定型的説示（pattern instruction）が承認されており，当事者は，自己の特定のケースに応じた特別の草稿を準備する必要はない。2，3の管轄と連邦裁判所では，裁判官は証拠についてコメントすることもできる。しかし，ほとんどの州では，これは不適切であると見なされており，裁判官には，証拠の公平な総括を与える権限のみがある。

その後，陪審は，評議し（deliberate）評決（verdict）を行うために退出する。評議が行き詰まった（deadlocked）旨を陪審員が報告すれば，裁判官は，さらに評議させるために陪審員を戻すことができる。しかし，それでも行き詰まりが打開されなければ，審理無効（mistrial）が宣言されなければならない。陪審が評決に達して戻って来た場合，裁判官はそれにもとづいて判決する。

§５－２　証拠規則

事実審理のプロセスは，証拠規則によって規律される。各裁判所システムは，独自の証拠規則の体系もっており，事実審理の性格は，どのタイプの証拠が導入を許されるかしだいで，いくぶん異なる。もっとも一般的には，適切な証拠ないし証言は，関与性があり（relevant），秘匿特権によって守られておらず（not privileged），伝聞（hearsay）でないものである。関与性，秘匿特権，伝聞の定義は，法律書の中に溢れており，証拠に関する別個の教科課程でより十全に探究される。ここでは簡潔な説明で充分である。

特定の証拠の関与性は，ケースの争点の範囲との関係で確定される。関与性のない証拠は，排除される。事実認定者（trier of fact：陪審または裁判官）が，現実に争点となっているものに焦点をあてるのを助けるためである。秘匿特権によって守られている事項は，特定の関係（例えば，医師と患者，弁護士と依頼人）にある個人のプライバシーを守るために排除される。秘匿特権によって守られている関係にある人々は，その人達の間で生じたコミュニケーションを一切明らかにする必要はない。法は，すべての可能な証拠にもとづいて真実を確定する必要よりも，それらの関係の神聖さ（sanctity）を維持することにより大きな価値をおく。伝聞は，話された事項に関する事実ないし真実を証明するために提示される裁判所外の発言（out-of-court statement），と定義される。伝聞を定義する規則は，例外で穴だらけになっている。一般に，伝聞証拠の使用に禁止が存在するのは，実際にその話をした本人を反対尋問する機会がないから伝聞が本来的に信頼できないと見なされているからである。認められている例外は，次の状況を伴っているのが典型的である。すなわち，その証拠が信頼できることを他の事情が保証しているように見える状況（日々のビジネス業務の間に作りだされた記録の導入に対する例外など），あるいは，争点となっている事項を証明するのに使用しうる他の証拠がないように見える状況（ある人の自分の動機に関する発言など）。

弁護士は，証拠に関する異議をただちに提起しなければならず，そうしなければ，その異議は放棄される。これに加えて，秘匿特権によって守られた情報の場合，そのような関係にある当事者は，自らの行為によってその特権の主張を放棄できる。異議が支持されれば，その証拠は斥けられ，陪審は，評決を行うさいにその証拠を考慮に入れないように説示される。しかし，たとえそうするように説示されたとしても，陪審の居るところで言及された不適切な証拠を陪審が無視することを期待するのが合理的かどうか，あるいは，審理無効を言い渡すほどの偏見を陪審がもったかどうか，について深刻な問題がしばしば生じる。対照的に，裁判官による事実審理では，証拠規則を厳密に固守することにそれほど厳格でなく，証拠に関する異議が提起されることも少ない。裁判官は，不適切な証拠を無視して適切な証拠のみを考慮すると推定されているからである。

B　陪審審理

1　概説

§５－３　陪審―その歴史，性格，機能

陪審審理（jury trial）は，英米の（Anglo-American）争い解決手続の根本的な部分である。陪審審理は，12世紀のイギリス，ヘンリー２世の統治の時に初めて正式に採用され，すぐにコモンロー裁判所のお家芸（hallmark）となった。伝統的な陪審は，コミュニティから選ばれた12人の男性で構成された。これらの男性は，争訟の基礎にある現実の事実が何であるかを確定することを求められ，それから裁判官が法を適用した。陪審の決定は，全員一致（unanimous）でなければならなかった。陪審がアメリカの植民地に移植された時も，陪審の形態は同じままであったけれども，さらなる意味を帯びた。陪審審理は，国王の正義に対する，アメリカ的自由ないし一般市民による正義（popular justice）を象徴するものとなった。独立を確立するという必要は解消されて久しいが，陪審審理は，依然として民事裁判所システムの中核である。

いくつかの州と連邦の裁判所は，陪審のもともとの性格を修正して，12人未満のメンバーで構成される陪審，および全員一致でない評決を使用することを許容した。これらの変更は，陪審審理のコスト高を減らす努力の中で行われてきた。単に考慮すべき個人の意見の数が少ないという理由で，より小さい陪審は，より迅速に選抜され，その評議も短くなるはずである。全員一致によらない評決は，行き詰まりとそれに随伴する再審理（new trial）の可能性を少なくする。合衆国最高裁は，民事ケースにおける６人陪審（Colgrove v. Battin（S. Ct. 1973））と，刑事ケースにおける全員一致によらない評決（Apodaca v. Oregon（S. Ct. 1972））の使用を，これらの変更が合衆国憲法の陪審審理の保障を侵害するという異議に抗して支持した。最高裁は，全員一致によらない民事の評決についてまだ裁定していないが，

刑事の分野における最高裁の理由づけから，この評決もまた支持されるであろうことが伺える。最高裁は，陪審審理の性格は，歴史的権利あるいは憲法上の権利の一部ではないと判示し，また，それまでの研究にもとづき，双方のシステムの下でなされた評決の間に質的な差異があることを証明するものは見出せないと判示した。したがって，12人陪審や全員一致の陪審を修正するかどうかは，下級裁判所の独自の決定に委ねられており，陪審の性格は，訴訟が提起される裁判所しだいで変わる。

しかし，陪審の役割は変わらないままである。陪審は事実問題について決定することになっており，裁判官は，法に関する争点を確定する。この責任分担は，陪審と裁判官の特殊な性質を認識している。陪審は，法的基準を現行の経験に適合させるために存在する。例えば，ケースが契約の解釈に絡んでいる場合，事実問題が提示される。特定の契約文言の意味について陪審が行う決定は，人々が契約を締結するさいの一般的慣行にかかわるコミュニティの経験を拠り所とする。裁判官の役割は，将来の訴訟当事者を拘束する規則を提供し，コミュニティが将来の取引をどのように行えばよいかが分かるようにすることである。契約に関する争いの場合，裁判官は，法的に拘束力をもつ契約ないし有効な契約がなされたかどうかを決定する。陪審は，信憑性に関するすべての争点を決定する。それらが事実問題であるからである。他方，裁判官は，陪審が確定したとおりの事実の下で，法が救済を許容するかどうかを確定する。

事実の争点と法の争点の間にある線を確認することは，常に容易であるわけではない。判例集は，裁判官が陪審から不適切に争点を取り上げたケースで満たされている。陪審の役割の適切な輪郭は，さらに漠然としている。陪審が法を無効とする（jury nullification）プロセスがあるためである。裁判官は，１まとまりの所与の事実に適用可能な法について陪審に説示し，陪審は事実を確定するにとどまらず，その法をそれらの事実に適用する（評決のタイプについて，後述§５－10参照）。法の発展が遅い領域において，陪審は法を無視して正義を施す決定を行うことがある。例証すると，過失に関するケースの中に，原告に寄与過失（contributory negligence）がある場合，原告への賠償が妨げられるという規則を陪審が無視して，損害賠償を認め，その算定のさいに原告の過失を計算に入れたことがきわめて明白なケースがある。つまり，陪審は，裁判所が採用する以前に比較過失（comparative negligence）の基準を利用した。陪審擁護者は，これが陪審の特殊機能の１つであり，まさに現行のコミュニティの慣習（mores）に照らして法を現代化する手段であると主張する。しかし，陪審が法に下手に手を加えることを許容することは，市民的権利（civil rights）の分野などのように，状況によっては潜在的な危険を呈する。そのような分野では，地元コミュニティの基準は，より一般的な基準，まさに憲法による全国的基準と一貫しない。この理由で，すべての司法システムには，いくつかの手段が含まれており，それによって裁判官は，陪審をコントロールし，不適切な行動をとることがないようにする権能が与えられている。これらの手段については，後の節で探究する（後述§§５－８～５－11参照)。

２　陪審審理の権利の範囲

§５－４　陪審審理の権利の源泉

民事訴訟において陪審審理を受ける権利は，３つの源泉の１つに由来する。１つ目は，もっとも広く，憲法上のものである。連邦と州の憲法は，それぞれの司法システムにおいて陪審審理のための最低基準を設定している。立法部は，憲法上の保障の範囲内にないケースにおいて陪審審理を認める権能をもっている。したがって，２つ目の陪審審理の源泉は，法律である。立法部が特定の訴訟原因を創設するにあたり，陪審審理の権利を認めた状況に，この源泉は相当する。最後に，事実審裁判所は，陪審を選任する（impanel）エクィティ上の権能を常にもっている。ただし，このような事例において，陪審は諮問的なもの（advisory）にすぎず，裁判官は，陪審の認定を受け入れることも無視することもできる。

陪審審理の権利の範囲を確定するさいの主たる問題は，以前から憲法の領域にあった。連邦憲法の陪審に関する条項（修正第７条）は，州に対して拘束力をもたず，したがって州は，その裁判所における民事陪審審理の権利に関して，独自の制度を自由に発展させてきたことに留意すべきである。4州（コロラド，ユタ，ルイジアナ，ワイオミング）を除く全州が，連邦と類似した憲法条項をもっており，残る4州では，州の法律による陪審審理の権利が存在する。さらに，エクィティに陪審審理を設けている別の4州（ジョージア，ノースカロライナ，テネシー，テキサス）を例外として，全州が，その憲法や法律の条項を連邦裁判所と同じように解釈しているようである。つまり，陪審審理について規律する憲法条項が採択された時点において，ある訴訟において陪審審理を受ける権利が存在していたかどうかにもとづいて，その権利の有無を確定する。したがって，以下の議論では，連邦裁判所における民事陪審審理の権利を探究する。それが研究のための最良のモデルを提供してくれるからである。

§5－5　非法律上の訴訟における憲法上の陪審

合衆国憲法修正第7条（Seventh Amendment）は，訴額が20ドルを超える「コモンローの訴訟において」（in suits at common law）陪審審理を受ける権利があると定めている。したがって，修正第7条が適切に援用されているかどうかを確定するためのテストは，歴史を検討して，その訴訟がエクィティ裁判所ではなく，コモンローで提起しえた訴訟であるかどうかを検討することを求める。この検討は，この上なく複雑になる可能性がある。エクィティとコモンロー（law）という別個の裁判所は，もはや存在せず，今や連邦裁判所は，すべての請求について審理する権能を与えられているからである。さらに，訴訟手続の現代的規則の下で，請求の併合と当事者の併合が利用できるために，コモンローでは未知の状況が生じている。

合衆国最高裁は，どのように修正第7条の保障を現代のケースに適用するかについて，基本的に次のアプローチを発展させてきた。陪審審理を受ける権利は，陪審審理が要求されている争点（issue）の性質に依存する。争点の基礎にある性質がコモンロー（legal）であれば，それに伴う手続のタイプ（すなわち，クラス・アクションまたは株主派生訴訟，あるいは競合権利者確定手続）が，歴史的にエクィティのみで利用可能であったことは問題にならない。その争点について，陪審審理を要する（Ross v. Bernhard（S. Ct. 1970））。さらに，コモンローの争点が，原告の請求を通じて導入されたか，あるいは被告の答弁によって導入されたかは問題でなく，その争点には陪審審理を要する。コモンローとエクィティの両方の請求に共通する事実の争点があるケースでは，最初に陪審がその争点を審理しなければならず，それより先に裁判官がエクィティの請求について裁定できない（Beacon Theatres, Inc. v. Westover（S. Ct. 1959））。

訴訟全体ではなく争点に焦点をあてること，およびエクィティの請求について決定する前に，共通する事実の争点のいずれについても陪審審理が許されると命じることは，歴史からの明確な離別を示している。伝統的に，エクィティのクリーンアップ原理（clean-up doctrine）の下では，最初にエクィティに然るべく係属したケースでは，裁判官は，それに付随するコモンローの争点のいずれについても確定することになっていた。合衆国最高裁は，クリーンアップ原理を特定的に拒絶し，陪審審理に対する明確な選好（preference）を公然と示した。すべての州が，自身の条項を解釈するさい，このアプローチに従ってきたわけではない。厳格な歴史テストから離れようとするこの動きの基礎にあるのは，次のような最高裁の信念である。すなわち，充分なコモンローの救済手段がない場合のみ，エクィティが発展的に適用されたのであるから，新しいコモンローの救済手段が利用できるようになれば，必然的にエクィティの範囲が狭まるという信念である。現行の基準の下では，ある訴訟が修正第７条の適用上「コモンローの訴訟」と見なされるかどうかは，歴史のみによって明らかにならない。そうではなく，裁判所が確定しなければならないことは，コモンローの救済手段と手続が利用できる範囲に変更があったために，エクィティに頼ることが不必要になり，したがって伴っている請求や争点が，今や然るべくコモンローと性格づけられて，陪審審理に対する憲法上の保障の範囲内にあるかどうかである。

まさにこの柔軟なアプローチが，ある争点のコモンローの性質を確定する現行の基準の中に見られる。ある争点の歴史的処遇は，依然として重要である。例えば，詐欺は相変わらずエクィティ上のものとされ，陪審審理の権利は伴わない。さらに，求められている救済手段が，陪審を要するかどうかを決定する助けとなる。したがって，差止め命令による救済は，伝統的にエクィティ上の救済であり，この救済のみを求める訴訟には陪審を要しない。しかし，救済の形態が常に結果を確定するわけではなく，ここでもまた新しい適用可能なコモンローの救済手段が存在すれば，請求がコモンローとして扱われる。例えば，昔はエクィティとされていた計算（accounting）を求める請求は，陪審審理の目的上コモンローと見なされた。陪審を助けるために補助裁判官（master）が利用できるために，それらの請求をエクィティの裁判官の審理に委ねる伝統的理由が取り除かれたからである（Dairy Queen, Inc. v. Wood（S. Ct. 1962））。

また合衆国最高裁は，１つの判決の脚注において，陪審審理が使われるべきであるかどうかを決定するさいの然るべき考慮事項は，「陪審の実際の能力と限界」（practical abilities and limitations of juries）であることを示唆した（Ross v. Bernhard（S. Ct. 1970））。陪審の限界が言及されていることから，この要因が，事例によっては，陪審審理の権利を狭める役割をするであろうことが伺われるけれども，最高裁は，今日までそれをどのように利用しうるかを説明していない。したがって，修正第７条に複雑さの例外（complexity exception）がありうると主張されてきた——裁判所は，特定の訴訟があまりに複雑であり，陪審がその争点について実際上決定しえないと認定した場合，この要因を使って陪審審理を受ける憲法上の権利がないと判断できる。最高裁は，この問題についてまだ裁定しておらず，それについて下級裁判所の意見は分かれている。

§５－６　法律上の訴訟における憲法上の陪審

ほとんどのケースにおいて，ある訴訟が法律（制定法）上のもの（statutory）であるという事実があっても，修正第７条が適用されるかどうかは確定されない。合衆国議会が陪審審理を特定的に設けていれば，憲法上の問題にまで至らない。法律による陪審審理の権利が不在である場合，陪審審理を受ける権利は，法律の下で請求を提示するさいに伴う争点が，その性質上コモンローであるかエクィティであるかにかかっている。責任に関する法律の大多数は，既存のコモンローの権利を法典化したものにすぎず，法律上の訴訟のほとんどは，非法律上の訴訟と同じ陪審審理に関する分析上の問題を伴う（前述§５－５参照）。

しかし，法律にもとづく訴訟に固有の重要な争点が現実に生じる。すなわち，歴史的には，ある争点がコモンローの訴訟において陪審審理を受けたはずであったとしても，その事柄はエクィティであり，修正第７条の範囲外にあると合衆国議会が実効的に宣言できるか，という問題である。一般的に，関連する法律が，一般的な地方裁判所の訴訟ではなく行政委員会（administrative board）または専門裁判所（specialized court）における法律上の手続を定めており，非陪審の扱いの必要を裏づける証拠がある場合，その立法は憲法上の攻撃に抗する。Atlas Roofing Co. v. Occupational Safety & Health Review Comm'n（S. Ct. 1977）（行政審判所：administrative tribunal）; Katchen v. Landy（S. Ct. 1966）（破産裁判所）; NLRB v. Jones & Laughlin Steel Corp（S. Ct. 1937）（行政審判所），参照。法律が一般的な連邦地方裁判所の事実審理を規定している場合，答えはそれほど明白でない。

合衆国最高裁が判決した２つのケースにおいて，訴訟がもとづいている法律に示された議会の意図と陪審審理が一貫しないという議論が提起された。最高裁は，陪審審理を受ける憲法上の権利を支持し，次のことを指摘した。すなわち，その訴訟にはコモンローとの類似点があること，および非陪審審理を求める唯一の議論，つまり陪審が正義を行う機能を果たさず，立法の基礎にある政策と一貫しないという主張には裏づけがないことである（Curtis v. Loether（S. Ct. 1974）〈陪審の偏見によって，住宅差別を規制する市民的権利に関する法律（civil rights act）の強制が損なわれるという主張〉; Pernell v. Southall Realty（S. Ct. 1974）〈賃貸人と賃借人の領域において，迅速な救済手段を提供しようとする議会の意図と，陪審審理の使用が一貫しないという主張〉参照）。これら両方のケースで，陪審審理に反対する議論は，立法者の黙示の意図に依拠した。対照的に，Tull v. United

States（S. Ct. 1987）において，最高裁は，次のように判示した。すなわち，合衆国議会は，ある法律の違反に対して民事罰（civil penalty）を科すと定めることができ，民事罰が科せられるべきであるかどうかは陪審が確定する必要があるけれども，民事罰の額は裁判官が設定できるとするのが議会の意図と調和する。法律上の訴訟原因を創設して，それを陪審審理が利用できない裁判所で強制する意図を議会が明白に表明している場合，その訴訟が修正第７条の範囲外であるとするために，その意図で充分であるかという問題について，最高裁はまだ裁定していない。もちろん，憲法によって陪審審理が推定されることは明白であり，立法部がその推定を克服しようとする場合，立法部に重い証明責任が常に課せられ，立法部による非陪審審理の選好を裏づける実質的で明示的な理由を要する。

§５－７　要求要件

２，３の州裁判所では，非陪審審理が要請されないかぎり，陪審審理が使われる。ほとんどの州と連邦システムでは，その逆が実情である。法律で定められた期間内に陪審審理が要求されないかぎり，陪審による審理を受ける権利が放棄される。裁判所は，時宜を失した要求を認容する裁量をもっているけれども，この裁量は稀にしか行使されず，ほとんどの事例で放棄からの救済はない。

要求の要件は，憲法上の異議に抗してきた。この要件は，当事者に甚だしい負担をかけるとは見なされず，したがって，陪審審理を受ける憲法上の権利に与える波及効果は最小である。この最小の影響は，正当化されると見なされている。審理予定（docket）に対して，裁判所が何らかのコントロールを行使できる必要があると一般に認められているからである。訴訟が陪審を要するかどうかを早期に確定できると，裁判所は，それに応じてケースの予定を立て，それによって係属ケース数（caseload）を管理することができる。したがって，時宜にあった要請を不注意に怠らないために，訴訟が起された裁判所の特定の要求要件をチェックすることが重要である。

3　陪審をコントロールする手段

§５－８　概説

陪審が適切な役割を果たすことを確保することをめざした様々な方法や手続がある。例えば，証拠規則は，陪審が事実を確定するさい，法的な関与性があり一般に信頼できる証拠のみを考慮するように制約を課している。裁判官は，出された証拠や証言に対する異議を認めることで，関与性がなく偏見を抱かせる可能性のある事項を考慮しないよう陪審を保護する（前述§５－２参照）。同様に，陪審に対する裁判官の説示（instruction）は，陪審が究明すべき適切な範囲を説明，画定し，争点となっている事実について誰に説得責任（burden of persuasion）があるかを指図する。もちろん，このコントロールの有効性は，陪審が裁判官の説示（charge）に従うかどうかに全面的に依存する。しかし弁護士は，評決が宣言された後に，各陪審員が評決に同意し理解していることを確かめるために，陪審員１人１人の意見を聞くように裁判官に求めることができる。別の方法として，裁判官は，なされるべき評決のタイプを選択する権能をもっており，この権能が規律法を無視する陪審員の能力を制限しうる（後述§５－10参照）。以下の節では，陪審コントロールの手段のいくつかを説明する。

§５－９　選任手続

実際の陪審選任プロセスは，裁判所によって様々であるが，２，３の概括的所見が可能である。そのプロセスは，裁判所書記官がコミュニティの構成員に送付する告知によって始まり，この告知によって彼らは出頭を求められ，「召集団」（array）と呼ばれる陪審の母集団（jury pool）に入れられる。一部の潜在的陪審員（potential juror）は，法律で定められた例外に該当する場合，排除される。陪審任務の免除（excuse）は，職業上のカテゴリー（例えば，消防士，医師など），健康上の理由，または無能力（incompetence）（例えば，英語を話せないなど）に限定されているのが通常である。また陪審員は，任務につかなければならないとすれば，過度の苦難（undue hardship）となることを示すことができれば，免除される。陪審選任に関する連邦の法律の下では，陪審の母集団を創り出すために使われる手続は，コミュニティの住民構成の幅広い代表（broad cross-section of the community）がえられるように設計されている。州の陪審システムでは，この住民構成の代表というコンセプトを育むプロセスを発展させることを要求されていないが，このコンセプトは，ほとんどのシステムにとって当然のものになっている。しかし，州は，陪審の選任方法を設計するにあたり，修正第14条による制約を受ける。その意味は，どの特定のグループも系統的に排除されてはならないということと，訴訟当事者は，選任プロセスにおいて根本的な公正さ（fundamental fairness）と一貫する手続を与えられなければならないということである。

召集団の個々の陪審員は，裁判所によって審査された後，特定のケースの審理にあたるために選任される（**陪審団**：***panel***）。この選別手続は，ボア・ディール（voir dire）と呼ばれている。一部の裁判所では，裁判官が陪審員にすべての質問をする。弁護士は，答えて欲しい質問を事前に提出する。他の裁判所では，弁護士自身がボア・ディールを行う。いずれのアプローチの目的も，どの人であれ陪審員になる見込みのある人（prospective juror）が，提示された事実にもとづいて独自の判断に達しえないほどの予断や偏見をケースについて抱きそうであるかどうかを確定することである。もしそうであるなら，弁護士は，**理由付き忌避**（*challenge for cause*）を行うことができる。裁判官がそれに同意すれば，その人は不適格とされる。裁判官がその陪審員が留まることを許した場合，終局判決からの上訴において同じ異議を申立てることができ，事実審裁判所の決定が裁量の濫用にあたる場合，評決は破棄される。また弁護士は，一定の数の**専断的忌避**（*peremptory challenge*）を認められ，理由を述べずに陪審員になる可能性のある人を拒絶できる。この手段によって，弁護士は，依頼人あるいは提示される証拠のタイプにもっとも共感しそうな人々を選任しようと努めることができる。弁護士は，理由付き忌避に値するに足りる偏見は示していないが，依頼人やケースに不利な偏見をもつであろうと思う人を拒絶できる。弁護士は，忌避を慎重に使うことによって，それぞれの陪審の性格を形作る。専断的忌避の使用に対する唯一の制限は，人種にもとづいて陪審員を排除するために使うことができないということである。そうすることは，排除される陪審員の憲法上の権利を侵害するからである（Edmonson v. Leesville Concrete Co.（S. Ct. 1991））。

§5－10　評決のタイプ

使用しうる評決には，3つのタイプがある。使用される評決のタイプは，陪審が事実の争点を解決するという割り当てられた機能のみを果たすことを確保する手助けになりうる。

一般評決（*general verdict*）が要請されることがもっとも多い。裁判官は，法について陪審に説示し，陪審は，認定したとおりの事実にその法を当てはめ，どちらの当事者の勝訴であるかということと，救済がなされる場合には，その救済が与えられるべきことのみを法廷に報告する。明らかに，一般評決は，陪審をコントロールするところがほとんどない。評決が何にもとづいているかを確定する術がないからである。さらに上訴のさいには，評決を審査する裁判所は，陪審に提示された選択的（alternative）請求，理論，抗弁のいずれかに伴って生じた誤りがある場合のみ，破棄しなければならない。陪審の決定が，不適切な証拠に裏づけられた認定に依拠していたのか，またはその他の根拠に依拠していたのかを確認できないからである。

特別評決（*special verdict*）は，スペクトルの対極にある。裁判所は，特定の事実を認定することを陪審に要請し，裁判官が，それらの事実に法を適用して，それに従って判決を行う。特別評決は，事実審理のプロセスをより科学的にし，陪審が偏見にもとづいて行動する，あるいは法を無視することを阻止することをめざしている。このようにすれば，上訴での破棄の数は減少するはずである。しかし，この手段は，批判されてきた。それが，陪審の評議プロセスをずっと困難にし遅くするからである。加えて，陪審に対して，このようなきついコントロールを行使することは，コミュニティの慣習が特定の法と異なる場合でさえ，ケースの中にコミュニティの基準を活かすという陪審の歴史的権能と矛盾するとして，異議が申立てられている。これらの反対にもかかわらず，どの当事者も特別評決を使うことを裁判所に要請できるし，また裁判所は，そうすることを職権で決定できる。特別評決を利用するかどうかは，全面的に事実審裁判官の裁量の範囲内にある。

特別評決と一般評決を折衷したものとして，裁判所は，「質問付き一般評決」（general verdict with interrogatories）を使用できる。裁判官は，陪審に法について説示し，上述したとおりに一般評決を要請する。しかし，これに加えて，なされた評決が認定された事実と一貫するかどうかを裁判官が確定できるように，照合のためにある種の特定的な質問が提出される。裁判官は，なされる認定（award）のサイズやタイプに関して，陪審の裁量がなくなるほど数多くの詳細な質問を含めることによって，陪審を制約しようとすることはないと想定されている。そうではなく，概して質問は，責任の確定が事実と一貫すること――法が適切に適用されたことを確かめることをめざしている。

陪審に付すべき質問を明白で曖昧なところのないように起草することが難しいことに加えて，特別評決または質問付き一般評決の使用は，陪審がなされた要請や質問に明瞭に応答しなかったり，できなかったりする場合，いくつかの問題を裁判所に提示する。そうすることが可能である時は，どんな明白な矛盾も調和させようと努める義務が裁判官にはあるが，一般に陪審の認定は，裁判所がそれにもとづいて判決できるよう曖昧であってはならない。質問付き一般評決の場合，質問に対する回答が評決を裏づけない場合，特定的な規則によって裁判官の選択肢の輪郭が決められるのが通常である。回答が相互に一貫しているが，まったく評決と両立しえない場合，裁判官は，さらに熟慮させるために陪審にケースを戻すか，特定の回答と一貫する判決を行うか，ケースを再審理に付すことが認められている。回答のいくつかが相互に一貫せず，同時に評決に反すれば，裁判官の選択肢は，ケースを陪審に戻すか，再審理を命じることである（連邦規則第49

条 (b) 参照)。どの選択肢を使うかは裁判所の裁量の範囲内にあり，概してそれは，陪審が非常に混乱しているので，それ以上評議しても単に陪審の誤りを覆い隠すだけであると裁判所が見るかどうかにかかっている。

§ 5－11 評決の弾劾

評決が表面上適切であるように見える時でも，陪審が適切に機能せず，判決を破棄すべきことを示唆する様々な事情が生じていたかもしれない。例えば，事実審理で導入されておらず，したがって，どちらの当事者も検証していない証拠を陪審員が考慮したかもしれない。彼らは，独自に事故現場を訪れたかもしれないし，陪審員の１人が，問題となっている事項について他の陪審員に「証言した」かもしれない。ある陪審員が，ボア・ディールの時に当事者ないし弁護士の１人と自分との関係を明らかにしなかったかもしれない。陪審は，責任と損害賠償について全員一致による評決に達せず，その代わりに，単に各構成員が公正であると感じる判決額を書き留め，それからその合計金額を陪審構成員の数で割った平均額評決 (quotient verdict) を用いたかもしれない。これらの事情やその他数多くの事情のいずれにおいても，まったく偏りがなく適切に機能する陪審，つまり裁判所がコントロールする証拠のみを考慮して，その証拠のみにもとづいて全員一致の決定に達する陪審，に対する権利を，当事者は奪われたことになる。

上述の状況のいずれにも存在する問題は，陪審員に非行 (misconduct) があって敗訴当事者の利益を損ねた可能性があることを証明し，それによって評決を弾劾 (impeach) するために，どのような証拠を導入できるかという問題である。陪審評議の神聖と完全なプライバシーは，公正な事実審理を確保する最良の手段と見られてきた。それは，陪審員が自由な気持で議論し，自らの良心に従って投票することを奨励する。何が起ってもそれが公に明らかにされないことを陪審員は知っているからである。したがって，評議プロセスの調査を要する，陪審員の非行に関するいかなる証拠も，その妥当性が疑われる。さらに各構成員は，特定の個人的感情や性向を必然的に事実審理に持ち込むから，完全に偏りのない陪審を確保する方法はないと主張される。せいぜい陪審プロセスが獲得しようとしているのは，様々な偏見が打ち消し合うような，コミュニティの住民構成の代表にすぎない。最後に，陪審が適切に行動しなかったことを理由として評決を破棄することにかかるコストは，より妥当な結果に達するという保証のないままにケース全体の再審理を要求することである。

もっとも広く遵守されている歴史的規則として，マンスフィールド規則（Mansfield rule）がある。上の議論を考え合わせると，この規則が，評議の間に何が起ったかに関する陪審員の宣誓供述書は，評決を弾劾するために使えないとしてきたことは，驚くに値しない。しかし，評議以前の非行に関する陪審員の宣誓供述書にもとづいて，評決を弾劾することはできる。１人の陪審員が，当事者の１人と以前に関係があったことについて，ボア・ディールの時に嘘をついた場合などである。その他の陪審外の源泉からえた証拠にもとづいても評決を弾劾できる。例えば，陪審が事故現場を訪れていたのを目撃した人は，陪審が事実審理で彼らに提示されなかった証拠を信頼したという主張を裏づけるために，その旨証言できる。

今日ほとんどの管轄において，マンスフィールド規則の厳格さを緩和する試みがなされてきている。それらの管轄では，ある陪審員のあからさまな行為が不利益を生じさせた可能性のある場合，その行為に関する他の陪審構成員の証言にもとづいて評決に異議を申立てることが許される。しかし，弾劾の証拠は，個々の陪審員の心的状態や感情にもとづくことはできない。このアプローチの下で評決を弾劾できるのは，陪審員による次の趣旨の宣誓供述書にもとづく場合である。すなわち，構成員の１人が，自分の家族に緊急事態があると陪審に告げ，自分が帰宅できるように迅速に決定に達して議論を終了させることを陪審に促したという宣誓供述書である。陪審員の１人が家族の緊急事態の知らせを受けて，評決に達するさいに，大きなストレスを感じながら慌てて行動したと述べている宣誓供述書は，許容されない。それは，その陪審員の動機と心的状態について証言することを試みているからである。マンスフィールド規則では，どちらの宣誓供述書も許されない。

連邦裁判所は，この問題に関して妥協的立場を採用した。連邦証拠規則（Federal Rule of Evidence）第606条は，偏見をもたらす外部証拠が陪審室に持ち込まれたこと，あるいは，いずれかの陪審員に外部からの影響が不適切に加えられたことを示すためのみに，陪審員の証言を導入することを許容している。このようにして，連邦の方式は，何が「行為」（act）を構成するかを確定する問題を回避し，どんな情報でも評決を汚染しうることを認識している。しかし，この条項もまた，情報が陪審員にもたらした効果に関する証言の使用を排除している。偏見の蓋然性は，裁判所によって客観的に確定されなければならない。

C　事実審理と事実審理後の申立

§5－12　指図評決

指図評決（directed verdict）の申立は（連邦システムでは，「法律問題としての判決の申立」（motion for judgment as a matter of law）と呼ばれるが），相手方の立証の終了時に，いずれの当事者も行うことができる。この申立の背後にある理論は，陪審に付すべき証拠が不充分であること，あるいは，証拠が非常に優勢（compelling）であり結果が１つに決まっているから，事実審理の時間を節約するために裁判所は申立人勝訴の判決をすべきである，ということである。指図評決の申立が認められた場合の効果は，ケースを陪審から取り去ることであるけれども，合衆国最高裁は，類似の手続，すなわち証拠に対する妨訴抗弁（demurrer to the evidence）が，コモンローに存在したという理由で，指図評決の申立が憲法による陪審審理の保障に違反しないと裁定した（Galloway v. United States（S. Ct. 1943））。

事実審裁判所での指図評決の申立をめぐる争点は，事実の争点を提起するに足りる証拠があるかどうかということである。この問に答えるために，裁判所は，非申立人にもっとも有利な見方で証拠を解釈する。２，３の管轄では，これは，裁判官が申立当事者の証拠を考慮しないということを意味する。しかし，この解釈規則では，指図評決を受けることがほとんど不可能になる。したがってより一般的であるのは，裁判所がすべての証拠を審査して，信憑性の問題のいずれについても非申立人に有利に決定することである。

指図評決を認める基準について，２つの異なる定式がある。僅少テスト（scintilla test）と実質証拠テスト（substantial evidence test）である。僅少テストでは，ひょっとしたら陪審がそれにもとづいて非申立人勝訴の評決を行うかもしれない証拠が僅かでもあれば，あるいはそのような証拠が１つでも（*any*）あれば，裁判所は，申立を拒否してケースを陪審に付託する。実質証拠テストでは，陪審が非申立人勝訴の決定を行うかもしれないことを示唆する充分な，ないしは実質的な証拠がある場合を除いて，裁判所は申立を認める。これら２つのテストの差異は，陪審審理の重要性と裁判官が陪審に対して適切に行使しうるコントロールの程度に関して，裁判所が示す異なる態度を反映している。現代の潮流は，実質証拠テストを使用する方向に向いている。

僅少テストと実質証拠テストのいずれを適用するのにも，次に関する複雑な分析が伴う。すなわち，特定の請求や抗弁を証明するためにどのような証拠が必要であるか，証拠のギャップを埋めるのに許される推論は何か，提示された争点について誰が証明責任を負うか，および，一部のケースでは，何人かの証人の信憑性に疑義があるために申立を拒否することを要するか，それとも導入された他の証拠の背景に照らしてその疑義を評価してもよいか，である。これらの変数に関する議論は，J.Friedenthal, M.Kane & Miller, *Civil Procedure*, § 12.3（2d. ed. 1993）でなされている。

§ 5 －13　評決と異なる判決

評決と異なる判決（judgment notwithstanding the verdict: JNOV）の申立と指図評決の申立の主要な違いは，タイミングである。実際，1991年以来連邦システムでは，両方の申立は，その共通の正体を強調するために同じ名前で，つまり「法律問題としての判決の申立」と呼ばれてきた。JNOV

の申立は，評決がなされた後（通常，評決後10日以内）に事実審裁判官になされ，陪審が行ったとおりの認定をするには証拠が不充分であったという根拠で，評決と反対の判決を求める。主としてJNOVの申立が使われるのは，何らかの法に関する争点が優先されるべきであり，その争点が陪審の評決が誤っていることを示している時である。裁判所が，JNOVの申立について決定するさいに証拠を衡量しないのは，指図評決の申立の場合にそうしないのと同じである。裁判所は，証拠を衡量するのではなく，ケースを規律する法に照らして，陪審の評決を裏づける証拠が１つでもなかったかを考慮する。

JNOVの申立は，いくつかの重要な機能を果たす。最初に，JNOVが利用できるために，裁判官は，指図評決の申立に余裕をもって対処することができる。早い方の申立（指図評決の申立）の時には，裁判官は，証拠が判決を正当化するに足るかどうかを決定する用意ができていないことがある。その場合，裁判官は，ケースを陪審に付託することができ，多くのケースで，その評決は指図評決の申立にもとづいてなされたはずの評決と同じになる。裁判官の気持の傾きと陪審の意向が一致する場合，指図評決をめぐる悶着（と上訴）は生じえない。それらが一致しない場合でも，裁判所は，まだJNOVによってその意思を通すことができる。また上訴にさいして，いっそうの時間の節約が生じる。JNOVが破棄された場合，陪審の評決が判決となる。指図評決が破棄された場合，ケースを陪審に付すことができるように再審理が必要である。しかし，JNOVにおいて最終的に節約される事実審理の時間は，指図評決よりもJNOVの裁定から多くの上訴がなされるという事実によって相殺されるかもしれない。指図評決の文脈では，裁判官と陪審の相違は推測的なものにすぎないからである。

連邦裁判所では，法律問題としての判決の申立を陪審の評決がなされた後に行うことができるのは，立証が終了してケースが陪審に付託される前になされた同じ申立の更新（renewal）である場合に限られる（連邦規則第50条 (b) 参照）。これは，評決後の申立に類似するものがコモンローの歴史にないからである。この申立は，それが指図評決の申立が遅れてなされたものであり，指図評決はコモンローの訴訟において認められていたということを唯一の根拠として，連邦憲法の陪審審理の権利を侵害するという異議に抗してきた（前述§５－12参照）。州は修正第７条に拘束されないから，これら２つの申立に対して異なる取扱いを自由にできる。いくつかの州は，指図評決の申立が前置されていない場合でも，JNOV の申立を行うことを許容している。

§５－14　再審理

概して司法システムは，最初の手続に不満な当事者が再審理（new trial）を要請できる何らかの手段を設けている。このように事実審裁判官は，最初の事実審理の間に生じたどんな誤りも訂正する機会が与えられている。一部の規則では，陪審の非行，新たに発見された重要な証拠，法の誤りなどのような特定の根拠が列記され，再審理を受ける権利が自動的に認められる（例えば，Minn. Rules of Proc. 59.01 参照）。他の規則では，事実審裁判所により多くの裁量が許容されており，「これまで認められてきた」（heretofore recognized）根拠にもとづいて再審理の申立を認める権能が与えられている（例えば，連邦規則第59条 (a) 参照）。いずれの場合においても，評決を斥けて（set aside）再審理を命じるために裁判官に認められた裁量は，JNOV の申立の場合よりもずっと大きい。要するに，裁判官は，事実審理における法の誤りが申立人の利益を損ねたかもしれない場合，そのいずれの誤りも考慮することができる。裁判所は，次のことを計算に入れてもよい。すなわち，証拠に関する裁定や陪審への説示における不利益な誤り，陪審または弁護士の非行に関する証拠，新たに発見された証拠，あるいは評決が証拠の重みに反するという事実，である。証拠が法的に不充分である程度が，指図評決や JNOV の申立を裏づけるために要求される程度までに至っていない場合でさえ，この最後の根拠は，再審理による救済に値する。

とりわけ再審理の根拠が証拠の充分さに関係する場合，再審理と JNOV の裁定のコントラストが曖昧に見える時がある。しかし，その相違は実在する。通常人（reasonable people）も陪審が認定したとおりJNOVを排除すると認定するような証拠であっても，それでも評決が証拠の重みに反しており，再審理に値することがある。JNOVを認める命令から結果的に生じる波及効果も，再審理を認める命令とはっきりと異なる。JNOVの犠牲者は，自分に有利な陪審評決の恩恵を拒まれる。再審理命令の犠牲者は，事実審理はもうたくさんであると不平を述べるが，少なすぎるとは言わない。

再審理を申立てる人に課せられた唯一の現実的な制約は，時間である。一般的に再審理の申立は，厳格で短い期限条項（例えば，判決が登録されるか，評決がなされた後10日間）によって規律されている。法律で定められた期間内に申立をしないことは，致命的である。

再審理の申立に対する事実審裁判官の決定が，結果を左右することがもっとも多い。ほとんどの司法システムにおいて，再審理を認める命令から即座に上訴することはできない。再審理の命令は，中間的（interlocutory）であるからである。このため再審理の命令に対する上訴審査は，２回目の事実審理とその評決の後まで延期され，それによって破棄の蓋然性が実質的に低下する。２回目の手続が不利益な誤りを欠く場合，単に２回目の事実審理は必要なかったという理由によって，そこでなされた判決を無視することは通例正当化できない。２つの合理的な陪審のうちどちらの方がより合理的であるかを確定するのは困難である。

再審理を拒否した裁定から上訴がなされれば，上訴裁判所がその裁定を破棄するのは，裁量の濫用を認定した場合のみである。これが証拠の充分さの根拠にもとづいて行われることはめったにない。証拠が陪審評決を裏づけるに充分であると確定するにあたり，事実審裁判所に裁量の濫用があったと上訴裁判所が認定するのは，再審理の申立の認容または拒否を裏づける理由に関して，事実審裁判官が法律問題上の誤りをおかした場合に限られるのが通例である。一般的に，事実審裁判所に対して上訴裁判所が示す尊重の念は，次の事実に由来する。すなわち，事実審裁判官は，当初の手続に居合わせていたのであるから，そこで達した評決を疑わせる何らかの理由が存在するかどうかを評価する最良の立場にあると見込まれる，という事実である。しかし，２，３の裁判所は，証拠の重みが評決に反したという根拠で再審理が認められる場合，事実審裁判官の行動に対するより広範な審査が適切であると示唆してきた。それらのケースは，事実審裁判官にあまりに多くの裁量を許容すれば，結果として陪審の決定形成権限を不適切に侵害することになりかねないという懸念を反映している。

§５－15　部分的再審理と条件付き再審理

完全な再審理にかかる費用を避けるために，裁判官は，誤りに汚染されている争点のみについて再審理を命じると決定できる。部分的再審理（partial new trial）は，結果として相当な節約になるけれども，またそれはいくつかの潜在的な問題を提示する。裁判所は，再審理されない争点が再提出される争点から真に分離できることを確かめなければならない。そうでなければ，２回目の判決は，１回目の事実審理中の誤りによって汚染されたままになる。実際，一般的に裁判所は，責任についてのみ部分的再審理を命じるべきではない。陪審員が認定する損害賠償の額に陪審員の責任に対する態度が反映されていることがしばしばであり，それらの争点は，非常に絡み合っているので，責任に向けられた証拠に関して何らかの誤りがあった場合，新たな陪審は，そのケースの両方の側面を考察すべきである。したがって，部分的再審理は，責任についてではなく損害賠償の額について命じられることがもっとも一般的である。少数の裁判所は，部分的再審理には常に欠陥があると主張してきた。適切に説示され事情の分かった（informed）陪審による審理を受ける権限が当事者にはあり，利益を損ねる欠陥が１つでも発見されれば，１回目の事実審理全体が修復不能なほど汚染されている，というのがその理由である。

再審理を命じるためのもう１つの選択肢は，条件付きでその命令を認めることである。概してこれは，陪審の認定した損害賠償が法律問題として過大あるいは不充分であるとして，１回目の手続に異議が申立てられる場合に生じる。裁判所がその主張に同意すれば，次の裁定によって，再審理のコストを避けようと努めることができる。すなわち，評決額から特定の金額を減額または増額することに相手方当事者が同意しなければ，再審理の申立を認めるという裁定である。条件付き再審理命令に反対する強力な議論がなされてきた。その議論の根拠は，損害賠償の問題について陪審の決定を受ける当事者の権利を侵害して，裁判官の判断が陪審の判断に事実上取って代わっているということである。大体において，これらの議論は，不首尾に終わってきた。損害賠償の減額（リミティター：remittitur）を行う権能は，ほぼすべての司法システムで認められており，憲法による攻撃にも耐えてきた。損害賠償の増額（アディター：additur）を行う権能は，修正第7条に違反すると判示されてきたために，連邦裁判所には存在しない。しかし，アディターは，一部の州裁判所で許容されている。連邦システムにおいて，リミティターとアディターに異なる処遇が与えられていることは，政策に依拠しているのではなく，リミティターはコモンローに存在したから，したがって修正第7条の範囲内に入るという事実に依拠している。アディターは，より現代的な手段である。それは現実に陪審の決定に波及効果をもつから，憲法上許されない。この区別が引きつづき有効であるかどうかについて，今日多くの人々が疑問をもっている。

リミティターによって減額される金額やアディターによって増額される金額を規律する特定的な規則はない。それぞれの州がそれぞれの口頭による(verbal)基準に従っている。しかし，3つの基本的な定式が特定できる。裁判官は，陪審が認定しえたはずの法的に充分な最低額，または許されたであろう最高額まで賠償額を減額または増額できる。あるいは裁判官は，これらの両極の間で証拠によって正当化されると思う金額にその数字を設定できる。いったん裁判官が，これらの基準の1つを適用して数字を設定すれば，相手方当事者が決定することは，単純にその数字を受け入れるか，再審理へと進むかである。裁判官の数字が相手方当事者にとって受け入れられるものである場合，もともと再審理を要請した当事者は，その申立が拒否されたことを認める。新たな損害賠償額に不満である場合の唯一の選択肢は，新たな数字でさえ法律問題として不適切であると主張して上訴することである。

§５－16　再審理と評決と異なる判決の申立の併用

一部の司法システムでは，当事者はJNOVと再審理の申立を同時に行える。裁判官は，両方の申立について裁定しなければならない。同時に代替的裁定を要求する背後にある理論は，上訴の時間を節約し，なぜ裁判官が評決を誤りだと思うのかについて上訴裁判所にいっそうの指針を提供するということである。もし申立人が，まずJNOVについて，それから再審理について裁定を求めてそれを受けるという風に，申立が二股に分かれているとすれば，それらの裁定各々から別個の上訴を要することになり，その結果，終局的な決定に達するか実際に再審理が始まるまでに，おそらく２年あるいはそれを超える遅延が生じる。この結果を避けるために，事実審裁判官は，同時に両方の申立について裁定するよう指示されている。

合併裁定（joint ruling）の１つの効果は，上訴可能性に関する通常の規則をいくつか変更することである。別の箇所（後述§７－１参照）で説明するように，ほとんどの司法システムは，終局判決からのみ上訴を認めている。JNOVの認容または拒否は，それだけで終局判決がなされた結果になる。また再審理の申立の拒否も，それによって陪審の評決が判決に組み込まれ，それだけで終局的である。しかし，再審理の申立の認容は中間的であって，事実審理を新たに始めることを要し，したがって通常即座に上訴できない。当事者は，その裁定から上訴するのを２回目の事実審理が終結するまで待たなければならない。実践上の問題として，このことが意味するのは，合併裁定を伴っており，かつ再審理が認められた場合，実効的な上訴審査がないということである。たとえJNOVの拒否が誤りであったとしても，それが２回目の事実審理に不利益な効果をもったことを示すのが困難であるからである。JNOVと再審理の合併申立を規律する規則は，裁判所がJNOVと再審理の申立の両方を認めた場合，その裁定から即座に上訴できると定めることによって，この問題に対処している。再審理の命令は，JNOVが破棄された場合に使われる代替手段にすぎないと見なされる。しかし，最初の申立でJNOVが拒否され再審理が認められた場合，即座の上訴は認められない（連邦規則第50条 (c), (d) 参照）。

第６章　判決およびその効果

A　判決からの救済

§６－１　規律原則

すべての司法システムは，再審理申立の期間または上訴の期間が経過した後に，当事者が判決を斥け再審理を求めることができる何らかの限定された手段を設けている。それらの条項は，終局性の必要と，もとの事実審理で真実が認定されたことを確かめたいという要請を融和させようとする試みである。もっとも一般的には，救済は特定の期間内のみに許容され，その期間は，判決の登録後６ヵ月から１年の間で様々である。これより稀であるが，救済は合理的な期間の要件によってのみ制限されている場合がある。判決後の救済に対する時間制限には，終局性を維持する働きがある。つまり，終局性によって確実性が生み出されるのが，延期されるだけである。これらの厳格な時間的制約に対する唯一の例外は，最初の手続の欠陥が，争訟について審理する裁判所の権能そのものに至っている場合であり，裁判所が事物管轄権や人的管轄権を欠いていたような場合である。

救済が認められるケースのもっとも一般的な例は，欠席判決がなされる場合である。言い分を聞いてもらう実効的な機会（effective opportunity to be heard）というデュープロセスの概念は，対審的なケース提示後の裁判を良しとする。したがって，裁判所は欠席に対する救済の申立を非常に寛大に扱い，次の場合のみ欠席判決からの救済を拒否する。すなわち，訴訟に対する抗弁が被告にまったくないことが明らかな場合，あるいは被告が非常に長期に遅延してきたので，事実審理に臨むことを要求されることで，今度は原告の利益が損なわれることになる場合である。

判決を斥けるためのもっとも一般的な手続は，適切な規則のもとで判決からの救済を求める申立を行うことである。救済を認めるか拒否するかは，完全に事実審裁判所の裁量の範囲内にあるのが典型的である。裁判所は，判決を斥けるために主張されている理由が，適用可能な規則の下で，救済を求める根拠として許されるかどうか（後述§６－２参照）を考察することに加えて，他のエクィティ上の考慮事項も計算に入れるのが通常である。これらに含まれるのは，申立が認められた場合に，判決を信頼して行動してきたであろう相手方当事者に生じる不利益，申立人が申立を行うにさいして然るべき実直さ（due diligence）をもって手続を進めたかどうか，あるいは，判決を再開する公平さに影響するかもしれない他のすべての事項である。裁判所は，判決手続を再開し再審理を命じることが異なる結果を生み出しそうであるかどうかを計算に入れてもよいけれども，最初の判決が誤りであるかどうかは考慮しない。

当事者が救済を求めうるもう１つの方法は，歴史的にエクィティで認められてきた根拠にもとづいて判決を斥ける独立の訴訟を起すことである。加えて，手続規則に列挙されている救済の特定的な基礎にかかわらず，ほとんどのシステムは，「法廷に対する詐欺」（fraud on court）を理由として判決を斥ける申立を行う権利を当事者に認めている。これら両方の方法は，歴史にその根拠があり，規則による制約（通常，時間的拘束）が救済を排除する場合に，付加的な安全弁を提供する。しかし，これらの方法は，それ自身の歴史的制約によって掣肘され，そのために非常にしばしばその有用性が著しく限定される。

§６－２　救済の根拠

連邦規則第60条(b)は，救済を求める根拠について定めているが，その根拠がもっとも広く認知されている。当事者が１年以内に申立を行って次のことを示せば，救済が与えられる。すなわち，判決が錯誤（mistake），不意打ち（surprise），免責可能な懈怠（excusable neglect）によって行われたこと，以前には発見しえなかった何らかの重要な証拠が存在すること，あるいは判決が詐欺によってえられたことである。裁判所は，これらの根拠をあまり広く解釈してこなかった。錯誤または懈怠が主張される場合，甚だしい懈怠を認定できなければ，救済は拒否される。新たに発見された証拠が救済の申立の対象となれるのは，その証拠がもとの手続の間に利用可能であった場合に限られる。例えば，人身侵害の訴訟において，損害賠償の評決がなされた後に開発された新しい治療法は，新たに発見された証拠となる資格がなく，判決手続の再開を正当化しない。この根拠の利用可能性は，さらに制限されている。ほとんどの管轄に存在する緩やかな開示規則（前述§３－21～３－30参照）のために，事実審理の時に存在した証拠をもっと早期に発見しえなかったことを示すことが，この上なく困難になっているからである。いくつかの州のシステムでは，当事者が詐欺にもとづいて申立を行う場合，その詐欺は外因的詐欺（extrinsic fraud）に限られる。これは，事実審理自体が，偽証（perjury）などの内因的詐欺（intrinsic fraud）を除去することをめざしているという理論にもとづいている。このように勝訴者は，判決からの救済の申立によって絶えず悩まされることから守られている。

また当事者は，次の根拠で救済を求めることができる。すなわち，判決が無効である，判決が賠償済である（satisfied），あるいはエクィティの判決（decree）において，事情が変わっている，裁判所が依拠した法が覆されている，という根拠である。これらのケースでは，申立は「合理的な期間内に」（within a reasonable time）なされなければならない。これらの救済の基礎に対して比較的厳格でない時間的制約が適用可能であるが，それは，伴う欠陥の深刻さを反映しており，また一部の事例では，１年以上経過して初めてその根拠を発見することが可能になるという事実を反映している。相手方当事者の利益を不当に損ねるほど申立が時宜を逸しているかどうかを決定するのは，裁判所の裁量の範囲内にある。しかしここでも，列挙された根拠は，かなり特定されており狭く解釈されている。

救済の最後の根拠も合理的な期間の制限のみに服する。それは，どんなものでも含めることのできる条項（catch-all clause），すなわち「救済を正当化する他のすべての理由」である。その文言は全包括的であるけれども，裁判所は，この条項を控えめに適用し，救済手段を要求する「異例な事情」（extraordinary circumstances）に限ってきた。例証すると，この条項の援用が成功したのは，当事者が，却下された後に和解に応じることができなかった場合，収監され，かつ弁護人の選任を拒否されたために，市民権剥奪（denaturalization）命令から1年以内に上訴できなかったか救済を申立てることができなかった場合である。裁判所は，他の時間的制約を迂回するための漠然とした抜け穴として，この条項を使ってきたわけではない。

B　判決の確保と強制

§6－3　判決の強制方法

多くの判決は，それ自体で強制力をもつ。法を宣言する判決や権原を確認する（quieting title）判決がその好例である。他の判決は，お金を支払い，あるいは何らかの行為を完了することを敗訴当事者に要求できる。これらのケースの多くで，勝訴者は，強制方法をまったく使う必要がない。敗訴者が素直に判決金額を支払うか，その他の方法で判決に応じるからである。そうならない場合，判決を強制する方法は，判決が同一管轄（local）のものか，姉妹裁判所のものか，国際的性格のものかによって様々である。

同一管轄の判決の強制は，純粋に事務的な（administrative）事項である。勝訴者は，判決の写しを執行官（sheriff）に提示し，執行官は，判決債権者（judgment creditor）によって指定された財産に対する強制執行令状（writ of execution）を発給する。この令状は，判決債権者への賠償に充当する目的で，財産を支配しているいかなる人や法人に対しても，その財産を執行官に引渡すべきことを命じる。例証すると，執行官は，判決による賠償がなされるまで，敗訴者の賃金を差押える（garnish）令状を発給できる。強制執行令状は，債務者の自動車を対象として発することもできる。その後その自動車は，差押えられて司法売却（judicial sale）にかけられ，売却金

(proceeds) は判決金額の支払いのために使われる。過分の売却金があれば，敗訴者に返却される。判決が差止め命令である場合，勝訴者は，差止め命令に応じないことについて，敗訴者を裁判所侮辱（contempt of court）とする申立を行うことができる。そう判示されれば，侮辱者は，裁判所の裁量に従って罰金を科せられるか，収監されるか，あるいはその両方になる。

州外の判決が絡んでいる場合，強制執行の前に判決を管轄内のものに還元することが必要となる。これには，判決債権者が管轄内の裁判所で判決にもとづく訴訟を起し，債務者に始審令状を送達して応答の機会を提供することを要する。ほぼすべての事例において，上で説明したような強制手続とともに管轄内の判決が行われる。これは，合衆国憲法第4条1節の下で，姉妹州の判決に対して十全な信頼と信用が与えられなければならないからである。それゆえ，ごく限られた数の異議を除いて，強制側の裁判所は，判決の背後に目をやって以前の手続を吟味し直すことはできない。即座の強制執行を許容するのではなく，判決にもとづく訴訟を提起することを債権者に要求する理論的根拠は，主権の概念にもとづいている。各州は，独立した主権主体であり，別の州で判決を強制することによって，その州が自身の居住者に対してもっている権限を直接に侵すことはできない。したがって，この手続は，強制側の州裁判所に訴訟を提起し，引きつづいて強制執行できるように判決の承認を依頼するという形で，その州の主権を尊重する。国際的な判決は，これと同様に扱われ，強制のための訴訟を起さなければならない。しかし，憲法上の十全な信頼と信用の要件は，外国判決には適用できず，裁判所は，礼譲（comity）の問題として，強制を実施すべきかどうかについてずっと大きな裁量を与えられている。

判決にもとづく訴訟を起すプロセスは，面倒な形式的手続であることがしばしばである。したがって，いくつかの州は，管轄外（foreign）判決の保持者に対して，その判決を管轄内の裁判所に提出して，判決債務者にその旨を告知することを認める統一的な立法を採用した。十全な信頼と信用と一貫する根拠にもとづいてのみ債務者が判決取消し（vacate）を申立てることができる短い期間，通例30日間の後，その判決は，管轄内裁判所のいずれの判決とも同じ態様で強制執行できる（Uniform Enforcement of Foreign Judgments Act of 1964, 9A Uniform Laws Ann. 488（1965））。１つの州の連邦判決を別の州の連邦裁判所で強制するプロセスも同様であるが，さらに単純である。特別の法律（28 U. S. C. A. § 1963）で規定されているように，連邦判決は，別の連邦裁判所に写しを提出することによって，そこで登録することができ，その行為によって管轄内の判決として扱われる。

§６－４　判決の確保—憲法上の制限

ケースによっては，原告が次のことを危惧することがある。すなわち，被告が，敗訴した場合のことを考えて，どんな判決であれ，その強制を非常に困難でコストがかかるものにするために，自分の全財産を他の人あるいは管轄外に移転することである。このようなことが起らないように，どんな判決であれ，なされる可能性のある判決を確保するために，原告は，訴訟が提起されると即座に仮差押え（attachment）を命じること，あるいは被告の資産の一部を強制管理（sequester）することを裁判所に要請できる。こうして原告は，どのような判決をえても，万一被告が支払いを拒んだ場合，その判決が容易に強制できることを確保する。

判決を確保するプロセスは，州の法律によって規律され，動産占有取得（replevin）令状，仮差押え令状，債権差押え（garnishment）令状，あるいは強制管理（sequestration）令状などの様々な令状のうちの１つを求めることによって達成される。ほとんどの法律の下で，原告は，保証証書（bond）を供託（post）することを要し，訴訟の根拠がとるに足らない，あるいは仮差押えが単に嫌がらせの手段であると認定された場合，その保証証書は被告に没収される。歴史的には，裁判所の書記官あるいは裁判官が一方的に（ex parte）命令を行い，執行官が財産を差押えた。被告は，差押えが実施される場合のみ告知を受けた。それから被告は出廷して，救済を求めるか，逆保証証書（counterbond）を供託して財産の占有を回復することができた。

今説明したような判決前の仮差押えは，財産の差押えに先立って審理

(hearing) や告知が与えられないから，被告がもつ憲法上のデュープロセスの権利を侵害するとして異議が申立てられ，それが認められた（Sniadach v. Family Finance Corp.（S. Ct. 1969）参照）。合衆国最高裁は，1970年代の一連のケースにおいて，判決前の仮差押えに関する法律のいずれについても，その憲法上の有効性を評価するための比較衡量テスト（balancing test）を展開した（Fuentes v. Shevin（S. Ct. 1972）参照）。このテストは，言い分を聞いてもらう機会を後回しにすることを正当化するような，公ないし政府の利益を計算に入れている——例えば，被告が財産を移転または隠しそうであるという理由で，即座の行動が必要であるという証明に仮差押えが依存する場合である。さらに，そのような命令を発する決定は，単に裁判所の書記官だけでなく司法職員（裁判官：judicial officer）の裁量に委ねられなければならない。最後に，債務者は，ただちに令状を撤回させる機会を与えられなければならず，なぜ仮差押えが正当化されたかを示す責任は原告が負わされる（Mitchell v. W.T. Grant Co.（S. Ct. 1974）参照）。

Connecticut v. Doehr（S. Ct. 1991）において，合衆国最高裁は，このテストにさらに洗練を加えた。この判決で最高裁は，異例な事情を示すことなく，また原告に保証証書を供託することを要求することもなく，不動産（real estate）の判決前仮差押えを許容した法律上の制度を無効にした。最高裁は，デュープロセス上の分析として適切であるのは，差押えによって影響される私人（被告）の利益を，誤った剥奪がなされるリスクと比較衡量することであると示唆した。この衡量は，伴っている手続，保証証書などのような安全措置の利用，および切迫した事情のために迅速に処理する必要性に照らして行われる。したがって，判決前の救済手段を提供する州の能力が著しく制限されたままであることは，依然として明らかである。

この種のケースが提起する未解決で重要な問題の1つは，それらのケースが，準対物管轄権を主張する裁判所の能力にどの程度影響するかという問題である。準対物管轄権は，必然的に判決前の仮差押えに基礎をもつ。管轄権を主張したいという要請は，審理を受ける被告のデュープロセス上の権利を遅延させることを正当化するに足るほどの政府利益であるのか？

合衆国最高裁は，この問題についてまだ裁定しておらず，この問題について考察した下級裁判所は，意見が分かれている。

C　判決の拘束的効果

1　概説

§6－5　用語法

判決の拘束的効果に関する法との関連で完全な語彙が発展してきた。裁判所は，用語を使い間違うことが時々あるけれども，特定のケースで達しうる結果を理解するために，適切な術語を理解することが重要である。

既判力（*res judicata*）ないし**請求遮断**（*claim preclusion*）は，訴訟原因（または請求）の本案（merit）に関する終局的裁判が，同じ訴訟原因について同じ司法システム内で再訴する試みに対してもつ効果を指している。それは，最初の訴訟においてどのような争点が実際に裁判にかけられたかにかかわらず，訴訟原因の再訴を阻止する。既判力が，1番目の訴訟で勝利した人に対して主張されている時，2番目の判決は，1番目の判決に融合されると言われる。**融合**（*merger*）は，2番目の訴訟の前進を阻止する。既判力が，1番目の訴訟で敗れた人に対して主張されている時，2番目の訴訟は1番目の訴訟によって妨碍されると言われる。**妨碍**（*bar*）は，2番目の訴訟の進行を阻止する。既判力が，その時の訴訟とは異なる裁判所――すなわち，1番目の訴訟が州裁判所でなされた場合は，別の州の裁判所または連邦裁判所，逆も同様――においてなされた判決にもとづいて主張されている時，**完全な信頼と信用**（*Full Faith and Credit*）のために，その判決には拘束的効果が与えられる。合衆国憲法第4条1節とその授権立法（28 U. S. C. A. § 1738）は，1番目の判決に対して，その判決がなされたフォーラムで与えられたであろう効果と同じ効果を与えることを2番目の裁判所に要求する。したがって，既判力に関する法は，それが生まれた裁判所で発展したとおりに，2番目の裁判所における判決の拘束的効果を規律する。**副次的禁反言**（争点効：*collateral estoppel*）ないし**争点遮断**（*issue preclusion*）は，1番目の訴訟と2番目の訴訟で別個の訴訟原因が提示される時に援用される。この原理の内容は，ある訴訟において，実際にかつ必要があって裁判にかけられたいかなる争点も，後の訴訟で再訴することができないというものである。

請求遮断と争点遮断を他の3つの原理と区別すべきである。**先例拘束性**（*stare decisis*）は，裁判所が先例（precedent）を固守すべきであるという政策を指している。先例の固守（adherence）は，コモンロー・システムの基礎にある土台である。それは，人々が，何が規律法であるかを承知して行動を計画するのに必要な確実性を提供する。先例拘束性の効果は，現実の確定に対してのみ与えられ，傍論（dicta）には与えられない。さらに裁判所は，事情が変わってしまった，あるいは従前のケースの判決が間違っていると思う場合，先例から離脱する裁量をもっている。**ケースの法**（*law of the case*）の原理の内容は，上訴または誤審令状（writ of error）における上訴裁判所の意見ないし判決が，そのケースがさらなる審理のために差戻された時に事実審裁判所を拘束するというものである。この原理は，最上級審裁判所の終局判決が当事者の権利の終局的確定であるという規則から生じる。**救済手段の選択**（*election of remedies*）は，当事者が選択的な訴答や一貫しない訴答を許されなかった時に発展したコモンロー上の歴史的な原理である。その内容は，いったん当事者が賠償理論のいくつかの選択肢から1つを選べば，自分の救済手段を選択したことになり，敗訴すれば他のどの理論にもとづいても訴えることができないというものであった。一貫しない賠償理論を妨碍するために依然としてこの原理を援用する州が2，3ある。このアプローチの下では，例えば，文書改訂（reformation）を求める場合，文書改訂は契約の存在を前提としているから，契約が存在しないことを想定している準契約（quasi-contract）を求める後の訴訟は排除される。しかし，ほとんどの裁判所は，この原理を放棄した。

§6－6　一般的規律原則

既判力と副次的禁反言は両方とも，何が真実であるかをほぼ完全に無視して機能する。それらが前提としているのは，次の信念である。すなわち，司法システムは絶えざる再訴に耐えられず，さもなくば負担超過になる；判決は，人々がそれを信頼して将来の計画を立てることができるように安定した終局的なものでなければならない；司法システムが嫌がらせの道具として使われるのを阻止しなければならない。したがって，副次的禁反言は，次の仮定にもとづいて同じ争点の再訴を排除する。すなわち，たとえ最初の訴訟においてある争点に関する決定が間違っていたとしても，当事者には，その争点について自らのケースを提示する十全かつ公正な機会が与えられたのであり，システムに対する配慮が優先する。既判力は，この理由づけをもう一歩先に進める。既判力の内容は，いったん当事者がある請求について審理を受けたなら，たとえ最初の訴訟でまったく導入も考慮もされなかったが，結果に実質的な波及効果をもちえたはずの争点がいくつかあるとしても，再訴できないというものである。両方の原理は，訴訟を計画するためにきわめて重要な道具であり，したがって慎重な弁護士は，万一後続の訴訟が望ましいとなった場合に，後の訴訟で排除されないように注意してケースを組み立てなければならない。

既判力と副次的禁反言は，司法の原理であり，したがってその範囲は管轄によって様々である。結果として，特定の判決にどのような拘束的効果が付帯しそうであるかを正確に確定するために，訴訟が起された管轄の手続をチェックすることが必要である。相当なばらつきがある。次に一般的な説明をする。この問題をより包括的に取り扱っているものとして，J.Friedenthal, M.Kane & Miller, *Civil Procedure* Ch. 14（2d. ed. 1993）を参照することを読者にお勧めする。

2　既判力

§６－７　主張の要件

既判力を主張する当事者は，次のことを示さなければならない。すなわち，同じ訴訟原因あるいは同じ請求が両方の訴訟に伴っていること，その請求について有効かつ終局的な判決がなされたこと，および，ほとんどの管轄において，前の判決が本案に関するものであったこと，である。何が単一の請求や訴訟原因を構成するかを定義するさいの問題は，次節で論じる。この節では，その他の要件を簡単に見ることにする。

判決の有効性は，最初の手続に誤りがあったかどうかではなく，最初の裁判所にそのケースについて決定する権限があったかどうかという観点からのみ確定される。適切な事物管轄権（前述§２－１～２－６参照），及び被告に対する適切な人的管轄権（前述§２－９～２－22参照）をもつ裁判所が行った判決のみが，十全な既判力の効果をもつ資格がある。しかし，先に論じたように，判決は副次的攻撃（collateral attack）に服し，管轄権の欠如を理由に請求遮断効果（claim preclusive effect）が与えられないことがある。しかし，これは，最初の手続において，欠陥がまったく提起されなかったり，被告が欠席したりした場合などのような特定の条件下に限られる（前述§２－31参照）。

既判力の目的にとって，終局性は，「裁判所による請求の裁判における全段階の完了で，強制執行に至らないもの」を表す。アメリカ法律協会（American Law Institute），第２次判決リステイトメント（*Restatement Second of Judgments*）第13条（1982年）。したがって，上訴裁判所が判決を取り消して，初めから事実審理をやり直すこと（trial de novo）を命じる場合を除いて，終局性は上訴することによって影響されない。にもかかわらず，裁判所は，判決に拘束力があるという主張がなされている場合，最初の判決に対する上訴が遂行されるまで，審理中の訴訟を一時停止（stay）できる。これは，比較的健全なアプローチである。最終的に無効ないし誤った判決であると認定される可能性のあるものに，拘束的効果が与えられるリスクが避けられるからである。他方，裁判所は，最初の事実審裁判所の判決にもとづき，単純に既判力を適用し訴訟を却下する裁量をもっている。

同じ訴訟原因を伴う判決は，終局的であるが，それでも２番目の訴訟が本案に関するものでない場合，その訴訟を排除しないことがある。例えば，ある訴訟が事物管轄権の欠如にもとづいて却下されても，同一の訴訟を適切な管轄権をもつ裁判所で提起することは妨碍されない。本案に関する判決という要件は，本案に密接に関係する事実審理前却下について，いくつかの問題を生み出してきた。例えば，既判力の目的のために，妨訴抗弁や，救済の請求を陳述していないことを理由とする却下をどのように扱うかについて，裁判所の意見が一致していない。単に訴答者が別の訴訟で同じ訴状を陳述し直しているにすぎない場合，既判力が適用されることは明らかである。しかし，一部の裁判所は，２番目の訴状の中で他の事実や理論が主張されている場合，１番目の訴訟において実際には本案がまったく考慮されなかったと結論して，既判力による異議を斥けてきた。他の裁判所は，最初の却下の時に訴状を修正する権利を原告に認めることによって，この問題に対処している。原告が修正あるいは上訴を怠れば，請求遮断が適用される。このアプローチは，とりわけ次のシステムで広く採られている。すなわち，連邦裁判所などのように，訴答規則が非常に緩やかで，訴答にもとづく事実審理前却下が許されるのが，原告のケースの基礎になれる理論がまったく想定できない場合に限られているシステムである。

どのような場合に判決が本案に関するものであるかを確定するさい，訴訟遂行を怠ったこと，あるいは何らかの裁判所命令に応じなかったことを理由になされる非自発的却下が，別の問題を提起する。これらの却下を規律する規則は，別段の命令がないかぎり，それらの却下が再訴不可能（with prejudice）と定めているのが典型的である（連邦規則第41条 (b) 参照）。したがって，提示される問題は，ケースの本案にまで決して達しなかったことが，却下の性質そのものから明らかであるとしても，それらの却下に既判力の効果が与えられるべきであるかどうかである。大多数の先例は，既判力を適用し，判決からの救済の申立や上訴が利用できるという理由でこの決定の苛酷さが緩和されることを指摘する。他の裁判所は，却下が本案に関するものでないことを根拠に遮断効果を否定する。

今論じた種類の問題を避けるために，アメリカ法律協会の第２次判決リステイトメント第19条の注釈 (a)（1982年）は，妨碍の定義から「本案に関して」という文言を完全に削除した。その代わりに，事実審理前却下に遮断効果が与えられるべきであるかどうかという問題は，健全な司法行政の事項として，２番目の訴訟が許容された場合の被告に対する公正さを考慮して確定される。これらの考慮事項の両方によって，最初の却下の後きっぱりと訴訟が終結することが求められ，裁判所の決定が本案を伴っていたかどうかという問題は，関与性をもたない。

§６－８　訴訟原因あるいは請求の定義

訴訟原因（あるいは請求）を定義するさいに裁判所が採用する特定のテストは，いくつかの外部的な考慮事項によって影響されることがある。最初の訴訟で可能なかぎり広範に請求と防御を併合することを奨励し，それによって複数訴訟を避けるという自己の司法システムの政策に歩調を合わせて，非常に広いテストを利用する裁判所がある。請求遮断の苛酷な効果を懸念するという理由で，もっと狭い概念を援用し，重複的な訴訟を阻止するために副次的禁反言に依拠することを選好する裁判所もある。さらに既判力の主張に反対する当事者の請求の本案に影響され，したがってケース提示を許容するために訴訟原因をもっとも狭く定義する裁判所もある。訴訟原因が意図的に分離されたかどうかを計算に入れているように見える裁判所が２，３ある。次に説明するのは，異なる裁判所が利用している種々のテストである。しかし，フォーラム裁判所においてどのテストが使われていようとも，裁判所は，基準の適用にあたり今言及した要因によって揺れ動くこともある。

何が訴訟原因を構成するかを定義するために，基本的に４つの異なるテストが使われてきた。１つ目は，**以前の判決の破壊**（*destruction-of-prior-judgment*）テストとでも呼べるものであり，２番目の訴訟における決定が，１番目の判決に包括されているものを取り消すか反駁する効果をもつかどうかという問題に焦点をあてる。このテストは，何が１番目の判決の範囲内に入ると裁判所が考えるかにしたがって異なる態様で適用できる。したがって，与えられた救済だけでなく，救済の付与を裏づける明示，黙示の認定すべてを判決が含んでいると裁判所が考える場合，この基準の下で既判力の援用が成功できる。裁判所が，単に一貫しない救済手段を提供することを避けたいという要請のみに焦点をあてれば，このテストは，実際きわめて狭く，遮断効果は与えられない。

訴訟原因の２つ目のとらえ方は，１番目の訴訟に伴っている法的な権利と不正に目を向け，同じ不正や侵害の根拠にもとづく複数の訴訟を阻止しようとする。これは，時として**主要な権利**（*primary rights*）テストと呼ばれることがある。２つ以上の権利が侵害された場合，このテストの下では別個の訴訟原因を伴う。たとえ関係するいくつかの権利が単一の行為によって侵害されたとしても，そうである。例えば，同じ事故から発生した人身侵害と自動車の損傷は，この基準の下で異なる訴訟原因を提示する。一方は，身体（person）に対する不法侵害（trespass）を，他方は動産（chattel）に対する不法侵害を伴っているからである。しかし，背中の傷害と神経の損傷は，１つの権利の侵害――身体に対する不法侵害――を構成する。また別個の財産を伴う訴訟も，異なる権利を伴う。契約が分割可能と見なされるか，分割不可能であり別個の権利を定めていると見なされるかにしたがって，契約をめぐる争いに既判力が適用される。いくぶんこれと類似した脈絡において，２つの訴訟における法的権利が，異なる法律に依拠していれば，複数の訴訟原因が認定される。

訴訟原因を「主要な権利」と定義することは，ケースを構成できるのが単一の争点のみであった時代におけるコモンローの令状システムの産物であり，したがって，今日では，ほとんどの裁判所はそれを固守していない。その時代には，当事者は１つの訴訟で複数の訴訟原因を提起しえなかったから，遮断から当事者を守ることが必要であったけれども，現代の請求併合は，その機会を与えており，より広い既判力のテストが利用されるべきことを示唆する（前述§３－19参照）。一部の州では，このテストを現代化するために，歴史的な区別の観点からではなく，犯された不正（wrong）の観点から権利を定義するヴァリエーションが発展してきた。したがって，このアプローチの下で，焦点は，原告が受けた侵害ではなく，被告の行為にあてられる。１つの不法行為（tortious act）は，たとえそれが身体や財産に対して一連の侵害を生み出したとしても，1つの訴訟原因を構成する。財産権や契約上の権利の侵害にもとづく訴訟では，侵害を生み出した，あるいは違反に寄与した被告の行為に焦点があてられる。

訴訟原因を定義するための3つ目のアプローチは，両方の訴訟で同じ証拠が使われるかどうかを確定することによって，訴訟の重複を避けようと試みる。この基準の難点——そして，それが広く受け入れられていないもっともな理由——は，同じ訴訟原因が提示されていると然るべく認定できるまでに，どのくらい多くの証拠が同じであるべきかを測る確かな物差しがないことである。

既判力を主張するための4つ目の，そしてもっとも広範なテストは，アメリカ法律協会の第2次判決リステイトメント第24条(1)(1982年）の中で提案された**取引**（*transaction*）テストである。この基準の下では，1つの侵害あるいは一連の侵害を生み出したすべての行為，あるいは一連の発生事項は，単一の訴訟で提示されなければならない。このアプローチの明白な効果は，最初の訴訟において強制的請求併合（compulsory joinder of claims）を創り出すことである。したがって，訴答と併合に関する規則が任意でしかなければ（前述§3－19参照)，裁判所が既判力の適用を通じて間接的に強制的併合システムを創り出すことは，不公正かつ不適切であるという根拠で，取引基準に対する抵抗がいくらかあった。しかし，ますます多くの司法システムが，可能なかぎり広範な請求併合を奨励する手続規則を採用するようになってきたので，単一の手続においてどのような請求が提示されなければならないかを確定するために，取引テストを適用することが，ますます受け入れられるようになってきている。

今説明した様々な基準を，1番目の訴訟で被告であった人が，2番目の訴訟で請求を主張するさいに適用することは，別個に考察しなければならない。訴訟原因に関する「権利」テストと「不正」テストは両方とも，同じ当事者あるいはその利害関係人（privy）が両方の訴訟に絡んでいることのみならず（後述§6－9参照)，両方の訴訟において当事者が本質的に同じ攻撃防御姿勢（offensive-defensive posture）を維持していることを必要とする。AとBの間の訴訟では，これらのテストは，Aの権利がいくつ侵害されたか，あるいはBが違法行為（wrongful act）をいくつ犯したかに着目する。Bもまた同じ一連の出来事から発生した潜在的請求をAに対してもっている場合，それは別個の訴訟原因を構成する。Bの権利とAの違法行為に対する検討を要するからである。取引テストは，この区別を認めない。取引基準の下では，AとBの請求両方に既判力を適用できる。

誰の権利あるいは不正を伴っているかという観点から訴訟原因を定義することは，Bが積極的抗弁ないし反対請求として同じ事実を主張できる状況において，いくつかの問題を引起してきた。請求遮断の原理の基礎にある司法経済と嫌がらせに関する理論的根拠は，Bは最初の訴訟で抗弁と反対請求の両方を提起することを強いられるべきであることを示唆する。この結果は，強制的な反対請求の規則（前述§３－20参照）をもつ管轄において容易に達成できるけれども，そのような条項のない州では，この結果は，既判力の原則の適用に依拠する。実際，それらの原則を幅広く適用すれば，たとえBが欠席しても，BのAに対する別の訴訟が既判力によって妨碍されることになるかもしれない。Bには抗弁を提起する機会があったし，反対請求は抗弁に融合されたからである。

この問題に直面したほとんどの裁判所は，そこまでするに至っていない。省かれた抗弁と裁判にかけられた抗弁が区別され，Bが積極的抗弁を主張したが，反対請求を含めるのを怠った場合のみ，BのAに対する後の訴訟で，既判力が適用される。Bが訴訟原因を分割したかどうかを確定するさいの焦点は，同じ事実が争点となっており，同じ証拠が抗弁と省かれた請求の両方に利用されるかどうかである。一部の裁判所は，そこまで行くのさえも拒んできた。それらの裁判所は，抗弁と密接にかかわらない，損害賠償に関する新たな証拠を指摘して，異なる訴訟原因があるという結論に実体をもたせることによって，この状況で既判力の援用が決して成功できないような態様で同一証拠のテストを適用してきた。

§６－９　誰が拘束されるか

最初の訴訟で当事者であったか，当事者であった人と利害関係（privity）がある人の間で２番目の訴訟が争われる場合のみ，既判力の原理が適用できる。２番目の訴訟が新たな当事者を伴う場合，別個ないし異なる訴訟原因が提示される。何らかの遮断効果が最初の判決に付帯することになる場合，それは，既判力ではなく副次的禁反言の適用によってである（後述§６－13参照）。この唯一の例外は，クラス・アクションの判決を伴う場合である――審理に居合わせなかったすべてのクラス構成員が拘束される（後述§８－４参照）。したがって，既判力によって誰が拘束されるかという問題は，最初の訴訟で当事者として名を連ねた人と利害関係があるのは誰であるかをどう定義するかに依存する。

歴史的には，当事者との間に利害関係のある人とは，訴訟が起された後に係争物に対する利益を獲得した人のことであった。利益承継人（successor in interest）は，その利益を取得したのが譲渡によるのか，相続によるのか，法によるのかにかかわらず，既判力の目的上，当事者として扱われ，勝訴，敗訴を問わず被承継人（predecessor）に対するいかなる判決にも拘束された。現代の裁判所は，利害関係の概念をこれ以外の状況にも拡張してきた。例えば，最初の訴訟を現実にコントロールする人は，その訴訟に名を連ねた当事者と利害関係があると認定される。後見人（guardian）あるいは遺産管理人（administrator）などのような被任命代表者（appointed representative）ないし法律上の代表者は，彼らが代表している人と利害関係がある。加えて，使用者と従業員や，損失補償者（indemnnitor）と被損失補償者（indemnnitee）を伴う関係などのような幅広い商取引関係に利害関係が認定されてきた。これらの関係に利害関係を拡張する決定は，その関係を規制する実体法に重く依存し，これらの領域における判決の拘束的効果を総括することは，危険である。誰が利害関係を主張できるかということと，利害関係がどのような場合に適切であるか，ということの両方を確定するために使われる規則が複雑な性質をもっているからである。

ここでは現代の潮流が，次のような人々を拘束するために既判力の範囲を拡張してきたことを指摘するだけで充分である。つまり，その人々の利益と既存当事者の利益の結びつきが強いので，単にその人々が１番目の訴訟で名を連ねていなかったという理由で，２番目の訴訟の進行を許容すれば裁判所の労力の浪費となるような人々である。しかし，請求遮断効果は，非常に強烈である――実際に裁判にかけられた争点にとどまらず，裁判にかけられるべきであった争点も遮断される――から，裁判所は，個人間に特別の関係が存在していない場合，利害関係を拡張して，類似の利益をもつ人々，さらには同一の利益をもつ人々さえも包含することを依然として拒否する。したがって，例えば，同じ弁護士が１番目と２番目の訴訟で当事者を代表している事実があっても，それだけでは利害関係を確立しない。焦点は，当事者と，申立てられている利害関係人との関係，および，その関係に照らして彼らが利害の同一性を共有しているかどうかである。

§６－10　既判力に優先する政策

たとえ既判力の適用基準が充たされているとしても，結果として遮断が生じない状況がいくつかある。それらの状況は，請求遮断によって育まれる司法経済上の政策よりも，伴っている訴訟のタイプの基にある他の何らかの公共政策が優先する場合に生じる。例証すると，買主と売主の両方が権原（title）を求めている土地の売買に絡む訴訟において，裁判所は，既判力による異議をすべて斥けた。これと異なる判示をすれば，不衡平（inequitable）になり，結果として，その土地に対する権原が不明瞭になるというのがその理由である。土地の譲渡の基礎にある政策上，所有権に関する何らかの確定が当事者に与えられることが必要であった（Adams v. Pearson（Ill. 1952））。別の訴訟において，既判力よりも労働者補償法（worker's compensation law）の基礎にある政策が優先し，したがって従前のコモンロー上の過失訴訟が法律上の救済手段を遮断せず，その判決額を減額しただけであった（Varsity Amusement Co. v. Butters（Colo. 1964））。必然的に，請求遮断原則の通常の適用に対するこれらの例外は，限定されている。それらは，既判力の放棄を要する特定の重要な社会政策の認定に依存している。

3　副次的禁反言

§6－11　主張の要件

副次的禁反言（争点効：collateral estoppel）の援用を成功させるためには，副次的禁反言を主張する当事者は，訴訟1で決定されたものと同じないし**同一の争点**（*identical issue*）が，訴訟2で提示されていることと，訴訟1でその争点が**実際にかつ必要があって**（*actually and necessarily*）決定されたことを示さなければならない。このテストの各要素の存在は，特定の争点を裁判にかける十全な機会があった後のみに，遮断という結果になることを保証する。反対に，この保証が存在する場合，司法経済がこの上なく重要である。

原告が，被告の単一の違法行為にもとづいていくつかの請求を主張している場合，同一の争点の要件は，容易に充たされる。自動車を運転するさいに被告の行為に過失があったかどうかという問題は，相手方の運転者に対する人身侵害を理由とする損害賠償請求訴訟と，その運転者の配偶者による配偶者権（consortium）の喪失を理由とする後の訴訟とで，共通する問題である。しかし，異なる時期に生じた行為から発生する訴訟では，争点は，類似していても必ずしも同一ではない。例えば，宗教団体として非課税措置（tax exemption）を主張しているある組織がえた収入が，課税対象となるかどうかについて決着をつけた1987年の訴訟は，1988年の類似の訴訟において争点遮断効果（issue preclusive effect）をもたない。1987年に被告が宗教組織として機能した，あるいは機能しなかったという認定には遮断効果が与えられない。1988年では被告の活動の性格は変わったかもしれない――争点が同一でない――からである。同様に，別個の債券（bond）あるいは流通証券（negotiable instrument）にもとづく一連の訴訟において，同じ抗弁――原告が対価を払って債券を購入したかどうかが提起されている場合も，副次的禁反言は利用できない。争点は同一ではない。原告が1つの債券について善意有償の購入者（bona fide purchaser）であった，あるいはなかったという証明は，他の債券のいずれについても，それがどのようにして取得されたかを証明するのに役立たない。

1番目と2番目の訴訟で証明責任が異なることも，両方の訴訟で提示された争点が同一ではないと認定される結果になる。この制約によって認識されているのは，証明責任が異なる場合，両方の訴訟で結果が同じになるという保証がないということと，副次的禁反言の要件は，その保証を提供することをめざしているということである。この争点は，1つの手続が刑事であり，他方が民事である場合にもっともよく生じる。刑事訴訟では，検察は各訴因（element）について合理的な疑いがない程度まで（beyond reasonable doubt）証明しなければならないが，民事訴訟は，原告は証拠の優越（preponderance of evidence）によって請求を立証すれば足りる。ある争点がより厳しい方の基準の下で最初に立証されれば，それは後の民事手続において副次的禁反言の効果が与えられるであろうが，その逆は真ではない。

争点が実際に裁判にかけられなければならないという要件があるために，欠席判決や同意判決（consent judgment）において，本案に関する確定に達したが，基礎にある争点について十全な対審的提示が行われなかった場合，それらの判決に副次的禁反言の効果が与えられることが阻まれる。しかし，訴答を調べても，訴答で組み立てられた争点が事実審理で実際に裁判にかけられ，したがって判決に包含されているかどうかが明らかでないケースでは，この要件を適用するのはもっと難しい。例えば，この問題は，一般評決がなされ，判決がケースの1つないし複数の争点に対する認定にもとづきうる場合に生じる。少数見解は，2番目の訴訟において裁判所は，すべての争点を実際に裁判にかけられたものとして扱い，判決に対して非常に広い副次的禁反言の効果を与えるべきであるとする。多数見解では，最初の訴訟の判決が複数の争点に対する認定にもとづいていたと言える場合，どの争点について実際に決定がなされたかを示す証拠が導入されないかぎり，そのケースのどの争点にも副次的禁反言の効果が与えられない。さらなる制約として，評決を裏づける外部証拠のみが許容され，証拠が評決と矛盾するようなことがあってはならない。例えば，AがBの過失が原因となった侵害について，Ｂを訴えた訴訟について考察してみよう。抗弁としてＢは，Ａにも侵害に寄与する過失があったと主張する。Ｂ勝訴の一般評決がなされる。その評決は，Ａにも侵害に寄与する過失があったという認定，あるいはＢに過失がなかったという認定，あるいはその両方にもとづくことができる。Ｂは，陪審の評決が何に依拠したかを示すことができる場合のみ，Ａに対する後の訴訟で副次的禁反言を主張できる。しかし，どのような事情があっても，Ａは自分の寄与過失（contributory negligence）とされるものは実際に裁判されなかった，あるいは陪審が考察しなかったという趣旨の証拠を導入することはできない。それは，評決と矛盾することになるからである。

副次的禁反言を主張するための３つ目の要件――争点が最初の手続に必要であったかどうかは，裁判所に多大な困難をもたらしてきた。この要件が保証するのは，当事者が争点を活発に裁判で争ったので，２度目に結果が異なる蓋然性がほとんどないから，２番目の訴訟でその争点を再び争うことを阻止することが公平である，ということである。裁判所は，この検討の手助けとなる一般的な規則を２，３発展させてきた。１番目の訴訟で勝訴した当事者に不利に認定された事実は，不必要と見なされる。勝訴した当事者は，上訴するインセンティヴをもたず，したがって争点の活発な追求が保証されないから，その争点には副次的禁反言の効果が与えられない。他方，選択的判示（alternative holdings）には，十全な副次的禁反言の効果が与えられる。したがって，どの認定が判決に必要であったかを確定する必要がない。１つの争点が他方に劣らず必要であると推定される。例えば，上述の過失の仮設例では，Ａに寄与過失がありＢに過失がないことを特定して認定した特別評決がなされたとすれば，Ｂは，それら両方の争点についてＡに対して副次的禁反言を主張できる。興味深いことに，アメリカ法律協会の第２次判決リステイトメント第27条（1982年）は，この状況では副次的禁反言の効果が与えられるべきでないと提言している。そのような広いアプローチが上訴を助長するという懸念がその理由である。しかし，当事者が上訴し，上訴裁判所が選択的認定を確認すれば，リステイトメントは，それらの争点に副次的禁反言を適用することになる。

§6－12　媒介事実と究極事実

裁判所がどのような場合に副次的禁反言の主張を支持するかを確定するために利用されたもう1つの方法は，媒介（mediate）事実と究極（ultimate）事実の区別をして，後者のみに遮断効果を与えることであった。究極事実とは，ケースがもとづいている事実――例えば，原告に権原がある――のことであった。媒介事実とは，裁判所が究極事実について結論に到達しうる手段を提供する事実――例えば，原告が詐欺的な計略を通じて権原を取得した――のことであった。媒介事実が実際に裁判にかけられたかどうかをどのように証明するかという懸念が，最初の訴訟の媒介事実には副次的禁反言の効果が与えられないという規則につながった。媒介／究極事実の区別の使用を促したもう1つの懸念は，予見可能性（foreseeability）の問題であった。この懸念は，媒介事実であれ究極事実であれ，1番目の訴訟で認定された事実が2番目の訴訟では媒介事実にすぎない場合に，とりわけ顕著であった。裁判所は，これらの事情のもとで，次のような敗訴当事者に対する不意打ち（surprise）を阻止するために副次的禁反言の効果を与えなかった。つまり，将来生じる可能性があり，所与の争点と関連するかもしれない媒介事実すべてを予見しえなかったために，最初にその争点を十全に裁判にかけなかったと推定される当事者である。

媒介／究極事実の区別は，おおむね歴史的意義しかもたない。その区別が取り組んだ政策は，他の方法によって充足されており，ほとんど意味を失ってしまった訴答の区別に依拠することはない。さらに，特別評決や質問付き一般評決などのような手段が利用できるようになって，この規則の必要性が浸食されてきた（前述§5－10参照）。アメリカ法律協会の第2次判決リステイトメント第27条（1982年）では，副次的禁反言が主張されている事実の争点が，最初の訴訟において，単に証拠的なものではなく，必要かつ重要であったかどうかを確定することが，現代的なアプローチであると述べられている。もしそうであり，争点が実際に裁判にかけられたのであれば，別の訴訟でその争点に遮断効果を与えるのが公平である。予見可能性について懸念する必要はない。当事者は，最初の手続において，その争点を活発に裁判にかけるインセンティヴをもったからである。

§６－13　誰が拘束されるのか

歴史的には，誰が副次的禁反言から利益をえることができ，誰がそれによって拘束されるかという問題は，既判力が絡んでいる場合と同様に扱われた。当事者とその利害関係人のみが，副次的禁反言を援用でき，あるいはそれによって遮断されえた（前述§６－９参照）。そうでなければ，たとえある争点が２つの異なる訴訟で同一であったとしても，そしてその争点を２番目の訴訟で再び裁判にかけさせないことが司法経済上の配慮によって裏づけられるとしても，副次的禁反言の効果は拒否された。この制約を裏づける理由づけは，２つの部分からなる。副次的禁反言が，最初の訴訟において当事者でなかった人に対して主張されているケースでは，副次的禁反言の適用はデュープロセスによって阻まれる。非当事者は，言い分を聞いてもらう機会を与えられなければならないからである。最初の訴訟を実際に争った人に対して，非当事者が副次的禁反言を成功裏に主張することは，相互性の原理によって阻まれる。この原理は，すべての人は平等に扱われるべきであるという観念を前提としている。訴訟当事者は，その訴訟の当事者でなかった人に対して副次的禁反言を主張できないのであるから，非当事者も当事者に対して副次的禁反言を主張することを許されるべきでない。このようにして，相互性は言い分を聞いてもらえなかった人に有利に働き，その人に争点について証明する２度目のチャンスを与えた。

デュープロセスは，最初の訴訟の当事者でなかった人に対する副次的禁反言の主張を阻止しつづけるけれども，相互性が副次的禁反言の範囲に対する必要な制限であるかどうかという問題は，議論の余地がある。したがって，おそらく驚くにあたらないことであるが，相互性の原理への固守は，Bernhard v. Bank of America Na. Trust & Sav. Ass'n（Cal. 1942）の先導に従って，着実に浸食されてきている。この原理を放棄した裁判所は，とりわけ再び裁判にかけても結果が変わりそうにない場合，人が不毛な請求を裁判にかけつづけることを容認すべきでないと結論した。当事者に対して副次的禁反言を主張している非当事者に遮断効果を自動的に拒否する代りに，それらの裁判所は，当事者が最初の訴訟で争点を裁判にかける十全かつ公平な機会をもったかどうかに焦点をあてる。もしそうであるなら，副次的禁反言を適用できる。もちろん争点は，両方の訴訟において同一でなければならない。

裁判所は，相互性を放棄してきたが，その程度は様々である。放棄がもっとも一般的に認知されている状況は，争点遮断を主張している人が防御として（defensively），それを主張している場合である。それらのケースでは，司法経済の配慮が大きく働く。最初の訴訟の当事者は，単に順繰りに（seriatim）訴えているにすぎないように見えるからである。そのような煩わしい訴訟から新たな被告を守りたいという要請がある。攻撃として（offensively）副次的禁反言が主張されている場合——非当事者が，最初の訴訟の当事者に不利な判決を利用しようと企てている場合，問題はより難しくなる。確かに，新たな当事者について配慮する必要はより少なく，被告についてずっと大きな懸念がある。被告は，１番目の訴訟の時にこの２番目の訴訟を予見し，したがって１番目の訴訟を十全に争うインセンティヴをもったか？　一部の裁判所は，非当事者が攻撃として副次的禁反言を主張することを認めてこなかった。副次的禁反言の主張が，最初の訴訟で攻撃側であった人に対するものである場合，その主張を許容し，最初の訴訟で被告であった人に対するものである場合，許容してこなかった裁判所もある。この区別がもとづいているのは，最初の訴訟の防御側当事者は，必然的にその訴訟で不利な立場にあったのであり，その当事者が言い分を聞いてもらう公平な機会をもつことを確保するために，副次的禁反言が適用されるべきでないという信念である。２，３の裁判所は，単に当事者の立場を理由に副次的禁反言を拒絶することを拒んできた。その代わりに，それらの裁判所は，両訴訟の当事者が２番目の訴訟を予見しえたかどうかに焦点をあてる。予見しえたとすれば，１番目の訴訟で争点が十全に裁判にかけられなかったことを示す責任は，その当事者に移転する。それが示されなければ，副次的禁反言が適用される。

合衆国最高裁は，連邦裁判所における相互性の放棄を是認し，連邦裁判所が，非当事者による副次的禁反言の主張の適切さを評価するさい，その手助けとなるガイドラインを設定した（Parklane Hosiery Co. v. Shore（S. Ct. 1979））。最高裁は，次のように裁定した。すなわち，事実審裁判所は，この問題を確定する幅広い裁量をもっており，事実審裁判所が，原告は最初の訴訟に容易に参加しえた，あるいは副次的禁反言の適用が被告に対して不公正となると認定しないかぎり，たとえ最初の訴訟で被告であった人に対して原告が副次的禁反言を主張している場合でも，副次的禁反言が適用されるべきである。したがって連邦の基準は，予見可能性のみならず，他の潜在的な不公正にも目を向けている。また，この基準は，１番目の訴訟の判決が被告に有利であるとすれば，その判決に拘束されないためにその訴訟に参加しないことを原告が選ぶ場合，そのような原告に褒美を与えることを避けようとしている。また，次のことも公正さの考慮に入れられることがある。すなわち，判決が常道をはずれている（aberrational）と危惧する理由が１つでもあるかどうか，および，１番目の訴訟に存在しなかった手続が２番目の訴訟では利用できる機会があり，そのために争点が再び審理にかけられたとすれば，結果が異なる可能性があることが示唆されているかどうか，である。（しかし，Parklane 判決で最高裁は，２番目の訴訟で陪審審理が利用できることは，その種の機会ではないことを特に判示した。）

州裁判所は，合衆国最高裁の先導に従う義務を負っておらず，多くは相互性が適用されるケースのカテゴリーを引きつづき定義している。したがって，誰が副次的禁反言を使用しうるかを確定するために，判決を行う裁判所の法をチェックすることがきわめて重要である。相互性を固守する程度について，管轄間の偏差が非常に大きいからである。

§ 6 −14　副次的禁反言に対する制限

副次的禁反言の利用可能性は，司法経済と確実性の要請を凌ぐ他の政策によって制限されることがある。例えば，最初の訴訟が陪審ぬきで審理されたために，副次的禁反言の原理を援用すれば，ある争点について反対当事者の陪審審理を受ける権利を事実上否認することになる場合，この原理は援用できないと主張された。しかし，合衆国最高裁は，この主張を拒絶し，エクィティ上の確定は，後のコモンローの訴訟において修正第7条を侵害することなく争点遮断効果をもつことができると裁定した（Parklane Hosiery Co. v. Shore（S. Ct. 1979））。

副次的禁反言の適用の制限が実際に生じるのは，最初の訴訟が限定的管轄権をもつ裁判所（court of limited jurisdiction）で行われた場合である。2番目の訴訟で提起された請求にある争点が付随し，かつその請求が1番目の裁判所の管轄権能外にあった場合，その争点に副次的禁反言の効果を与えるべきかどうかという問題について，裁判所の意見は分かれている。2番目の裁判所が，審理を求められている請求に対して排他的管轄権をもっている場合，この問題はいっそう先鋭になる。この問題は，連邦裁判所における反トラストと特許のケースにおいて，次の場合に生じてきた。すなわち，それ以前に州の手続があり，州裁判所が，契約は違法であるかどうか，あるいはライセンス合意の下で実施料（royalty）が支払われるべきであるかどうかを決定する過程で，反トラスト違反や特許の有効性に付随する争点についても裁定した場合である。第2巡回区合衆国控訴裁判所（Second Circuit）は，初期の判決の中で，連邦の反トラストの救済手段が懲罰的（punitive）で排他的性質をもっているために，その場面では副次的禁反言が排除されると判示した（Lyons v. Westinghouse Elec. Corp.（2d Cir. 1955））。しかし，副次的禁反言は，基礎にある事実のいくつかに適用できる。したがって，合衆国最高裁は，特許のケースにおいて，基礎にある事実のいずれについても争点遮断が適切であったこと，および裁判所が副次的禁反言を与えることを差し控えてもよいのは，特許の有効性や侵害（infringement）という最終的争点を立証する「事実の集合」（congeries of facts）に対してのみであること，を認めた（Becher v. Contoure Laboratories, Inc.

(S. Ct. 1929))。このようにして，連邦裁判所は，重複的な再訴訟を避けるが，特許そのものについて裁定する自らの排他的権利は守っている。しかし，より最近では，この区別でさえ，その有効性を失いつつあるように見受けられ，連邦裁判所は，連邦の排他的管轄権という概念が，副次的禁反言に対する絶対的な障碍とならないとますます認定するようになってきている。したがって，もとの裁判所が限定的管轄権をもつ裁判所であった時に副次的禁反言が許容されないことがあるのは，その裁判所に課せられた制限から，そこで利用可能な手続の質と存在に何らかの重大な差異があることが伺われる場合に限られる。例えば，少額請求裁判所（small claim court）の判決には，概して争点遮断効果が与えられない。

副次的禁反言の適用に対する最後の制限は，１番目と２番目の訴訟の間に法の変更があったために生じる。法が変更され，有利な裁定をえるために必要な機能事実（operative fact）が変われば，副次的禁反言は適用されない。そうではないと判示すれば，単に以前の裁定をえた人の偶然の幸運によって，法に服す人々に不平等な処遇が与えられるという結果になるであろう。例えば，Ａが，1928年のライセンス付与合意による実施料を妻のＢに譲渡したことは，有効であり，したがって，その合意による1929～1931年の収入についてＡに課税できないという理論にもとづいて，税金の還付（refund）訴訟を起したとする。裁判所は，譲渡が有効であったと認定する。したがってＡには，それらの実施料に対する税について責任がなく，還付を受けることができる。夫婦間の有効な譲渡を構成するために何が示されなければならないかについて法が変わったとする。1937～41年に稼いだ実施料について徴収された税の還付を求める訴訟において，有効な譲渡があったかどうかという争点について，Ａは副次的禁反言を利用できず，追加的に新たな証拠を導入しなければならない（Commissioner v. Sunnen（S. Ct. 1948））。税の平等の必要が，副次的禁反言の基礎にある司法経済上の政策よりも重きをなす。

次のことは，指摘に値する。すなわち，一部の裁判所は，法の変更に配慮して，純粋な法の争点（issue of pure law）には，争点遮断は決して適切ではないと示唆するようになったことである。結果として，副次的禁反言を適用できる事実の争点や，事実と法が混在する争点ではなく，法の争点を構成するものが何であるかを確定するために裁判所が苦心した判決をいくつか見出すことができる。しかし，比較的最近の裁判所は，このアプローチを放棄して，その代わりに法の変更から副次的禁反言が不適切であることが伺われるかどうかに焦点をあてている。

第７章　上　訴

A　上訴する時期

1　終局判決の規則

§７－１　終局判決の規則

ほとんどの管轄は，訴訟の終局判決（final judgment）の登録（entry）からのみ上訴を認める。終局判決は，その判決の執行を除いて，その訴訟ですべきことを何も残していない命令と定義されている。終局判決は，裁判の対象となった権利すべてについて結論を下す。例えば，理由付き忌避（for cause）によって陪審員を解任する命令は，その問題については完結的であるが，終局判決ではない。基礎にある訴訟の対象となっている権利について決定されていないからである。弁護士がその裁定に異議を申立てる場合，その異議は上訴で提起できるが，判決が登録されるまで上訴するのを待たなければならない。このタイプの命令は，審査できる（reviewable）が，上訴できない（not appealable）と説明されるのが通例である。終局判決の規則に対する唯一の例外は，特定の法律（後述§７－３参照）やよく認知された司法原理（後述§７－４参照）の中に包含されている。

終局判決の規則を裏づける理論的説明は，いくつかに分かれている。この規則は，司法経済を達成したいという要請に根ざす部分がある――事実審裁判所の裁定に対する異議がすべて提起されている単一の上訴は，それぞれが固有の上訴趣意書（brief），記録，口頭弁論および意見の一式を要する数個の上訴よりも効率的なはずである。事実，所与の争点について敗訴した当事者が，事実審裁判所で最終的に勝訴するなら，その争点の裁定について上訴する必要を完全に回避できる。また終局判決からの上訴は，中間的（interlocutory）事項を決定するために事実審理を遅らせるという問題を回避する。このことが，相手方当事者を煩わせるために上訴が使われる可能性をいっそう防止する。

ニューヨーク州などの２，３の管轄は，これらの議論に説得されず，事実審裁判所の命令から即座の上訴を許容することに非常に寛容である。これらの管轄は，訴訟を進行させるべきかどうかを決定することが問題である場合，即座の上訴によって不必要な事実審理を避けることができるという事実に焦点をあてる。そうでなくても，予備的な争点（preliminary issue）がすべて十全に解決されるので，即座の上訴の結果，より良い事実審理を行うことができる。さらに終局判決の規則によって，そもそも審理されることを事実上阻まれる命令がいくつかある。それらの命令は，本案に影響せず，事実審理が完結した後の審査に値するほどの不利益を生じさせると見なされないからである。これらの事項について上訴審の指針がない結果，下級裁判所が一貫性を欠いた取扱いをすることになりかねない。予備的な命令すべてに中間上訴を許容することによって，統一的な法を確立するという機能を果たす機会を上訴裁判所に保証する。

したがって，終局判決の規則を支持する議論と批判する議論が双方とも説得力をもってなされている。留意すべき重要なことは，訴訟が提起される管轄がこの規則を固守しているかどうかである。加えて，何が「終局的」であるかを解釈するさいに，この規則に従う管轄と，何が例外として認められるかを解釈するさいに，この規則に従う管轄の間に差異が存在する。何が終局性を構成するかという問題は，裁判所に深刻な困難をもたらしてきた問題である。したがって，即座の上訴が許容されるかどうかを確定するために，最初の手続が提起された管轄の法を調べることが決定的に重要である。即座の上訴が許される場合にそうしなければ，終局判決からの上訴においてその争点を提起する権利を放棄することになるからである。

§７－２　複数請求と複数当事者のケースのための特殊規則

複数請求，複数当事者の訴訟における終局判決の規則の適用は，事実審裁判所が，訴訟全体について判決を行う用意ができる前に，一部の請求について終局的な決定に到達した場合，ある種の問題を提起してきた。すべての請求について決定がなされるまで上訴を延期すれば，結果として，十全かつ終局的に確定された請求について不必要な遅延が生じうる。したがって，それらの状況において即座の上訴を許容するために，次の命令を特定する特別規則が発展してきた。すなわち，複数請求と複数当事者の争いにおいて，所与の当事者ないし請求と関係する限りで，その訴訟を終局的に確定する命令である。このような条項は，終局判決の規則に対する例外ではなく，むしろ，この文脈において終局判決の規則を適用するための基準を表している。

好例は，連邦規則第54条(b)である。この規則の下で，複数の請求ないし当事者を伴う訴訟において，事実審裁判所は，関係する請求について判決の登録を行うように明示的に指示することによって，かつ上訴を遅延させる正当な理由がないことを確認することによって，自らの命令を上訴可能なものとして特定する。この指示と確認がない場合，上訴裁判所は，終局判決の規則に違反するとして上訴を却下する。この確認が存在する場合，上訴裁判所は，裁量の濫用の基準を利用して，上訴を遅延させる正当な理由がなかったという事実審裁判所の決定を審査する。上訴裁判所は，次のことを改めて（de novo）検討する。すなわち，事実，その訴訟に複数の請求が存在しているか，あるいは単に事実審裁判所は，原告の単一の請求がもとづいている選択的理論の１つについて裁定したにすぎないか，およびその請求について終局的確定がなされたかどうかである。

これらの規準の両方が，事実審裁判所と上訴裁判所に対して，いくつか難点を引起してきた。複数当事者が存在する時，複数請求は容易に特定できるが，確認が適切であるのは，当事者の１人に関係するすべての請求が確定された場合に限られる。２当事者間の争いでは，提示された複数の賠償理論が同時に別々に強制しえた場合に複数請求が存在する，という基準が用いられる。請求が関係ないし依拠している事実に重複があっても，複数請求が存在するという認定は妨げられない。２つ目の確定については，稀に生じる苛酷なケースのみが，遅延の正当な理由がないという認定に値することについて，裁判所の意見は概ね一致している。裁判所は，上訴が事実審理を単純化できるかどうか，あるいは残りの請求について判決に到達した後に，同じ争点の多くを繰り返し審査する結果になるかどうかを比較衡量しなければならない。同様に裁判所は，つぎの２つを衡量できる。すなわち，早期の上訴で勝訴当事者にもたらされる賠償という即座の利益と，残りの請求について相手方当事者に有利な判決がなされた場合に，その判決によって相殺されるかもしれないという理由で，１つの請求に対する判決を停止（stay）すべき可能性である。

2　終局判決の規則の例外

§７－３　法律による中間上訴のルート

終局判決の規則を遵守しているシステムにおいて，概して認められているタイプの例外があり，連邦の中間上訴に関する法律を簡単に調べれば，それらの例外の好例がえられる（より広範な議論は，C. Wright, *Law of Federal Courts* 749-58（5th ed. 1994）を参照）。

１つの法律，28 U. S. C. A. § 1292(b) が，裁量的中間上訴の一般的手続を定めており，命令が即座に上訴されるべきであるという確認を行うことを事実審裁判所と上訴裁判所の両方に要求している。確認の基準は，争点が「結果を左右する法律問題」（controlling question of law）を伴っていること，その争点について「意見が異なる実質的根拠」があること，および即座の上訴が「訴訟の究極的終結を実質的に促進」できることである。この上訴ルートの目的は，重要な問題について即座の審査を許容することである。両方のレベルで確認を要求することによって，事実審裁判所は，手続全体にもっとも精通しており，上訴人が決定的な（crucial）争点を提起するのか，遅延戦術として上訴しようとしているのかを裁定できる。上訴裁判所は，自らの責任をより良く見積もることができ，訴訟当事者による圧力から比較的自由に上訴の可否（appealability）について決定できる。この基準は，両方の裁判所の裁量に依拠するところが大きく，どの所与の争点についてもそれが結果を左右するかどうかや，何が訴訟の早期終結の手助けとなるかについて意見の相違が相当に生じうる。

他の法律による上訴の手段は，28 U. S. C. A. § 1292(a)に具体化されている。この条項は，中間上訴が許される命令の特定のカテゴリーや手続のタイプを定めている。4つのカテゴリーが列挙されている。(1)「差止め命令を，認め，継続させ，修正し，拒み，解除する命令，または差止め命令を解除ないし修正することを拒む」命令。(2)財産の保全管理（receivership）を伴う命令。(3)海事（admiralty）ケースにおける中間判決。(4)利益算定（accounting）以外について終局的な特許侵害訴訟における判決［訳者注：(4)は，1982年の改正によって削除された］。これらの例外の各々は，相当に具体的であり，これらの領域では即時性が著しく重要であるという配慮にもとづく決定を表している。州法の類似の条項は，即座の上訴審査を要すると見られる他の命令を輪郭づけている。例えば，ミネソタ州は，仮差押を撤回ないし支持する命令から，州最高裁へ上訴する権利を含めている（Miinn. R. Civ. App. § 103.03(c)）。他の州は，再審理の申立を認める命令からの上訴を特定的に認めている（Cal. Civ. Proc. Code § 904.1(a)(4)）。

§7－4　司法による中間上訴のルート

終局判決の規則によく認知された司法上の例外が2，3あり，この例外によって，たとえケースの部分々々について決定されないままであっても，裁判所は上訴を許容する。これらの例外のうちもっとも有名なものは，**副次的命令の原理**（*collateral order doctrine*）である。副次的命令の原理の下では，次の命令から即座の上訴を行うことができる。すなわち，終局的であるが本案に関係しない（副次的）命令で，即座に上訴しなければ，結果として上訴人に回復不能な害（irreparable harm）を生じさせうる命令である（Cohen v. Beneficial Industrial Loan Corp.（S. Ct. 1949））。上訴裁判所は，上訴が提起された時にこの基準が充たされているかどうかを判断する。

ある命令が副次的であるかどうかを確定することは，裁判所にそれほど大きな困難をもたらしてこなかった。多くの命令は，明らかに本案と関係しない。別個の命令であるが，比較的密接に絡んでいる命令も，この基準を充たせる。しかし，これらのケースでは，裁判所は，この基準の回復不能な害の部分にずっと重きをおく。何が回復不能な害を構成するかは，裁判所の裁量の範囲内にある。裁判所は，潜在的侵害の深刻さ，害が生じる見込み，審査が遅れれば効果がなくなる蓋然性に大きな焦点をあてる。副次的命令の原理の範囲に入ると判示された命令の例は，株主派生訴訟においてコストの担保（security）を原告に課す申立の拒否；訴訟救助（forma pauperis）手続の申立の拒否；クラス・アクションの原告に，当事者として名を連ねていないクラス構成員すべてに個別の告知を送ることを求める申立の認容，である。

連邦のクラス・アクションの領域では，副次的命令の原理から枝分かれした**死の鐘の原理**（*death knell doctrine*）と呼ばれるものが発展してきた。クラスの承認（certification）を拒否する命令は，本当は副次的でない。しばしば承認のプロセスは，どのような共通問題を伴っているかを調べるためだけにせよ，基礎にある請求の本案について何らかの調査を要するからである。またその命令は，終局的でもない。裁判所は，事実審理の間ずっとその改訂を考慮するように指示されているからである。しかし，多くのクラス・アクションにおいて，個々の構成員は，それぞれ非常に少額の請求しかもっておらず，クラス・アクション以外に訴訟を提起するとしても実行不可能であり，したがってクラス承認の拒否は，実際問題として訴訟終了という結果になりうる。この可能性に対応して，第2巡回区合衆国控訴裁判所は，死の鐘の原理を発展させ，次の理論にもとづいて，このような状況下で即座の上訴を許容した。すなわち，クラス承認の拒否は，事実上，本案にとって副次的な終局的命令であり，上訴可能でなければ，結果として訴訟が死んで回復不能なまでに原告を害する，という理論である（Eisen v. Carlisle & Jacquelin（2d Cir. 1966））。また「死の鐘の逆理論」（inverse death knell theory）と呼ばれるものにもとづいて，クラス承認を与える命令から上訴が認められた（Herbst v. International Tel. & Tel. Corp.（2d Cir. 1974））。合衆国最高裁は，最終的に死の鐘の原理（および，その含みとして，死の鐘の逆原理）を拒絶した。最高裁は，この原理が終局判決の規則に違反するということ，この原理がクラス・アクションの固有の性質に依拠するかぎりにおいて，上訴を許容すべきかどうかの決定は，立法によるべきであると裁定した（Coopers & Lybrand v. Livesay（S. Ct. 1978））。[訳者注：1998年に連邦民事訴訟規則23条(f) 項が追加され，クラス・アクションの承認を認める，ないしは拒否する地裁命令からの上訴が，控訴裁判所の裁量によって認められるようになった。]

もう1つの司法による中間上訴のルートは，**救済不能な結果**（*irremediable consequences*）をもたらす非終局的な決定から上訴を許容する権限を上訴裁判所に認める。この手段は，Forgay v. Conrad（S. Ct. 1848）の中で合衆国最高裁が最初に援用した。このケースでは，地方裁判所が，請求の部分的な裁判を行ったが，関係する物的財産（physical property）をただちに相手方に引渡すよう敗訴当事者に命じた。こうして地裁は，自らの部分的裁定を終局的なものとして扱った。上訴裁判所は，即座の審査がなされなければ，回復不能となる潜在性をもった害が敗訴当事者に生じるのを避けるために，上訴を許容した。裁判所は，この救済不能な結果という理由づけをごく稀にしか使ってこなかったが，実際それは，終局判決の規則の適用が非常に苛酷な働きをする場合に，正義をもたらすために創られた例外となっている。

§7－5　上訴の非常ルート

使用は限定されているが，言及しなければならない上訴の非常ルート（extraordinary route of appeal）が2つある。1つ目は，事実審裁判所にその裁定を破棄することを命じる**職務執行令状**（*writ of mandamus*）を求めて上訴裁判所に出願（application）することである。職務執行令状がもとづいているのは，上訴裁判所がただちに問題を考察しなければならない程度まで，事実審裁判所がその裁量を濫用したという理論である。概して職務執行令状は，極端なケースにおいてのみ成功裏に使用できる。それが，事実審理進行中の下級裁判所に対する意図的で直接的な干渉となるからである。例えば，裁判官が，実質上，補助裁判官（master）にケースの審理を任せることによって，自らの司法職務を完全に放擲したと上訴裁判所が認定した場合に，職務執行令状が適切であると判示された（La Buy v. Howes Leather Co.（S. Ct. 1957））。また職務執行令状は，大統領の音声テープの開示可能性に関するシリカ裁判官の裁定を審査するために使われた。できるかぎり早くその争点をめぐる論争を終わらせる公共の利益があったからである（Nixon v. Sirica（D. C. Cir. 1973））。

概して職務執行令状は，異例な（extraordinary）状況においてのみ利用されるけれども，２，３の州は，特定の争点に即座の審査を提供するために，この上訴ルートをより頻繁に使ってきた。例証すると，カリフォルニア州では，人的管轄権の欠如を根拠として始審令状の送達を破棄する（quash）申立が拒否された場合，その裁定は，職務執行令状の出願によって即座に上訴されなければならない（Cal. Civ. Proc. Code § 418.10）。このような職務執行令状の使用は，非常に深く根づいているので，行動をとらなければ異議の放棄という結果になる。したがって，人的管轄権に対する異議は，後に終局判決からの上訴において提起することはできない。

指摘すべきもう１つの上訴の非常ルートは，**侮辱**（*contempt*）である。この方法は，開示命令を伴っている時にもっともよく利用できる。裁判所の命令に従わなければ，結果として不服従の当事者が侮辱にあたると判示される。侮辱判決は，終局判決であり，即座に上訴できる。この上訴の方法は，必然的に大きなリスクを伴う。上訴裁判所が下級裁判所の開示命令を確認する場合，侮辱判決が効力を維持するからである。さらに，刑事上の侮辱のみが，即座に上訴することができる。したがって，裁判所が当事者は民事上の侮辱にあたると判断する場合，上訴は許容されず，侮辱判決が存続する。民事上の侮辱と刑事上の侮辱の違いは，他で論じられている（D.Dobbs, Remedies 138-145（2d ed. 1993）参照）。ここでは，それが手続の性質と科される民事罰や刑（sentence）のタイプによると言うだけで充分である。これらのリスクにもかかわらず，遅延が生じて，主たる訴訟で終局判決の規則が固守される結果になることを避けるために，この方法が利用されたケースがいくつかある。

B　上訴の力学

§７－６　上訴可能な争点

敗訴当事者が，不利益な認定から上訴できることは明白に思えるかもしれないが，上訴や交差上訴（cross-appeal）において，どの争点を提起できるかに関する規則は，それより多少複雑である。最初に，上訴人は事実審裁判所で異議を申立てた裁定のみを提示できる。敗訴当事者は，異議を申立てた不利益な裁定すべてについて上訴できる。しかし，勝訴当事者は，誤っていると見なされる認定であっても，それが判決にとって必要でない場合は，その認定から上訴できない。この制約の理論的根拠は，不必要な認定は，副次的禁反言の基礎とならず（前述§６－11参照），したがって上訴を拒否しても，その結果勝訴当事者に不利益が生じないから，上訴の必要はないというものである。

他方，敗訴当事者が上訴する場合，それに対応して被上訴人は，下級審で決定されたかどうかにかかわらず，判決を裏づけるどんな争点も提起できる。被上訴人が判決を裏づける新たな根拠を提起できるかどうかを決定するさいの基本的問題は，公正さの問題である。つまり，下級審でその争点が導入されていた場合と同じ基本的態勢（basic posture）にケースがあるかどうかである。

また，交差上訴を提起しないかぎり，被上訴人のできることは，判決を裏づける争点を提起することに限定される。このことは，第３当事者の文脈においてとりわけ重要である。Ａが人身侵害でＢを訴え，Ｂが，損失補償理論にもとづく第３者被告として，保険者であるＣを併合させたとしよう。Ａが敗訴する。損失補償を受ける権利が生じなかったので，Ｃに対する請求が却下されたとしよう。Ａが上訴する。この判決が破棄された場合のことを考えて，損失補償を受ける権利を保ちたいと望むなら，被上訴人Bは，Cに対して交差上訴しなければならず，Bは，単にAの上訴に対する応答趣意書（responsive brief）によってその争点を提起することはできない。

§７－７　審査基準

上訴裁判所が使う審査の範囲と基準は，申立てられている誤りの性質――その誤りが事実の争点に絡んでいるのか，法の争点に絡んでいるのか――と，事実審理が陪審によったかどうかに依存する。審査の範囲は，全面的に法の誤りであり，上訴裁判所は，その種の問題について改めて決定できる。事実審裁判官の裁量に委ねられている裁定は，裁量濫用の基準の下で審査されるが，この基準は，事実審裁判官が明らかに間違った場合のみに破棄を許容する。

事実認定には，法の争点よりも大きな敬意が払われる。裁判官による審理のケースでは，事実認定が明らかに誤っている場合のみ，その認定を覆しうる（連邦規則第52条(a)参照）。その意味は，事実審裁判官の認定が，法の誤解にもとづいているか，証拠の裏づけがまったくない場合のみ，その認定が破棄されるということである。事実と法が混在する問題は，純粋な法の問題として扱われ，完全な審査に服する。陪審審理を伴う場合，上訴裁判所は，その認定にいっそう大きな敬意を払う。憲法上の陪審審理の権利が，陪審員による事実の確定を審査から守っており，コモンローで許容されてきた限度においてのみ審査できるのが典型的であるからである。

第８章　複数当事者，複数請求の特殊手続

A　クラス・アクション

§８－１　クラス・アクションの一般的目的と効用

クラス・アクション（class action）は，１人または複数の人々に次のことを許容する手段である。すなわち，自分自身，および同様の苦情（grievance）を有する，あるいは同様の仕方で害されたと申立てている他の個々人を代表して，訴え，もしくは訴えられることである。集団を代表する態様で訴訟を提起することが許されるのは，次の状況において法的権利の主張を許容するためである。すなわち，数多くの人々を伴っているために，また一部の事例では，個々に伴う金額が少ないために，この方法によらなければ，法的権利の立証が事実上阻まれるような状況である。さらにこの手段は，裁判所と当事者にとって，双方に共通の利益があるケースを裁判にかけるのに効率的で経済的な手段である。したがってクラス・アクションは，いくつかの重要な目的に資する。

クラス・アクションの現実の効用について現在の意見は分かれている。批判者は，提起された訴訟の多くが，極端に煩わしくコストと時間がかかっており，ほんの少ししか判決に到達していない事実を指摘する。さらに1970年代初期に，クラス・アクションの提起が非常に増大し，クラス・アクションは，弁護士が実入りのよい弁護士料（fat fee）を求めて提起するが，他の実益をほとんど生み出さないストライキ訴訟（strike suit）になっていると主張されるまでになった。1980年代にクラス・アクションの提起は減少したが，1990年代に，消費者と製造物責任の全国的クラス・アクシ

ョンの隆盛が見られ，再び批判者は，これらの訴訟は運用不可能（unmanageable）であり，多額の弁護士料を含めた早期の和解を強要するためにのみ提起されていると攻撃した。大規模で複雑な現代的クラス・アクションが，従来の対審システムの概念を変えているために，新たな批判が生じている。これは，２つの点に示される。第１に，裁判官の役割が受動的なものから非常に能動的なものに変わっている。そうなる必要があるのは，審理に居合わせないクラス構成員の権利が確実に守られるために，裁判官は非常に慎重に手続を監督しなければならないという事実があるためである。裁判官は，名を連ねた代表者や弁護士を信頼することはできない。彼らの利益は，様々な点で欠席のクラス構成員の利益と乖離することがあるからである。加えて，訴訟の複雑さのために，裁判官は多くの事例で行政官（administrator）として行動し，告知の計画や損害賠償を算定し分配する方法を工夫することが求められる。クラス・アクションが生み出した２つ目の主要な変化は，クラス・アクションが裁判所を政策領域に引き入れたということである。伝統的な２当事者間の訴訟では，裁判所は法創造について明示的な関心をほとんどもたず，焦点は審理を求められた特定の地域的問題にあてられる。クラス·アクションでは，裁判所は，公共政策（public policy）上の問題を扱うことを強いられ，それらの争点を行政部や立法部に委ねるのではない。伴う人々の数そのものが，訴えの基礎となっている政策や法には固有の公共の利益があるという事実を反映する。

さらに，クラス・アクションの訴訟当事者は，しばしば私的な法務総裁（attorney general）として機能し，彼らの訴訟の波及効果そのものによって法の固守や変更を強いる。

疑いなく，提起されている批判と懸念の一部に対応して，クラス・アクション改革のための提案がいくつか活発に検討されている。一般的に言うと，これらの提案は，様々な権利を立証するための重要な道具として，クラスへの救済手段を維持しながら，濫用を抑制し，クラス・アクションの手続の流れを合理化するための保護をいくつか提供しようとするものである。したがって，クラス・アクションの効用をめぐる論争は引きつづき行われる。次のことを了解することが重要である。すなわち，個々の裁判所が規則の要件を（狭く，あるいは緩やかに）適用するか，あるいは新たな運用手続を進んで採用するかは，クラス・アクションの批判者ないし唱導者が在りのままの状況を述べているかどうかについて，裁判所がもつ感触によってしばしば影響されるということである。

§8－2　クラス・アクションに関する法律のタイプ

今日，合衆国において，クラス・アクションに関する法律には，基本的に5つのタイプのある。これらの条項を概観すれば，各アプローチの下で関与性をもつ問題がいくつか例証される。

そもそも多くの州は，もとのエクィティの規則をモデルにしてクラス・アクションの規則を作った。クラス・アクションは，すべての構成員の併合が実行不可能であり，かつそれらの構成員の利益が充分に代表されている場合に許された。それ以上の指針は，裁判所に与えられなかった。クラス・アクションによる救済の利用可能性を主に制限したのは，この手段を用いる権限がエクィティでのみ認められたこと，つまり，損害賠償が求められている場合はこの手段が利用できなかったことである。今日，コモンローとエクィティの融合（merger）とともに，一般に州は，以下で説明するアプローチの1つを優先して，このアプローチを放棄した。

エクィティのアプローチと類似しているのは，フィールド法典を手続規則としている州が従っているアプローチである(Cal. Civ. Proc. Code § 382参照)。これらの州では，実践不可能な併合と代表の充分性という同じ最低要件が適用されるが，クラス・アクションはコモンローとエクィティで利用可能である。さらに，クラス構成員が共通の問題を共有していなければならない。また，しばしば裁判所は，画定できる（ascertainable）クラスがあることと，そのクラスが利害の共通性を有することを法典要件が要請していると解釈する。それらの要件を見るさい，裁判官は，本質的に次のことを考慮する。すなわち，少なくとも損害賠償の段階において，クラスの個々の構成員が特定できる（identifiable）かどうか，裁かれなければならない個々の争点と比較して，存在する共通の問題の数，および少なくともある程度まで，訴訟の社会的効用，である。このテストは，比較衡量によるものであり，裁判所は，代表の充分性およびクラス構成員側の利益の凝縮性に関する懸念と，訴訟の進行を許容することによってえられる経済性を衡量する。

クラス・アクションの規則のもう１つのタイプは，1938年の連邦の規定である。この規定は，もはや連邦裁判所では使われていないが，いくつかの州が従っている。そのアプローチには，実践不可能な併合，共通の問題，代表の充分性という同じ要件が存在する。加えて，訴訟は，裁判所が「本当の」（true），「混成の」（hybrid），「見せかけの」（spurious）という名称を付けた３つのカテゴリーの１つに入らなければならない。「本当の」訴訟では，クラス構成員は，共通の分割されない利益を共有する。このことが意味するのは，法の下で彼らが利益の点で連合している（united）と認識されるということである。例えば，合資会社（limited partnership）の社員（partner）や，夫婦共有財産制の州（community property state）において，共有利益を守るために訴えている夫婦である。「混成の」訴訟では，構成員は係争物である財産に対する利益を共有する。構成員の利益は，合同している（joint）必要はなく，むしろ焦点は財産にあてられる（典型的には，構成員が限られた資金の中から救済をえることを求めている場合，その資金）。「見せかけの」訴訟では，共通の問題のみによってクラス・アクションの権限が認められる。所与の訴訟を特定のカテゴリーに分類することによって，判決の拘束的効果が事実上確定される。見せかけの訴訟に存在する緩やかな連結のために，裁判所は，訴訟に加わることを選択したクラス構成員のみを拘束するのが典型的である。このことが実際上意味するのは，不首尾に終わった見せかけのクラス・アクションでは，名を連ねた当事者のみが拘束されるということである。責任に関してクラス勝訴の判決がなされれば，欠席の構成員は，それを利用し，損害賠償を求めて参入してもよい。本当のクラス・アクションと混成のクラス・アクションにおける判決は，それらの訴訟が成功しようとしまいと，欠席のクラス構成員すべてに対して拘束力をもつ。

もっとも広く使われているクラス・アクションの法律は，連邦規則の第23条の1966年版であり，連邦裁判所といくつかの州の手続を規律する。この規則は，最初の２つの項で要件を定め，それから残りの３つの項でクラス・アクションをどのようにして運用するかについて裁判所に指針を与えている。これら３つの項には，次のものが含まれる。すなわち，告知がいつ必要であり，何が含まれていなければならないかを定めている告知条項（第23条 (c)(2) と (d)(2)）；下位クラス（subclass）を設けることによって訴訟を再構築する権限（第23条 (c)(4)）と，欠席の構成員に訴訟参加する（intervene）ことを許容する権限（第23条 (d)(3)）；和解を承認し規律するための条項（第23条 (e)），である。焦点は，融通の利く運用手段の発展を促し，この領域におけるある種の指針を裁判所に提供することにある。

連邦規則第23条のクラスの要件も，実用主義的に規定されている。クラス承認を求める当事者は，その訴訟が第23条 (a) に定められた要件を充たし，第23条 (b) のカテゴリーの１つに入ることを示さなければならない。(a) 項の基本的要件は，さっき説明した1938年規則と同じである。しかし，(b) 項のカテゴリーは，より多くの指針を提供するためと，どのタイプの訴訟が提起されているかにかかわらず，すべてのクラス・アクション判決が拘束力をもつという意図をもって，変更された。クラス全体を拘束しない判決は，相手方当事者と欠席のクラス構成員に不利な波及効果を与える可能性があり，連邦規則第23条 (b)(1) は，その効果に焦点をあてている。相手方当事者は，抵触しあう個々の判決に直面した場合，どうしようもない立場におかれるかもしれないし，クラス・アクションの処遇が拒否された場合，欠席のクラス構成員の利益が事実上損ねられるかもしれない。連邦規則第23条 (b)(2) は，差止め命令による救済や宣言的判決による救済が，クラス全体について適切である場合，クラス・アクションを認めている。連邦規則第23条 (b)(3) は，共通の問題が支配的であり，かつクラス・アクションがその争訟を取り扱う相対的に優れた手段である場合，クラスとしての処遇を許容する。この最後の条項は，どんなものでも含めることができるものであり，手段として相対的に優れていることを確定するにあたり，裁判所に相当の裁量が与えられている。裁判所は，数ある中で次のことを計算に入れてもよい。すなわち，その訴訟が深刻な運用上の問題を提起するように見えるかどうか，どのような代替手段が存在するか，政策事項としてその訴訟が重要であるかどうか，である。

連邦規則第23条 (b)(3) の訴訟におけるクラス構成員間の唯一の結びつきは，共通の問題の存在であるから，構成員の利益が充分に保護されることを確保するために，連邦規則の他の部分に様々な手続が存在する。これらの訴訟では，告知が義務的（mandatory）であり，特定可能なクラス構成員すべてに個別の告知が郵送されなければならない（連邦規則第23条 (c)(2)。Eisen v. Carlisle & Jacquelin（S. Ct. 1974））。欠席のクラス構成員は，訴訟から離脱（opt out）できる（連邦規則第23条 (c)(3)）。彼らが実際に離脱する場合，判決に拘束されず，その代わりに，彼らは後にその判決を利用することができない。これらの追加的な保護――個別の告知とクラスから除外される権利――は，往々にしてコストがかかり面倒であるから，それらを避けるために，当事者は連邦規則第23条 (b) の最初の２つのカテゴリーに訴訟を適合させようとするのが一般的である。

クラス・アクションに関する法律の最後のカテゴリーは，1975年に採用されたニューヨーク州の法律，NYCPLR §§ 901-908 と，統一州法委員会（Commissioners on Uniform State Laws）が起草し，現在ノースダコタ州とアイオワ州が採用している1976年提案の「クラス・アクションに関する統一法」（Uniform Class Action Statute）によって代表される。また1970年代後半から，連邦の制度を改訂するために様々な法案（bill）が連邦議会で提案されたが，１つとして立法化されなかった。これらすべては，共通のアプローチを採用している――それらは，長くて複雑であり，現在の手続規則の下で生じてきた多くの争点のほとんどを特定的に扱おうとしている。それらは，クラス・アクションをいかにして取り扱うかについて，ずっと詳細な指針を裁判所に提供し，裁判所が苦心している問題に対して何らかの解決策を提供しようとしている。

§８－３　管轄権の要件

クラス・アクションの規則は，単に手続的なものであり，それ自体は裁判所に管轄権を付与しない。この複雑な場面において，管轄権の確立に関する伝統的規則をいかに適用するかという課題は，特別の問題を生じさせる。

第１に，連邦裁判所において，管轄権の基礎が州籍相違である場合，誰の州籍が決定を左右し，訴額はいかにして計算されるべきであろうか？最初の質問は容易に答えられる――州籍相違が存在するかどうかを確定する目的のために，名を連ねた代表当事者の州籍のみが考慮される。伴われる金額に関して合衆国最高裁は，クラス構成員が単一の権原ないし権利に対して共通かつ分割されない利益を主張しているのでないかぎり，クラス構成員の請求は，7万５千ドルの要件を充たすために合算できないと裁定した（Zahn v. International Paper Co.（S. Ct. 1973））。何が合同かつ共通の利益を構成するかは，先に説明した（前述§２－４参照）。合同ないし共通の利益を示すことができなければ，各構成員が管轄権のための最低額を超える請求を有していなければならないことになる。

実際上この規則は，例えば，多くの消費者訴訟や環境訴訟におけるように，管轄権が州籍相違にもとづいており，かつ個々の請求額が小さい場合，連邦裁判所で共通問題による損害賠償訴訟を起す能力を著しく制限する。

1985年に合衆国最高裁は，クラス・アクションの場面に人的管轄権の要件が適用可能かどうかをめぐる問題に取り組んだ（Phillips Petroleum Co. v. Shutts（S. Ct. 1985））。この問題は重要である。伝統的な管轄権の要件が適用されるならば，デュープロセスによる告知と接触要素（contact element）の両方が，欠席のクラス構成員すべてについて充足されなければならなくなるからである。裁判所は，次の認定をしなければならなくなる。すなわち，欠席のクラス構成員がフォーラム州と充分な最小限の接触をもっているので，彼らの請求に対して拘束力のある判決を行うことが，フェアプレイと実質的正義の概念と一貫する，という認定である（一般的に前述§２－９～§２－20参照)。これによって，全国規模あるいは多数の州の原告によるクラス・アクションが事実上いずれも排除されることになる。非居住のクラス構成員（「犠牲者」）が，フォーラム州と何らかの積極的な接触をもつことは稀であろうからである。したがってクラス・アクションの主唱者は，クラス・アクションには異なる取扱いをすべきであると主張した。フォーラムとの接触に焦点をおくのは，概して，被告に「家庭から遠く離れたところで」防御するように求めることの公正さを確保することをめざしたことであり，他方，クラス・アクションの場面では，欠席者をフォーラムに出廷させ裁判させるという意図はない，と主唱者は指摘した。クラス・アクションの目的は，代表者が欠席者に代って訴えることを許容することである。したがって，Hansberry v. Lee（S. Ct. 1940）に大きく依拠して，接触は必要でないと主張された。クラス・アクション判決の拘束的効果は，人的管轄権によって確定されるべきではなく，デュープロセスによって確定されるべきであり，デュープロセスが求めるのは，代表者が非居住の構成員を充分に代表することと，充分な告知が与えられることのみである。これらの規準の適用については，次節で論じる。

合衆国最高裁はShuttsケースにおいて，この論争を決着させて，裁判所が欠席のクラス構成員に対して管轄権を取得する必要はないと裁定した。このケースのクラス構成員は，充分に代表されており，離脱する機会とともに個別の告知を送付されていたから，デュープロセスは充足された。離脱しなかったことは，ほとんど黙示の同意の一形態として作用した。Shuttsは，その事実にもとづいて，デュープロセス上の要件を容易に充足した。欠席者の権利に対する非常に多くの保護手段が存在したからである。次節で論じるように，個別の告知とクラスから除外される機会が両方とも，それがなくても充分に代表される非居住のクラス構成員を拘束するための憲法上の要件であるかどうかは，不明瞭なままである。

§８－４　手続的公正さ：代表の充分性，告知，拘束的効果

クラス・アクションを許容するさいの主要な問題は，言い分を聞いても

らう機会を各人に提供するというデュープロセス上の要件と一貫する完全な拘束的効果を，クラス判決にいかにして与えるかであった。司法経済を達成するためには，クラス判決が名を連ねていない構成員さえも拘束することが絶対的に必要である。したがって合衆国最高裁は，クラス判決は，名を連ねた訴訟当事者のみがその訴訟の判決に拘束されるという伝統的規則の例外であると認めた（Supreme Tribe of Ben Hur v. Cauble（S. Ct. 1921））。利用された手続が欠席構成員の充分な保護を保証しない時のみ，デュープロセスは破綻する（Hansberry v. Lee（S. Ct. 1940））。

デュープロセスの要件を充たすことをめざした手続が２つあり，欠席構成員に告知するための適切なシステムと，彼らの利益を充分に保護する能力が名を連ねた代表者にあるかどうかを裁判所が慎重に調査することである。これらの要件が両方とも必要であるかどうか，一方を充足することによって他方の欠如を是正しうるかどうかは，明瞭でない。すべてのクラス・アクションで何らかの形態の告知が憲法上強制されるかどうかについて，下級裁判所の意見が割れてきた。この領域における合衆国最高裁の唯一の判決は，規則解釈に依拠し，連邦規則第23条 (b)(3) の訴訟に個別の告知を義務づけたが，他の条項の訴訟については検討しなかった（Eisen v. Carlisle & Jacquelin（S. Ct. 1974））。同様に，最高裁は，現実の告知がなされれば，クラス構成員が不充分な代表に対して後に異議を唱える権利を放棄した結果になるかという問題について裁定していない。前節で論じたPhillips Petroleum Co. v. Shutts（S. Ct. 1985）では，充分な代表と個別の告知の両方が存在し，またクラス構成員は離脱の機会を提供されたので，最高裁は，これらの保護の１つが不在である場合でもデュープロセスを充足できるかどうかについて裁定する必要はなかった。したがって，慎重な弁護士は，クラス判決を受ける場合にそれが副次的攻撃に服すことがないことを確実にするために，どちらの要件も見逃すべきでない。

代表の充分性は，名を連ねた当事者が，クラスに代ってどれほど熱心に訴訟を遂行し防御するかに影響しうるどんな事項も包含する弾力的なコンセプトである。もっとも中心的な問題は，クラスの利益と代表者の利益が衝突ないし敵対しているかどうかである。また裁判所は，クラスを代理する弁護士や代表者が最後まで訴訟を遂行できることを確かめるために，弁護士の能力や代表者の財源について調査してもよい。代表の充分性は非常に重要であるから，裁判所は，単にクラス承認の段階だけでなく，訴訟の全過程を通じてこの問題を考慮する義務を負っている。しかし，充分性の問題が，常に訴訟の却下という結果になる必要はない。裁判所は，衝突を回避ないし除去するために，新たに代表者を追加し，訴訟を定義し直すか下位クラスを作ることができ，また，それによって欠席構成員に充分な保護を与えて訴訟が進行できるなら，新たな弁護士を任命できる。

告知に関する深刻な問題は，告知を義務づける法律や規則が不在である場合，何らかの形態の現実ないし個別の告知が実行可能であれば，そのような告知をデュープロセスが要求するのか，あるいは，擬制ないし代替告知（constructive or substitute notice）の制度で充分であるかである。

告知に関する憲法上の基準は，非クラス・アクションに由来する（Mullane v. Central Hanover Bank & Trust Co.（S. Ct. 1950））。このケースは，住所が容易に把握できるすべての人に郵送による告知を要求したけれども，この結論は，個別の告知が実行可能（feasible）である――コストや負担がかかりすぎることがない――という認定に依拠しており，合衆国最高裁は，将来の訴訟で告知の「合理性」のテストをもっと全般的に採用しそうであるように見えた（前述§２－21参照）。さらに，告知が受け手に意味のあるものにするために，告知に何を含めるかという実践上の問題がある。要するに，どのような告知が適切であるかは，Mullane 判決と，可能なかぎり多くの欠席構成員に届けたいという要請を計算に入れて，ケースごとに決定されなければならない。

最後に，少なくとも損害賠償を求めるクラス・アクションでは，欠席する非居住のクラス構成員が離脱する機会を提供されることをデュープロセスが要求すると主張されてきた。この主張は，合衆国最高裁が Phillips Petroleum Co. v. Shutts（S. Ct. 1985）でカンザス州の制度を支持した時，クラス構成員がその機会を与えられていたことを，提供された保護の１つとして指摘したという事実に依拠している。しかし，告知と充分な代表の要件に関しても言えるように，それぞれのクラス・アクションにおいて，その拘束的効果を確保するために，Shutts に存在する保護手段すべてが利用可能でなければならないのか，あるいはもっと弾力的なアプローチをとってもよいのかは，不明瞭なままである。

§８－５　２つの問題：損害賠償の算定と弁護士料

クラス・アクションの分野において，多種多様な問題が表面化してきた。この節では，比較的重要な争点のうち２つ，つまり損害賠償の算定（damage assessment）と弁護士料（attorney's fee）について述べる。

損害賠償を求めるクラス・アクションにおける最大の難点の１つは，個々のクラス構成員の請求額が非常に小さい場合，あるいはクラスがきわめて大きい場合，あるいは個々の構成員を特定するのが潜在的に困難である場合，賠償金（remedy）をどのように算定し分配するかということである。異なるアプローチが試されてきたが，それらすべてが論争の的であり，あまり広く採用されていない。一部のケースでは，裁判所が被告の記録にもとづいて損害賠償の総額を算定したが，その記録によって違法な収益や超過請求が明らかになった。この方法は，損害賠償のために個別の事実審理を行う必要を軽減する。またコストや負担が比較的少ない方法を通じて分配を行うことができる――おそらく弁護士が執り行うことすらできる。２，３の裁判所は，さらに先まで進んで，クラス構成員を特定しようとすれば，きわめてコストがかかり，おそらく無駄骨になるケースにおいて，流動的賠償（fluid recovery）と呼ばれるものを発展させた。このアプローチでは，損害賠償の総額が証明された後，裁判所は，その損害賠償をクラス構成員に分配しようとはしない。その代わりに裁判所は，そのクラス・アクションが公共の利益になると認めたなら，同類の公共領域に恩恵を与えるために損害賠償を分配することができ，同時に裁判所の監督をほとんど要しない手段を工夫する。例えば，タクシー会社が料金を水増請求していたと認定されたケースでは，その会社は，違法な収益を吐き出すまでの特定の期間，料金を値下げすることが命じられた（Daar v. Yellow Cab Co.（Cal. 1967））。第２巡回区合衆国控訴裁判所は，このアプローチが連邦規則によって是認されず，告発者（accuser）に対面する被告のデュープロセス上の権利を侵害するという根拠で，これを拒絶した（Eisen v. Carlisle & Jacquelin（2d Cir. 1973））。そしてほとんどの連邦裁判所がこれに同調した。しかし，流動的賠償という手段は，州裁判所ではまだ有効性を保っている。

損害賠償が被告の記録を参照することによって計算できず，個々のクラス構成員の損失を調査することを要する場合に，損害賠償の算定についてさらに問題が起きる。大規模なクラス・アクションにおいてそのように個別の調査を行えば，結果として何千ものミニ事実審理が生じて，クラス・アクションの司法経済上の効果を損ない，事例によっては運用の悪夢（management nightmare）を創り出すことになりかねない。これに対応して，２，３の裁判所は，統計サンプルと他の類似手段にもとづいた損害賠償の証明を許容する実験を行った。しかし，このアプローチは，陪審審理を受ける被告の権利を侵害するとして異議が申立てられてきた。上訴裁判所が最終的にこの異議を支持するかどうかまだ分からないが，この異議は，損害賠償を求めるクラス・アクションの将来の生育可能性（viability）に重要な波及効果をもつ。

クラス・アクションの分野におけるもう１つの深刻な争いの源は，弁護士料である。クラス・アクションの反対者は，クラス・アクションが，公共の利益を擁護するためではなく，多額の弁護士料を生み出すために起されていると主張してきた。不幸なことに，この主張は多くの事例で真実であるように見える。したがって，裁判所は，弁護士料を合理的な制限内に抑えるために，弁護士料の算定基準を発展させ洗練するのに相当な注意を払ってきた。さらに，クラス・アクションの和解案が弁護士料を含んでいる場合，裁判官は，その和解案の審査にあたり，特に弁護士料の提示額に照らして，クラスが受ける賠償金額が適切であることを確認することにとりわけ神経質である。その目的は，弁護士に対するインセンティヴとして作用するが，棚ぼた（windfall）の結果にならないような賠償額を設定することにある。依然として，費やされる時間量が，弁護士料の基礎となる羅針盤であるが，裁判所は，それよりずっと詳細で，準備の各局面に使われた時間を反映する記録を必要としている。次にこの基礎金額は，ケースの新奇な性格や複雑さ，そのケースが生み出すと見られる利得に応じて増額できる。弁護士が非効率的な訴訟の進め方をしたと裁判所が認定した場合や，クラスが勝てなかった争点について費やされた時間を削るために，この金額を減額できる。したがって，弁護士料の調査は，必然的に詳細で複雑なものである。

B　競合権利者確定手続

§８－６　歴史と一般的要件

競合権利者確定手続（interpleader）は，エクィティの手段であり，この手段によって，義務を負っていることは承認するが，誰に対して負っているのかがはっきり分からない人（係争物所持者：stakeholder）が，お金や財産を裁判所に寄託（deposite）し，請求者となる可能性のある人々に対して，その人達の間で所有権（ownership）を争うことができる旨告知を送達する。この訴訟は，２段階で進められる。最初に裁判所は，競合権利者確定手続の使用が適切であるかどうかを確定する。適切である場合，係争物所持者は，訴訟からはずされる。次に裁判所は，財産に対する権利を確定する。公正な告知を送達されて訴訟で争う機会を与えられた人々は，係争物所持者に対して拘束され，同時にその人達どうしの間で拘束される。このように，この手続は，複数訴訟を減らし，二重ないし多重の責任，およびその危惧からさえも係争物所持者を守るように作用する。

歴史的には，競合権利者確定手続を利用するためには，係争物所持者は，対立する請求者による複数訴訟の煩雑さに対して正当な危惧を抱いていることを示さなければならなかった。請求者達は，同じ権利にもとづいて所有権を主張している必要はなかったが，まったく同一の財産について請求していなければならなかった。さらに係争物所持者は，次の主張をしなければならなかった。すなわち，自分は他の何らかの請求ついて請求者のいずれに対しても独立に責任を負っておらず，目下の係争物に利害をもたず，それに関して何らの請求も抗弁も主張しないということである。競合権利者確定手続に関する現代の法律は，これら最後の２つの要件を大部分放棄し，依然として示す必要があるのは，複数訴訟の煩雑さだけである。

しかし，エクィティの他の制約が，競合権利者確定手続を阻むことがある。例えば，係争物所持者が，消滅時効（laches）について非がある，あるいは対立請求の発展に寄与していた場合，裁判所は，その裁量を行使して救済を拒むことができる。州裁判所で競合権利者確定手続を使用することを阻む制限がもう１つある。それは，合衆国最高裁が次のように裁定したことによる。すなわち，競合権利者確定訴訟は対人的であり，裁判所は，請求者を判決に拘束するために，請求者それぞれに対して人的管轄権を取得する必要がある（New York Life Ins. Co. v. Dunlevy（S. Ct. 1916））。ほとんどの州は，この要件を充たすためにロングアーム法を採用していない（前述§２－９～２－10参照）。したがって，競合権利者確定手続は，主として連邦の手段である。

§８－７　連邦の競合権利者確定手続：法律と規則の比較

連邦裁判所で競合権利者確定手続を援用するには２つの異なる手段がある。１つは，連邦規則第22条であり，もう１つは，法律，28 U. S. C. A. § 1335である。両方の手続には，いくつかの類似点がある。係争物所持者が利害関係をもっていない，あるいは独立の責任に服していないという要件はない。連邦規則では，係争物所持者は，自分が「複数の責任」（multiple liability）に服しうることを示さなければならない。法律は，「複数訴訟の煩雑さ」（multiple vexation）に言及している。裁判所は，両方のフレーズを同じように解釈してきたので，いずれの規定においても複数訴訟の危惧を示すことで足りる。さらに，係争物所持者は，財産に対して将来請求がなされる可能性にもとづいて，いずれの手続も援用できる。つまり係争物所持者は，請求が提出されるまで訴訟提起を待つ必要はない。

しかし，実は競合権利者確定手続について，連邦規則と法律には大きな相違がいくつかある。まず，管轄権と裁判籍に関して，それぞれの方法に異なる要件が適用可能である。連邦規則第22条は，他のすべての併合規則と同様に機能する――それを利用する訴訟は，管轄権と裁判籍に関する通常の要件を充たさなければならない。法律による競合権利者確定手続では，特別の基準が適用される。したがって，連邦規則第22条のケースでは，７万５千ドルを超える額が争われていなければならず，完全な州籍相違がなければならず，どの請求者も係争物所持者と州籍が同じであってはならない。法律による競合権利者確定手続では，最小限の州籍相違が適用され，係争物所持者の州籍は関与性をもたない。唯一の関心事は，少なくとも２人の請求者の間で州籍相違が存在するということである（State Farm Fire & Cas. Co. v. Tashire（S. Ct. 1967））。さらに，訴額は，500ドルだけでよい（28 U. S. C. A. § 1335）。連邦規則第22条のケースの請求者に対する人的管轄権は，裁判所が所在する州の法で認められるものに制限されている。連邦規則第４条は，州境を越えるために州のロングアーム法を使うことを連邦裁判所に認めているけれども，そのような法律のほとんどは，競合権利者確定手続の状況に適合しない。それらの法律は，非居住者が州内で何らかの活動を行っていることを前提としており，単に州内に寄託されている資金に対して請求権をもつことを前提としていないからである。したがって，連邦規則第22条の訴訟は，領域的に制限されているのが典型的である――すべての請求者がフォーラム州に居住していなければならない。対照的に，法律による競合権利者確定訴訟では，全国規模の始審令状の送達が利用可能である（28 U. S. C. A. § 2361）。最後に，連邦規則第22条の訴訟の裁判籍が，一般的な裁判籍に関する法律のもとで適切であるのは，次の場所である。すなわち，同一の州に請求者すべてが居住している場合は，いずれかの請求者が居住している場所，他に訴訟を提起できる地区が存在しない場合は，請求の原因となった出来事ないし不作為の実質的部分が発生した場所（この文脈では，つきとめるのが潜在的に困難な場所である）か，すべての請求者が人的管轄権に服する場所，である（28 U. S. C. A. §

1391)。競合権利者確定手続に関する法律の下での訴訟では，裁判籍は，いずれかの請求者が居住している場所におかれる（28 U. S. C. A. § 1397)。

また他に言及に値する相違が2つある。法律による競合権利者確定訴訟では，係争物所持者は，訴訟が提起された時に，争われている財産を裁判所に寄託するか，その価額の保証証書（bond）を郵送しなければならない（28 U. S. C. A. § 1335)。連邦規則第22条には，寄託の要件はない。ただし，係争物所持者がそうすることを望めば，裁判所はそれを許容できる（連邦規則第67条)。したがって，係争物所持者ができるだけ長く財産を支配しつづける方が好ましいと思う場合，連邦規則第22条の競合権利者確定手続の方がふさわしい代替手段となる。他方，法律による手続では，裁判所は，請求者が他の場所で訴訟を起すことを差し止める特定の権限が与えられている（28 U. S. C. A. § 2361)。この権能は，関係する訴訟すべてを無差別に差し止めるために使うことはできないけれども，係争物所持者を複数訴訟による嫌がらせから守る潜在的武器を実際に提供する。連邦規則第22条の訴訟における連邦裁判所の差し止め権能は，これより不明瞭である。連邦裁判所は，連邦の反差し止めに関する法律（anti-injunction statute，28 U. S. C. A. § 2283）によって，特定的な法律上の権限が不在である場合，州の手続を差し止めることを一般的に禁じられているからである。唯一適用できる可能性のある例外は，競合権利者確定手続を進めている裁判所が，この文脈において「その管轄権の助けとして」（in aid of its jurisdiction）差し止めを考慮する場合であろう。この可能性は，決して確かなものではなく，したがって裁判所の差し止め権能の範囲は，法律による訴訟よりも連邦規則第22条の訴訟における方が狭いと言える。

§8－8　追加請求の主張

競合権利者確定訴訟で生じてきた1つの厄介な問題は，いったん競合権利者確定手続が適切であることが明瞭になった場合に，請求者が，相互にあるいは係争物所持者に対して追加請求を主張できるかどうかである。例えば，自動車保険の保険者が，その被保険者および，被保険者によって害されたとされる数人に対して競合権利者確定手続を行えば，それらの人々は，その訴訟の中で，相互に不法行為上の請求を主張できるであろうか？

明らかに，いかなる追加請求も，事物管轄権と人的管轄権の独立の基礎を提示する必要があるであろう。このことは，全国規模の始審令状の送達が利用可能であることのみを理由として，あるいは最小限の州籍相違のみを理由として，請求者が然るべく管轄権に服している場合，とりわけ妥当する。そうではないとすることは，請求者に対して信じられないような負担を生じさせるであろうし，司法経済の概念だけによっても正当化されない。実際，たとえ追加請求に関して管轄権の問題がないとしても，次のことが問われるであろう。すなわち，それらの請求を許容すれば，競合権利者確定訴訟を不当に複雑にし遅延させることになるかどうか，したがって，それらの新しい争点を訴訟に注入することが適切かどうかである。裁判所は，その問題をケースごとに決定する。

C　複数地区訴訟

§８－９　現代的対処法

現代的な法現象として，大量侵害（mass injury）というコンセプトがある。たった１つの欠陥製品の全国流通が，何百万ものユーザーを害し，全国規模のビジネスのたった１つの行為が，何百，何千もの消費者に影響し，潜在的な証券の不正規が，何十万もの投資家に波及効果を与える。あるいは，1つの飛行機墜落事故によって，しばしば何百人もの乗客が負傷し死亡する。しばしばこれらの大量侵害の結果，侵害を受けた当事者が居住する近隣の裁判所において，被害者の数だけ訴訟が提起されてきた。したがって，関係者全員に対する公正さを促進しながら司法経済を達成するために，これらの訴訟の運用方法に相当な注意が払われてきた。

利用されてきた様々な手法を詳細に検討することは，本書の範囲を超える。しかし，２つの主要な発展が言及に値する。１つ目は，「複雑な訴訟のためのマニュアル第３版」（Manual for Complex Litigation Third）（1995）

であり，これは連邦司法センター（Federal Judicial Center）が作成し，複雑な訴訟の問題領域のいくつかに光をあてて，何らかの解決策を提供することを目ざしたものである。これに含まれているのは，ケース運用と，開示や事実審理前手続のスケジュールに関する重要な提案，クラス・アクションの文脈において生じてきたいくつかの主要な争点に関する議論，それらの争点を扱った最近のケースの引用，それらの訴訟にかかわる裁判所と弁護士の手助けとなるその他多くの事柄，である。

特筆するに値する２つ目の発展は，法律上のものである。裁判所規程（Judicial Code）の1970年改正によって，「複数地区訴訟に関する司法委員会」（Judicial Panel on Multidistrict Litigation）が創設された（28 U. S. C. A. § 1407 参照）。この委員会は，アメリカ中の地区から指名された７人の裁判官から構成されており，調和のとれた事実審理前手続のために，いずれかの当事者の出願にもとづき，連邦裁判所で提起された関係訴訟すべてを１つの地区に移送する権限が与えられている。移送を受けるためには，申立人は，ケースには共通の事実問題があること，移送が「当事者と証人の便宜」に役立ち，それによって訴訟の「正義にかなった効率的な処理」（just and efficient conduct）を促進することを示さなければならない。この運用手段によって，重複開示と事実審理前の申立慣行が省かれる。さらに，移送先の裁判所を慎重に選択すれば，この種のケースでひどく込み合った審理予定を軽減することによって，また移送先の裁判所において比較的迅速な訴訟を当事者に確保することによって，多大な効率性が生み出される。この法律では，事実審理のさい訴訟はもとのフォーラムに戻ることになる。しかし，ほとんどの移送先裁判所は，判決に到達するまで，または訴訟が和解されるか申立にもとづいて決せられるまで，そのケースを保持することが慣行によって示されている。したがって，ケースは決して戻らず，それによってさらに大きな司法経済が達成される。複数地区の移送手段がもつ有用性のために，その範囲を拡張して，事実審理前と事実審理のために複数フォーラムに分散しているケースをもっと併合することを許容すべく，真剣な提案がなされつつある。

第９章　連邦訴訟における他の特別の問題

A　アクセスの障碍

§９－１　訴えの利益，ムートネス，司法判断適合性

連邦裁判所システムを創設する権限を認めている憲法条項は，連邦裁判所の司法権を「ケース」または「争訟」(controversies) に特定的に及ぼしている（合衆国憲法第３条２節)。連邦裁判所は，純粋に勧告的な意見 (advisory opinion) を言い渡すことはできない。何が正当なケースないし争訟を構成するかをつきとめる問題は，高度に複雑であり，連邦裁判所や連邦管轄権に関する教科課程や本でもっと詳細に研究されている (C. Wright, *Law of Federal Courts* 60-94 (5th ed. 1994) を参照)。第３条２節の要件を適用するために発展してきた主要な原理は，訴えの利益，ムートネス，司法判断適合性の原理である。次に簡単な説明を行う。

連邦裁判所において適切に認知される訴訟を起すためには，原告に訴えの利益 (standing) がなければならない――請求者は，より一般的な侵害と対比される，直接あるいは現実の侵害を被っていなければならない。訴えの利益に関する問題は，原告が法律，または政府決定の何らかの側面に異議を申立てようと試みる時に生じるのがもっとも一般的である。現実の侵害が存在することによって，訴訟で提起された問題が単に仮設的なものではないこと，その問題が「ケース」を構成する対審的文脈において提示されていることが保証される。さらに，現実の侵害を要件とすれば，原告が結果に対して充分な利害をもって，もっとも十全に訴訟を遂行することが保証される。公的な支出が不当であると感じた原告は，自分は納税者で

あり，そのために影響を受けるという根拠のみにもとづいて政府を相手に訴訟を提起することはできない。直接の侵害はなく，訴えの利益は利用できない。

訴えの利益による制約は，連邦裁判所がケースまたは争訟のみを受理するという憲法上の要件から派生するけれども，また特定のケースにおける決定も，時として訴えの利益の「分別にかかわる」（prudential）側面と呼ばれる真剣な政策的考慮を伴うことがある。この特徴のために，様々な判決に折り合いをつけることが非常に困難になっている。各ケースで裁判所は，請求者が実際に侵害を受けたかどうかだけでなく，伴う争点が，司法の干渉なしに立法部が政策を実行することが許容されるべき類のものであるかどうかも決定しているからである。したがって，訴えの利益の要件は，裁判所が決定できる争点のタイプを統制する役割を果たす。

ムートネス（mootness）は，訴えの利益と同じく基本的な問題である。つまり生きた，あるいは実在のケース（live or real case）が原告にあるか，ということである。主要な違いは，ムートネスの争点が提起される時期である。訴えの利益は，訴訟の冒頭に問題にされる。しかし，原告は，ケースまたは争訟の要件を充たすために，訴訟の全過程を通じて現実の侵害を被りつづけていなければならない。そうでない場合，訴訟はムートになったと言われ，却下される。例えば，面会規則に異議を申立てて訴えている囚人には，初めは訴えの利益があるであろう。しかし，ケースが判決に到るまでにその囚人が仮釈放（parole）になるか，規則が変更された場合，彼の請求はもはや生きた請求でなくなり，訴訟はムートネスのために却下されるであろう。このようにして，連邦裁判所は，仮設的な問題について勧告的意見を言い渡さないように守られている。

司法判断適合性（justiciability）は，請求者ではなく，提起されている争点に焦点をあてる。ある争点は，まだ審査のために熟して（ripe）いないという理由で，あるいは本質的に司法による決定よりも，むしろ政治的決定を伴っていると裁判所が結論づけるという理由で，司法判断に適合しないと判示されることがある。したがって，司法判断適合性というコンセプトは，非常に流動的である。裁判所は，ある訴訟で提示された争点について，その時点で決定すべきでないと何らかの理由で結論する時はいつでも，司法判断適合性を援用する。利用されてきた理論的根拠は，それらの争点が合衆国憲法の起草者が思い描いていたタイプの争訟を構成しないということである。

B　どの法が規律するか

§９－２　イーリー原理

特定の連邦法にもとづかないケースの審理にあたっている連邦裁判所（もっともよくあるのは，州籍相違の審理にあたっている連邦裁判所）において，どの法が規律するかという問題は，連邦裁判所の訴訟においてもっとも難しい問題の１つを提起してきた。この問題は，連邦政府と州政府の関係の核心に及んでいる。それは，抵触法や連邦管轄権に関する上級の教科課程において集中的に研究されている問題であり，J.Friedenthal, M.Kane & Miller, *Civil Procedure* Ch. 4（2d. ed. 1993）の中でもっと詳細に扱われている。

1938年まで，バランスは連邦によるコントロールに有利な方へ傾いており，連邦裁判所は，一般的な連邦コモンロー（general federal common law）を創造する権能を主張した。この立場は，合衆国最高裁がSwift v. Tyson（S. Ct. 1842）において行った「判決規則法」（Rules of Decision Act ）28 U. S. C. A. § 1652の解釈に由来した。この法律は，合衆国憲法，条約，あるいは合衆国議会の法律（Act of Congress）に別段の定めのないかぎり，連邦裁判所が「各州の法」（laws of several states）を裁判所の判決規則として適用することを特定的に要求した。Swift判決において最高裁は，この法律で言及されている「法」が，州の法律，または格別に「地域的」（local）性格をもった争点に関する州のコモンローに限定されていると解釈した。その後，最高裁は，Erie R. Co. v. Tompkins（S. Ct. 1938）において，Swift判決を先例更改（overrule）し，「判決規則法」の「法」が判例法（judgemade law）を含んでいると判示し，コモンローを発展させる権能を州へ戻した。1938年以降の一連の判決において最高裁は，連邦裁判所が州籍相違管轄で審理にあたっている場合，特定の争点について，連邦法と州法のいずれが規律するかを決定するのに必要な分析を注意深く解明してきた。この一連のケース全体に関する検討は，イーリー原理（Erie doctrine）と呼ばれる。

区別しなければならない２つの状況がある。１つ目は，連邦裁判所が，自らが特定の争点についてコモンローを創造する権限をもっているかどうかを決定している場合である。２つ目は，適用可能に見える連邦規則がある場合でも，州法に従わなければならないかどうかを決定することを連邦裁判所に要求する。１つ目のケースでは，イーリー判決が，連邦裁判所は実体的権利（substantive right）を規律する一般的な連邦コモンローの体系を創造する権能をもたないことを明瞭にしている。それは，修正第10条のもとで州に留保された権能である。「判決規則法」に関する唯一の憲法解釈は，法律の形にせよコモンローの形にせよ，州法が実体的事項を規律するということである。

しかし，連邦規則を伴う場合，連邦政府は正統な利益をもつ。合衆国憲法（第３条２節）によって認められたとおりに，連邦裁判所システムを創設するプロセスの一部として，裁判所システムを規制する手続的規則を定立することが含まれるからである。合衆国議会は，この必要を認識して，必要かつ適切条項（Necessary and Proper Clause）（第１条８節）の下での権限を利用し，「規則制定権授権法」（Rule Enabling Act）（28 U. S. C. A. § 2072）を制定し，連邦裁判所の訴訟手続について規則を公布する権限を合衆国最高裁に認めた。最高裁は，この権限を使って現行の「連邦民事訴訟規則」（Federal Rules of Civil Procedure）［連邦規則］を発展させてきた。したがって，適用できるように見える連邦規則が存在する場合に州法を適用しなければならないかという問題に裁判所が直面する場合，「判決規則法」は，もはや妥当しない。適切な問題は，連邦規則が「判決規則法」の範囲内にあるかどうかである。その答えには，次の検討が必要である。すなわち，その連邦規則が，裁判所の手続を規制することを実際にめざしているかどうか，あるいは争いの本案について裁判所が裁くための判決規則を変更することになるかどうかである。もし前者が妥当するなら，法律上および憲法上の基準が充たされ，連邦規則が決定を左右する（Hanna v. Plumer (S. Ct. 1965)）。

この説明は，スペクトルの２つの端を表している。多くの事例において，関係する法や争点は，純粋に実体的なものと分類することができないか，あるいは，問題の連邦規則が関係する問題について直接に定めていないことがある。これらの状況下で連邦裁判所が，州法を適用する義務を負っているかどうかを確定するための適切な分析をHanna判決は示唆した。その分析は，以下のように進められる。

最初のステップは，争点に適用可能な連邦規則があるかどうかを確かめることである。もしなければ，次の４つの要因を検討する。(1)その争点が，訴えの基礎となっている権利の創造と緊密に結びついているのか，緩やかに結びついているのか？　別言すれば，州法がどの程度実体的であるのか？　(2)連邦裁判所が異なる規則を適用すれば，連邦裁判所に有利なフォーラム漁り（forum shopping）を生み出すことになるという意味において，結果を確定する（outcome determinative）ことになるのか，あるいは法の不平等な施行という結果になるのか？　例えば，同じ訴訟原因について，連邦裁判所と州裁判所とで異なる出訴期限（limitation period）を適用すれば，それはまさに結果を確定することになる（Guaranty Trust Co. v. New York(S.Ct.1945)）。(3)州法を避けることにどんな連邦利益があるのか，あるいは連邦法を適用することによってどんな連邦政策が育成されるのか？(4)連邦の基準を使えば，連邦制（federalism）に逆行する波及効果をもつであろうか（州の利益の正統な領域を規制する州の能力を侵犯することになるであろうか）？（Byrd v. Blue Ridge Rural Elec. Cooperative, Inc. (S. Ct. 1958)）。これら４つの要因を比較衡量するにあたり，裁判所はきわどいケース（close case）において，次のことを計算に入れる。すなわち，イーリー原理の主眼が，何らかの重要な連邦利益を伴っていないかぎり，州を尊重することにあること，さもなくば，提示された争点に連邦法を適用すれば州の規制利益に干渉することになるということ，である。

伴っている争点について定めた連邦規則があれば，第2のステップは，州の規則と連邦規則に抵触があるかどうかを決定することである。抵触がなければ，検討は，ちょうど先に概説したものと同じ——連邦裁判所は，「判決規則法」のもとで，州法の適用を考慮することを要するかどうかであり，同じ4部分の比較衡量テストが適用される。例えば，連邦規則が提起された争点を特定して定めておらず，その領域を一般的に規制しているにすぎないが，その規制と矛盾しない非常に特定的な要件を州の規則が提供していれば，抵触はない。連邦裁判所は，連邦の条項に違反することなく州法を適用できるからである（Cohen v. Beneficial Indus. Loan Corp.（S. Ct. 1949））。同様に，たとえ2つの規則が，文面上抵触するように見える場合でも，連邦規則と州の規則が異なる目的をめざしており，4つの要因を比較衡量した後，連邦裁判所が州法を尊重すべきであると思えるならば，両方を適用できる（Walker v. Armco Steel Corp.（S. Ct. 1980））。しかし，連邦規則が州法と抵触すれば，連邦規則が上述した「判決規則法」の範囲内で適切に公布されたかどうかを検討することになる。もしそれが適切であるなら，合衆国憲法第6条「最高法規条項」（Supremacy Clause）が，連邦規則が規律すべきことを命じる。例えば，連邦規則が裁量的であるのに対して，州の規則が義務的要件を定めている場合，抵触を認定することができる。義務的要件の概念は，裁量を行使して各ケースをその事実との関係において判決する連邦裁判所の能力と矛盾することになるからである（Burlington Northern R. Co. v. Woods（S. Ct. 1987））。裁判所が，特定の連邦規則が授権立法の範囲内にないと確定すれば，裁判所は，それでも「判決規則法」のもとで州法に従わなければならないかどうかを確定するために，上述した4部分の分析を再び参照しなければならない。今日まで，連邦規則が「規則授権法」に違反すると認定されたことはない。それゆえ，実際問題として，いったん規則どうしが抵触すると認定されれば，連邦規則が規律する。しかし，強い連邦利益を伴っていない場合，連邦裁判所は，イーリー判決の基礎にある一般的政策と一貫すべく州の規定を尊重できるように，規則間に抵触はないと無理に認定することがしばしばである。

連邦民事訴訟規則ではなく，連邦の法律と州法のいずれが特定の争点を規律すべきかという問題が提示されている時，同様の分析が使われる。裁判所は，連邦の法律が，実際に提示された争点に対処することを目ざしているかどうかということと，その争点を州法が取り扱うやり方と抵触するかどうかを見定める。これらの２つの問に対する答えがイエスであるなら，合衆国憲法第６条「最高法規条項」のもとで連邦の法律が規律する（Stewart Organization, Inc. v. Ricoh Corp.（S. Ct. 1988））。連邦の法律が争点をカバーせず，もしくは抵触しなければ，裁判所は，それにもかかわらず「判決規則法」のもとで州法を尊重しなければならないかどうかを，上述の４つの要因を比較衡量することによって確認しなければならない。

この議論を通じて仮定されてきたことは，連邦裁判所が上述したような類の政策衡量を行うために，所与の争点に関する既存の州法を容易に確認できるということであった。残念なことに，これがいつもそうであるとは限らない。州最高裁の最近の判例がなく州法が流動的である状況，あるいは，その問題について管轄内の判例が存在しない状況に連邦裁判所が直面することは，珍しいことではない。それらの状況において，連邦の裁判官は，その争点に関する裁定として，州裁判所が従うであろうと信じる法を確定しようと努めなければならず，単に自らが「最良」であると信じる法を適用することはできない。

§９－３　どの州の法を準拠法とするかの選択

連邦裁判所が州法に拘束されるかどうかという問題は，州籍相違によって審理にあたる連邦裁判所が直面する規律法の問題の１つでしかない。当事者と出来事が州境を越えるケースでは，裁判所は，どの州の法を準拠法とすべきかも確定しなければならない。州どうしの法選択の決定を規律する原則は，「抵触法」（Conflict of Laws）の教科課程で教えられており，本書の範囲外である。ここでは，法選択に関するどの単一の原則も決定的でないことを特記することで充分である。むしろ様々な理論が存在し，この問題に対して異なる州が別々のアプローチに従っている。

法選択の原理は首尾一貫性（coherence）を欠いているから，連邦の州籍相違ケースにおいて，連邦裁判所が，抵触法規則に関する連邦の考え方を適用すると決定できるのか，それとも指針を求めて州の法選択規則に目をやらなければならないか，について重大な争点が提起される。合衆国最高裁は，Klaxon Co. v. Stentor Elec. Manufacturing Co.（S. Ct. 1941）において，この問題に答えて，Erie R. Co. v. Tompkins（前述§９－２参照）が促進する，連邦裁判所と州裁判所の垂直的統一性（vertical uniformity）の原則によって，連邦裁判所は，どの州の法を準拠法とするかを確定するために，フォーラム州の法選択規則を適用することを要すると裁定した。この結果は，連邦裁判所と州裁判所の間でフォーラム漁りがなされる潜在性を減じるけれども，原告の利益にもっとも資する抵触法原則をもつ州の裁判所で訴訟を係属させるために，連邦裁判所間のフォーラム漁りを必然的に助長する。それにもかかわらず，Klaxon 規則が，今日でも依然として有効な規律規則である。

１つの連邦裁判所から別の連邦裁判所へケースが移送される場合，競合し合う州法の選択について適用可能な規則が異なるために，異なる州の連邦裁判所間でなされるフォーラム漁りが，いっそう助長される（前述§２－30参照）。移送先の裁判所は，移送元のフォーラムの法選択規則を適用しなければならない（Van Dusen v. Barrack（S. Ct. 1964））。移送は，法廷（courtroom）を変更するが，法は変更しない。しかし，原告のもとのフォーラム選択は，適切でなければならず，恣意的であってはならない。ケースが，裁判籍が不適切であることを理由として移送されれば，移送先の裁判所は，自身の州の法選択規則を適用できる。

§９－４　連邦コモンロー

Erie R. Co. v. Tompkins は，連邦裁判所からコモンローを創出するすべての権限を取り除いたわけではなかった。この判決は，次の状況においてのみその権限を制約した。すなわち，裁判所が州籍相違で審理にあたっており，連邦の法律上または憲法上の明瞭な利益が付随しておらず，したがって州法が規律すべきことを「判決規則法」が命じる状況である。連邦コモンローを創出する権限の源は，法律による明示もしくは黙示の付与の場合があり，また事例によっては合衆国憲法そのものに由来する場合もある。一貫した慣行も永続的な慣行もない。２，３の実例が連邦裁判所の権能の範囲を示唆する。

合衆国議会によるコモンロー権能の付与のもっとも鮮明な例は，1976年に制定された連邦証拠規則第501条である。その規則は，「理性と経験に照らして発展してきた合衆国裁判所の［特権］規則」を連邦ケースに適用するよう連邦裁判所に指図している。合衆国最高裁が次のように裁定した時，合衆国議会による黙示的指示が労働法の分野で認定された。すなわち，合衆国議会が連邦裁判所に特別な労働法管轄権をおいた時，州ならばどうするかということに束縛されずに，団体交渉（collective bargaining）に関する統一的で全国的な法を発展させる権限を連邦裁判所に黙示的に認めたのである（Textile Workers Union v. Lincoln Mills（S. Ct. 1957））。コモンローを創出する法律上の権限と対比して，憲法上の権限が認定されてきたケースには，国際関係の分野について，Banco Nacional de Cuba v. Sabbatino（S. Ct. 1964），州際（interstate）の水利配分の問題について，Hinderlider v. La Plata River & Cherry Creek Ditch Co.（S. Ct. 1938），連邦の商業証券（commercial paper）にもとづく合衆国政府の義務を定義するケース，Clearfield Trust Co. v. United States（S. Ct. 1943）がある。

連邦コモンローの権限を支持したこれらのケースとイーリー判決そのものとの区別は，連邦利益の程度に関係する区別である。合衆国憲法第３条２節による州籍相違管轄権の付与は，それのみで連邦の規制利益を確立するものではなく，単にそれは，地元のフォーラムでは偏見をもたれていると感じるかもしれない州外居住者のために偏りのないフォーラムを提供したいという要請を反映しているにすぎない。上のパラグラフで説明したような直接の連邦利益を伴っている場合，修正第10条は，もはや結果を左右せず，裁判所は，その連邦利益を実現し守るために，自由にコモンローを創出できる。さらに，特定の争点について，あるいは特定の分野において連邦コモンローを創出することが適切であるといったん決定されれば，合衆国憲法第6条最高法規条項によって，そのコモンローが州の法律および判例法（decisional law）に置き換わる。次節で論じるように，そのコモンローは，連邦と州の両方の裁判所で適用されなければならない。

§9－5　連邦法と州裁判所

連邦の法律にもとづく訴訟が州裁判所で起された場合，裁判所は，その連邦の法律に明示的に規定されていないどの事項についても規律法の問題に直面する。州裁判所は，自身の手続を利用して，その争点についてコモンローを発展できるのか，それとも連邦裁判所が発展させてきたアプローチや法に拘束されなければならないのか？　問題の立て方は，州籍相違における連邦裁判所が直面するものと同じように見えるが，その解決法はいくぶん異なる。イーリー原理を裏づけている理論的説明は，修正第10条が州に権能を留保していることにもとづいている。それは，ケースを留保条項の範囲外におくような何らかの連邦利益があるかどうかという難しい分析を必要とする。しかし，訴訟が州裁判所にある時，その裁判所は，合衆国憲法の最高法規条項によって，連邦法に従うことを求められる——注意深い利益衡量はまったく必要でない。

しかし，競合管轄権をもつ州裁判所にあまりに大きな負担を課さないために，合衆国最高裁は，州はそのケースを審理するために自身の手続を利用できると裁定した。その鍵は，州と連邦のケースを区別せずにそれらの手続が適用されなければならないということであり（Testa v. Katt（S. Ct. 1947）），主張されている連邦の実体的権利をそれらの手続が侵すことがあってはならない（Dice v. Akron, Canton & Youngstown R. Co.（S. Ct. 1952））。州裁判所は，連邦訴訟を審理するためにまったく新しい上部構造（superstructure）を採用する必要はない。

翻訳者のあとがき

いろいろな経緯から，最終的に小生がこの本の翻訳を依頼された。仕事の依頼があるのは，光栄なことだと思って，深く考えずに承諾した。後になってから，自分がこのシリーズの訳者となることが何となく場違いなように思えたし，アメリカ合衆国の民事訴訟手続については，小生より造詣の深い適任の先生がおられるようにも思えた。それでも，この仕事を引き受けてよかったと思っている。怠け者の小生が怠けずに済んだし，アメリカの民事訴訟手続について全般的に勉強しなおすことができたからである。

本書の英文と叙述は，このシリーズの趣旨にそくした簡潔，明瞭なものであった。ただ，きわだった特徴として，助動詞の may が異例なほど多用されており，その代わりに can がほとんど使われていない。不思議だなぁ，と思いながら読みすすめるうちに，次のような考えが浮かんだ。つまり，それは，ある手続に関する説明について「～できる」(can) と言い切れないという著者の判断を反映しているということである。つまり，その箇所で説明している手続要件を充たしていても，目下のトピックではないので直接触れられていない他の手続も同時にすべて充たしていなければ，can とは言えないということである。あるいは，may は，州や地区によって手続が異なることを含意している場合もあるであろう。いずれにせよ，この語法は，そのままアメリカの民事訴訟手続の特色を表しているという感想をもった。はじめ一貫して頑固に「～しうる」と訳していたが，日本語だけ読みかえしてみると，どうも読みづらいので，「～できる」と訳した箇所が相当にある。したがって，読者の方々には「～できる」と書かれてあっても，原文は may かもしれないと思ってお読みいただきたい。

この翻訳を読むことを通じて同時に法律英語に触れる機会をもってもらいたいと考え，原語を頻繁に挿入した。「判決」や「弁護士」などの素朴な単語まで，それに相当する英語を添えた。また，必要に応じて，間隔をおいて２度明示した原語もある。英米法の用語に精通しておられる方々には，まことに煩わしいかぎりであるが，そういう趣旨であるのでご理解いただきたい。訳語の選択にあたっては，田中英夫編集代表『英米法辞典』（1991年）にほとんど準拠したが，例外的にそれと異なる訳語を付けたものもある。例えば，collateral estoppel は，「争点効」と訳されるのが一般的であるが，本書では，collateral estoppel effect という表現が何度か使われており，「争点効の効力」では重言になるので，「副次的禁反言（の効力）」という原語に近い訳語をあてた。また，process（訴状，被告召喚令状，始審令状）という言葉は，「訴状」という訳語が選ばれることが多いが，本書では，complaint「訴状」と区別する必要があったので，「始審令状」という訳語を選択した。Merriam-Webster's Dictionary of Law（1996）の process の項目には，「民事訴訟手続では，被告に対する召喚状（summons）の送達（service）が憲法上充分な process であると考えられているが，通常，complaint の写しも提供されなければならない」とある。

本書が出版されて以来（第４版，1996年），合衆国最高裁判所は，連邦民事訴訟規則（Federal Rules of Civil Procedure：本文では，「連邦規則」と略称）を何度か改正してきた。また，2003年12月に発効が予定されている改正もある。これらの改正は，部分的なものであり，改正された条項は，本書では言及されていないか，言及されていても，その部分の解説が要約的な叙述をしているので，改正後の規定に関する説明としても依然として有効である場合がほとんどであったように思う（1998年と2000年の改正について若干の訳注を付けた）。裁判制度に関する合衆国議会の制定法（28 U.S.C.A…）については，本書が出版された直後に州籍相違ケースに対する訴額の要件が変更された（５万ドルが７万５千ドルになった）ことなどについて，若干の訳注を付けた。

小林秀雄が「翻訳」（『新訂小林秀雄全集』第８巻所収（1978年））という題の短い文章の中で，良い翻訳をするには，原文を何度も読み返して完全に頭に入った後で，原文を見ずに自分の講義をするつもりで訳すのがよい，という趣旨のことを書いている。小生の拙訳は，とてもその境地に達していない。しかし，できるだけ原文に忠実に正確に訳しながら日本語として読みやすく訳すという最低限のマナーには注意したつもりである。拙訳が，少しでも多くの人々に何らかの形でお役に立てることを祈念する。

判例一覧

判例の末尾に本文の頁数を示す

A

Adams v. Pearson, 411 Ill. 431, 104 N.E.2d 267 (Ill.1952), *192*
Aldinger v. Howard, 427 U.S. 1, 96 S.Ct. 2413, 49 L.Ed.2d 276 (1976), *36*
Anderson v. Liberty Lobby, Inc., 477 U.S. 242, 106 S.Ct. 2505, 91 L.Ed.2d 202 (1986), *141*
Apodaca v. Oregon, 406 U.S. 404, 92 S.Ct. 1628, 32 L.Ed.2d 184 (1972), *152*
Asahi Metal Industry Co., Ltd. v. Superior Court of California, Solano County, 480 U.S. 102, 107 S.Ct. 1026, 94 L.Ed.2d 92 (1987), *56, 62*
Atkinson v. Superior Court In and For Los Angeles County, 49 Cal.2d 338, 316 P.2d 960 (Cal.1957), *71*
Atlas Roofing Co., Inc. v. Occupational Safety and Health Review Com'n, 430 U.S. 442, 97 S.Ct. 1261, 51 L.Ed.2d 464 (1977), *158*

B

Banco Nacional de Cuba v. Sabbatino, 376 U.S. 398, 84 S.Ct. 923, 11 L.Ed.2d 804 (1964), *239*
Beacon Theatres, Inc. v. Westover, 359 U.S. 500, 79 S.Ct. 948, 3 L.Ed.2d 988 (1959), *156*
Becher v. Contoure Laboratories. Inc., 279 U.S. 388, 49 S.Ct. 356, 73 L.Ed. 752 (1929), *201*
Bernhard v. Bank of America Nat. Trust & Savings Ass'n, 19 Cal.2d 807, 122 P.2d 892 (Cal.1942), *197*
Blackmer v. United States, 284 U.S. 421, 52 S.Ct. 252, 76 L.Ed. 375 (1932), *49*
Buckeye Boiler Co. v. Superior Court of Los Angeles County, 71 Cal.2d 893, 80 Cal.Rptr. 113, 458 P.2d 57 (Cal.1969), *61*
Burger King Corp. v. Rudzewicz, 471 U.S. 462, 105 S.Ct. 2174, 85 L.Ed.2d 528 (1985), *58, 60*
Burlington Northern R. Co. v. Woods, 480 U.S. 1, 107 S.Ct. 967, 94 L.Ed.2d 1 (1987), *236*
Burnham v. Superior Court of California, County of Marin, 495 U.S. 604, 110 S.Ct. 2105, 109 L.Ed.2d 631 (1990), *68*
Business Guides, Inc. v. Chromatic Communications Enterprises, Inc., 498 U.S. 533, 111 S.Ct. 922, 112 L.Ed.2d 1140 (1991), *93*
Byrd v. Blue Ridge Rural Elec. Co-op., Inc., 356 U.S. 525, 78 S.Ct. 893, 2 L.Ed.2d 953 (1958), *235*

C

Calder v. Jones, 465 U.S. 783, 104 S.Ct. 1482, 79 L.Ed.2d 804 (1984), *58, 72*
Celotex Corp. v. Catrett, 477 U.S. 317, 106 S.Ct. 2548, 91 L.Ed.2d 265 (1986), *141*
Clearfield Trust Co. v. United States, 318 U.S. 363, 318 U.S. 744, 63 S.Ct. 573, 87 L.Ed. 838 (1943), *239*
Cohen v. Beneficial Indus. Loan Corp., 337 U.S. 541, 69 S.Ct. 1221, 93 L.Ed. 1528 (1949), *207, 236*
Colgrove v. Battin, 413 U.S. 149, 93 S.Ct. 2448, 37 L.Ed.2d 522 (1973), *152*
Commissioner v. Sunnen, 333 U.S. 591, 68 S.Ct. 715, 92 L.Ed. 898 (1948), *201*
Connecticut v. Doehr, 501 U.S. 1, 111 S.Ct. 2105, 115 L.Ed.2d 1 (1991), *181*
Coopers & Lybrand v. Livesay, 437 U.S. 463, 98 S.Ct. 2454, 57 L.Ed.2d 351 (1978), *209*
Cornelison v. Chaney, 127 Cal.Rptr. 352, 545 P.2d 264 (Cal. 1976), *59*
Curtis v. Loether, 415 U.S. 189, 94 S.Ct. 1005, 39 L.Ed.2d 260 (1974), *158*

D

Daar v. Yellow Cab Co., 67 Cal.2d 695, 63 Cal.Rptr. 724, 433 P.2d 732 (Cal.1967), *224*
Dairy Queen, Inc. v. Wood, 369 U.S. 469, 82 S.Ct. 894, 8 L.Ed.2d 44 (1962), *157*
D. H. Overmyer Co. Inc., of Ohio v. Frick Co., 405 U.S. 174, 92 S.Ct. 775, 31 L.Ed.2d 124, 61 O.O.2d 528 (1972), *70*
Dice v. Akron, C. & Y. R. Co., 342 U.S. 359, 72 C.Ct. 312, 96 L.Ed. 398, 47 O.O. 53 (1952), *240*

E

Edmonson v. Leesville Concrete Co., Inc., 500 U.S. 614, 111 S.Ct. 2077, 114 L.Ed.2d 660 (1991), *162*
Eisen v. Carlisle and Jacquelin, 417 U.S. 156, 94 S.Ct. 2140, 40 L.Ed.2d 732 (1974), *218, 221*
Eisen v. Carlisle and Jacquelin, 479 F.2d 1005 (2nd Cir.1973), *224*
Eisen v. Carlisle and Jacquelin, 370 F.2d 119 (2nd Cir.1966), *208*
Erie R. Co. v. Tompkins, 304 U.S. 64, 58 S.Ct. 817, 82 L.Ed. 1188, 11 O.O. 246 (1938), *233, 238*
Erlanger Mills, Inc. v. Cohoes Fibre Mills, Inc., 239 F.2d 502 (4th Cir.1956), *71*

F

Fall v. Eastin, 215 U.S. 1, 30 S.Ct. 3, 54 L.Ed. 65 (1909), *42*
Finley v. United States, 490 U.S. 545, 109 S.Ct. 2003, 104 L.Ed.2d 593 (1989), *36*
Fisher Governor Co. v. Superior Court of City and County of San Francisco, 53 Cal.2d 222, 1 Cal.Rptr. 1, 347 P.2d 1 (Cal.1959), *61*
Forgay v. Conrad, 47 U.S. 201, 6 How. 201, 12 L.Ed. 404 (1848), *209*

Fuentes v. Shevin, 407 U.S. 67, 92 S.Ct. 1983, 32 L.Ed.2d 556 (1972), *181*

G

Galloway v. United States, 319 U.S. 372, 63 S.Ct. 1077, 87 L.Ed. 1458 (1943), *166*
Goldlawr, Inc. v. Heiman, 369 U.S. 463, 82 S.Ct. 913, 8 L.Ed.2d 39 (1962), *81*
Greene v. Lindsey, 456 U.S. 444, 102 S.Ct. 1874, 72 L.Ed.2d 249 (1982), *70*
Guaranty Trust Co. v. York, 326 U.S. 99, 65 S.Ct. 1464, 89 L.Ed. 2079 (1945), *235*
Gully v. First Nat. Bank, 299 U.S. 109, 57 S.Ct. 96, 81 L.Ed. 70 (1936), *26*

H

Hanna v. Plumer, 380 U.S. 460, 85 S.Ct. 1136, 14 L.Ed.2d 8 (1965), *235*
Hansberry v. Lee, 311 U.S. 32, 61 S.Ct. 115, 85 L.Ed. 22 (1940), *220, 221*
Hanson v. Denckla, 357 U.S. 235, 78 S.Ct. 1228, 2 L.Ed.2d 1283 (1958), *55, 59*
Harris v. Balk, 198 U.S. 215, 25 S.Ct. 625, 49 L.Ed. 1023 (1905), *51*
Helicopteros Nacionales de Colombia, S.A. v. Hall, 466 U.S. 408, 104 S.Ct. 1868, 80 L.Ed.2d 404 (1984), *57, 59, 61*
Herbst v. International Tel. & Tel. Corp., 495 F.2d 1308 (2nd Cir.1974), *209*
Hess v. Pawloski, 274 U.S. 352, 47 S.Ct. 632, 71 L.Ed. 1091 (1927), *54, 60*
Hickman v. Taylor, 329 U.S. 495, 67 S.Ct. 385, 91 L.Ed. 451, 34 O.O. 395 (1947), *128*
Hinderlider v. La Plata River & Cherry Creek Ditch Co., 304 U.S. 92, 58 S.Ct. 803, 82 L.Ed. 1202 (1938), *239*

I

International Shoe Co. v. Washington, 326 U.S. 310, 66 S.Ct. 154, 90 L.Ed. 95 (1945), *54, 59*

K

Katchen v. Landy, 382 U.S. 323, 86 S.Ct. 467, 15 L.Ed.2d 391 (1966), *158*
Keeton v. Hustler Magazine, Inc., 465 U.S. 770, 104 S.Ct. 1473, 79 L.Ed.2d 790 (1984), *58*
Klaxon Co. v. Stentor Electric Mfg. Co., 313 U.S. 487, 61 S.Ct. 1020, 85 L.Ed. 1477 (1941), *238*
Kramer v. Caribbean Mills, Inc., 394 U.S. 823, 89 S.Ct. 1487, 23 L.Ed.2d 9 (1969), *29, 100*
Kulko v. Superior Court of California In and For City and County of San Fracisco, 436 U.S. 84, 98 S.Ct. 1690, 56 L.Ed.2d 132 (1978), *56*

L

La Buy v. Howes Leather Company, 352 U.S. 249, 77 S.Ct. 309, 1 L.Ed.2d 290 (1957), *210*
Louisville & N.R. Co. v. Mottley, 211 U.S. 149, 29 S.Ct. 42, 53 L.Ed. 126 (1908), *26*

Lyons v. Westinghouse Electric Corporation, 222 F.2d 184 (2nd Cir.1955), *200*

M

McDonald v. Mabee, 243 U.S. 90, 37 S.Ct. 343, 61 L.Ed. 608 (1917), *73*
McGee v. International Life Ins. Co., 355 U.S. 220, 78 S.Ct. 199, 2 L.Ed.2d 223 (1957), *60*
Mennonite Bd. of Missions v. Adams, 462 U.S. 791, 103 S.Ct. 2706, 77 L.Ed.2d 180 (1983), *69*
Milliken v. Meyer, 311 U.S. 457, 61 S.Ct. 339, 85 L.Ed. 278 (1940), *49*
Mitchell v. W. T. Grant Co., 416 U.S. 600, 94 S.Ct. 1895, 40 L.Ed.2d 406 (1974), *181*
Mullane v. Central Hanover Bank & Trust Co., 339 U.S. 306, 70 S.Ct. 652, 94 L.Ed. 865 (1950), *69, 71, 222*

N

National Equipment Rental, Limited v. Szukhent, 375 U.S. 311, 84 S.Ct. 411, 11 L.Ed.2d 354 (1964), *70*
New York Life Ins. Co. v. Dunlevy, 241 U.S. 518, 36 S.Ct. 613, 60 L.Ed. 1140 (1916), *51, 71, 226*
New York Times Co. v. Connor, 365 F.2d 567 (5th Cir.1966), *72*
Nixon v. Sirica, 487 F.2d 700, 159 U.S.App.D.C. 58 (D.C.Cir.1973), *210*
N.L.R.B. v. Jones & Laughlin Steel Corp., 301 U.S. 1, 57 S.Ct. 615, 81 L.Ed. 893 (1937), *158*

O

Omni Capital Intern. v. Rudolf Wolff & Co., Ltd., 484 U.S. 97, 108 S.Ct. 404, 98 L.Ed.2d 415 (1987), *47, 62*
Osborn v. Bank of United States, 22 U.S. 738, 6 L.Ed. 204 (1824), *27*
Owen Equipment & Erection Co. v. Kroger, 437 U.S. 365, 98 S.Ct. 2396, 57 L.Ed.2d 274 (1978), *36*

P

Parklane Hosiery Co., Inc. v. Shore, 439 U.S. 322, 99 S.Ct. 645, 58 L.Ed.2d 552 (1979), *199, 200*
Pennoyer v. Neff, 95 U.S. 714, 5 Otto 714, 24 L.Ed. 565 (1877), *50, 68*
Pernell v. Southall Realty, 416 U.S. 363, 94 S.Ct. 1723, 40 L.Ed.2d 198 (1974), *158*
Phillips Petroleum Co. v. Shutts, 472 U.S. 797, 105 S.Ct. 2965, 86 L.Ed.2d 628 (1985), *219, 221, 222*
Piper Aircraft Co. v. Reyno, 454 U.S. 235, 102 S.Ct. 252, 70 L.Ed.2d 419 (1981), *80*
Provident Tradesmens Bank & Trust Co. v. Patterson, 390 U.S. 102, 88 S.Ct. 733, 19

L.Ed.2d 936 (1968), *102*

R

Ross v. Bernhard, 396 U.S. 531, 90 S.Ct. 733, 24 L.Ed.2d 729 (1970), *156, 157*
Rush v. Savchuk, 444 U.S. 320, 100 S.Ct. 571, 62 L.Ed.2d 516 (1980), *66*

S

Schlagenhauf v. Holder, 379 U.S. 104, 85 S.Ct. 234, 13 L.Ed.2d 152 (1964), *126*
Seider v. Roth, 269 N.Y.S.2d 99, 216 N.E.2d 312 (N.Y.1966), *52*
Shaffer v. Heitner, 433 U.S. 186, 97 S.Ct. 2569, 53 L.Ed.2d 683 (1977), *63, 67*
Shamrock Oil & Gas Corp. v. Sheets, 313 U.S. 100, 61 S.Ct. 868, 85 L.Ed. 1214 (1941), *38*
Sibbach v. Wilson & Co., 312 U.S. 1, 312 U.S. 655, 61 S.Ct. 422, 85 L.Ed. 479 (1941), *122*
Singer v. Walker, 261 N.Y.S.2d 8, 209 N.E.2d 68 (N.Y.1965), *61*
Skelly Oil Co. v. Phillips Petroleum Co., 339 U.S. 667, 70 S.Ct. 876, 94 L.Ed. 1194 (1950), *27*
Sniadach v. Family Finance Corp. of Bay View, 395 U.S. 337, 89 S.Ct. 1820, 23 L.Ed.2d 349 (1969), *181*
Snyder v. Harris, 394 U.S. 332, 89 S.Ct. 1053, 22 L.Ed.2d 319 (1969), *32*
Societe Internationale Pour Participations Industrielles Et Commerciales, S. A. v. Rogers, 357 U.S. 197, 78 S.Ct. 1087, 2 L.Ed.2d 1255 (1958), *121*
State Farm Fire & Cas. Co. v. Tashire, 386 U.S. 523, 87 S.Ct. 1199, 18 L.Ed.2d 270 (1967), *227*
Stewart Organization, Inc. v. Ricoh Corp., 487 U.S. 22, 108 S.Ct. 2239, 101 L.Ed.2d 22 (1988), *237*
Strawbridge v. Curtiss, 7 U.S. 267, 2 L.Ed. 435 (1806), *28*
Supreme Tribe of Ben Hur v. Cauble, 255 U.S. 356, 41 S.Ct. 338, 65 L.Ed. 673 (1921), *221*
Surowitz v. Hilton Hotels Corp., 383 U.S. 363, 86 S.Ct. 845, 15 L.Ed.2d 807 (1966), *94*
Swift v. Tyson, 41 U.S. 1, 16 Pet. 1, 10 L.Ed. 865 (1842), *233*

T

Testa v. Katt, 330 U.S. 386, 67 S.Ct. 810, 91 L.Ed. 967 (1947), *240*
Textile Workers Union of America v. Lincoln Mills of Ala., 353 U.S. 448 77 S.Ct. 912, 1 L.Ed.2d 972 (1957), *239*
Tull v. United States, 481 U.S. 412, 107 S.Ct. 1831, 95 L.Ed.2d 365 (1987), *158*
Tulsa Professional Collection Services, Inc. v. Pope, 485 U.S. 478, 108 S.Ct. 1340, 99 L.Ed.2d 565 (1988), *69*

U

United Mine Workers of America v. Gibbs, 383 U.S. 715, 86 S.Ct. 1130, 16 L.Ed.2d 218 (1966), *34*

United Steelworkers of America, AFL-CIO v. R. H. Bouligny, Inc., 382 U.S. 145, 86 S.Ct. 272, 15 L.Ed.2d 217 (1965), *29*

Upjohn Co. v. United States, 449 U.S. 383, 101 S.Ct. 677, 66 L.Ed.2d 584 (1981), *130*

V

Van Dusen v. Barrack, 376 U.S. 612, 84 S.Ct. 805, 11 L.Ed.2d 945 (1964), *238*

Varsity Amusement Co. v. Butters, 155 Colo. 330, 394 P.2d 603 (Colo.1964), *192*

W

Walker v. Armco Steel Corp., 446 U.S. 740, 100 S.Ct. 1978, 64 L.Ed.2d 659 (1980), *236*

Walker v. City of Hutchinson, Kan., 352 U.S. 112, 77 S.Ct. 200, 1 L.Ed.2d 178 (1956), *69*

Western Union Tel. Co. v. Pennsylvania, 368 U.S. 71, 82 S.Ct. 199, 7 L.Ed.2d 139 (1961), *71*

World-Wide Volkswagen Corp. v. Woodson, 444 U.S. 286, 100 S.Ct. 559, 62 L.Ed.2d 490 (1980), *55, 56*

Z

Zahn v. International Paper Co., 414 U.S. 291, 94 S.Ct. 505, 38 L.Ed.2d 511 (1973), *32, 219*

訳者略歴

石田 裕敏（いしだ・やすとし）

1960年　大阪生まれ

1984年　大阪外国語大学英語学科卒業

1987年　京都大学法学部卒業

1992年　京都大学法学研究科博士課程単位取得退学

現　在　姫路獨協大学法学部教授（英米法）

著　書　「アメリカ合衆国の民事訴訟における陪審裁判を受ける権利」(1)(2)　法学論叢127·4(1990)128·2号(1991)

訳　書　M.A.アイゼンバーグ『コモンローの本質』(2001)木鐸社

アメリカ民事訴訟手続

2003年7月30日第一版第一刷印刷発行 ©

（乱丁・落丁本はお取替致します）

著　者　メアリ・K・ケイン
訳　者　石田裕敏
発行者　坂口節子
発行所　有限会社 木鐸社
印　刷　アテネ社　製　本　関山製本社

〒112-0002　東京都文京区小石川5-11-15-302
電話　(03)3814-4195番　振替001005-126746番
Fax　(03)3814-4196番

ISBN 4-8332-2343-0　C3032